AUSGE=
SCHIEDEN
2016

LUZERNER HISTORISCHE VERÖFFENTLICHUNGEN

Band XXXV

Luzerner Historische Veröffentlichungen

Band 35

Herausgegeben vom Staatsarchiv des Kantons Luzern
Redaktion: Gregor Egloff

Beiträge an den Druck dieses Werkes gewährten:

Bürgergemeinde Luzern
De Beers Centenary Schweiz Stiftung
Erziehungsdepartement des Kantons Luzern
Fischer Weine, Sursee
FUKA-Fonds der Stadt Luzern
Josef Müller Stiftung Muri
Katholische Kirchgemeinde Luzern
Korporationsgüterverwaltung der Stadt Luzern
Römisch-Katholische Landeskirche des Kantons Luzern
Römisch-Katholische Pfarrei Geiss
Römisch-Katholische Pfarrei Sempach
Schuler Weine, St. JakobsKellerei, Seewen-Schwyz
Schweizerische Mobiliar Genossenschaft, Bern
Schweizerische Unfallversicherungsanstalt (SUVA), Luzern

Werner Göttler

Jakobus und die Stadt

Luzern am Weg nach Santiago de Compostela

Schwabe & Co. AG · Verlag · Basel · 2001

© 2001 by Schwabe Verlag & Co. AG · Verlag · Basel
Karten: Brigitt Egloff, Luzern
Umschlag: Atelier EST, Luzern
Satz: Side Effects, Urs Hasler, Ebikon
Gesamtherstellung: Schwabe & Co. AG · Verlag und Druckerei · Basel/Muttenz
ISBN 3-7965-1691-2

Vorwort

Als ich an einem Morgen im Jahre 1982 erwachte, sagte ich zu meiner Frau, dass ich zu Fuss nach Santiago de Compostela gehen werde. Dabei war mir gar nichts über diesen Ort bekannt, weder seine geographische Lage noch sein geschichtlicher Hintergrund. Auch heute muss ich mich noch immer fragen, weshalb damals der Name «Santiago de Compostela» über meine Lippen kam. Meine ersten Recherchen in der Zentral- und Hochschulbibliothek Luzern ergaben, dass in Santiago de Compostela das Grab des Apostels Jakobus des Älteren verehrt werde und dass der Pilgerweg von Luzern zu diesem Wallfahrtsort etwa 2000 Kilometer betrage. Nun, das sollte mich nicht von meinem Vorhaben abhalten. Aus verschiedenen Gründen verzögerte sich die Abreise bis Ende August 1983. Deshalb beschränkten wir uns – meine Frau und ich – auf den spanischen Weg von St-Jean-Pieds-de-Port bis Santiago de Compostela. Unsere Fusswanderung wurde zur Wallfahrt, deren spannende Geschichte mich nicht mehr losgelassen hat. Die Literatur über die Wallfahrt nach Santiago de Compostela war damals recht bescheiden. Ich begann mich deshalb mit der Geschichte dieser Wallfahrt zu befassen, mit den Pilgern, ihren Berichten, Wegen und Herbergen, mit der Ausbreitung der Jakobusverehrung, die sich manifestiert in Patrozinien, Bruderschaften, Reliquien, Festen, Wundergeschichten und Legenden des Apostels und mit Kunstwerken, welche einen Bezug zu diesem Heiligen haben.

Über die Société des Amis de Saint-Jacques de Compostelle, Paris, fand ich Zugang zur Deutschen St. Jakobus-Gesellschaft Aachen, zur Sankt-Jakobusbruderschaft Düsseldorf und zur schweizerischen Vereinigung Les Amis du Chemin de Saint-Jacques. Im Jahre 1989 wurde im Historischen Museum Luzern die Ausstellung «Bis ans Ende der Welt. Pilgern nach Santiago de Compostela» gezeigt, an der ich mitarbeiten durfte. Dabei fand ich im Staatsarchiv Luzern einige Dokumente, welche darauf hinweisen, dass Luzern eine Herberge für Santiago-Pilger besessen hatte, dass also früher Santiago-Pilger durch Luzern gezogen waren. Dies veranlasste mich, den Beziehungen von Luzern zur Wallfahrt nach Santiago de Compostela nachzugehen. Dabei entpuppte sich das Staatsarchiv Luzern als eine wahre Goldader für die Themen Jakobusspital, durchreisende Pilger, Bruderschaften und Jakobusverehrung. Um die gefundenen Dokumente auch andern zugänglich zu machen, entschloss ich mich, das gefundene Material zu veröffentlichen.

Ich möchte allen guten Geistern, die mich bei dieser Arbeit unterstützt haben – die stets freundlichen und hilfsbereiten Mitarbeiterinnen und Mitarbeiter des Staatsarchivs Luzern, vor allem den Herren Dr. Fritz Glauser, alt Staatsarchivar, Dr. Anton Gössi, Staatsarchivar, Dr. Stefan Jäggi, Staatsarchivar-Stellvertreter, und Gregor Egloff, Redaktor der Luzerner Historischen Veröffentlichungen – für die aufmunternden und kritischen Bemerkungen zu dieser Arbeit herzlich danken. Dank gilt auch Herrn Dr. Josef Brülisauer, Direktor des Historischen Museums Luzern, und seinem Team, der Deutschen St.-Jakobus-Gesellschaft e. V., Aachen, besonders den Herren Dr. Robert Plötz, Präsident, und Prof. Dr. Klaus Herbers, Präsident des wissenschaftlichen Beirates. Die grossen wissenschaftlichen Leistungen dieser beiden Personen haben die Erkenntnisse über die Wallfahrt nach Santiago de Compostela ein gutes Stück weitergebracht. Danken möchte ich auch den stets dienstbereiten Mitarbeiterinnen und Mitarbeitern der Zentral- und Hochschulbibliothek Luzern. Nicht zuletzt sei auch den Sponsoren und dem Verlag herzlich gedankt. Sie haben die Herausgabe dieses Bandes in vorbildlicher Ausstattung ermöglicht.

Luzern, 25. Juli 2000   Werner Göttler

Inhaltsverzeichnis

Vorwort	5
Einleitung	13
1. Luzern und die Jakobuswallfahrt	15
1.1. Die Kunde vom Jakobusgrab	15
1.2. Die Wege der Pilger	17
1.2.1. Die Verkehrswege der Schweiz im Spätmittelalter	18
1.2.2. Die überregionalen Handelswege	19
1.2.3. Pilgerwege durch die Schweiz auf Landkarten	21

Mitteleuropäische Landstrassenkarte von Erhard Etzlaub, 1501 (23) – «Carta Itineraria Europae» von Martin Waldseemüller, 1511 (23) – Georg Erlingers Landstrassenkarte, 1515/24 (24)

1.2.4.	Wegbeschreibungen von Pilgern und Reisenden	24

Das «Itinerarium Einsidlense», um 1300 (24) – Sebastian Ilsung, 1446 (26) – Sebald Rieter der Ältere, 1462 (27) – Hans von Waltheym, 1474 (27) – Ludwig von Diesbach, 1487 (28) – Hermann Künig von Vach, 1495 (28) – Sebald Örtel, 1521 (28) – Hauptmann Heinrich Schönbrunner, 1531 (29) – Andreas Ryff, 1600 (30) – Christoph Gunzinger, 1655 (30)

1.2.5.	Bauten als Hinweise auf Pilgerwege	30
1.2.6.	Zusammenfassung	32
1.3. Pilger auf Jakobuswegen in Luzern		33
1.3.1.	Das Grab eines Jakobuspilgers in Hohenrain, 9.–12. Jahrhundert	33
1.3.2.	Sebastian Ilsung mit dem krausen Haar, 1446	34
1.3.3.	Ulrich Schmidt aus Grosswangen, 1465	38
1.3.4.	Hans von Waltheym, ein Patrizier auf Jakobuswegen, 1474	38
1.3.5.	Wie Martin Falk Santiago-Pilger wurde, 1475	39
1.3.6.	Peter Has, auf der Wallfahrt gestorben, nach 1492	40
1.3.7.	Hermann Künig von Vach, ein berühmter Jakobuspilger, 1495	40

Der Erzähler der Pilatussage (42) – Wo Hermann Künig von Vach in Luzern beherbergt wurde (46) – Wann sich Hermann Künig von Vach in Luzern aufhielt (47) – Der Weg von Einsiedeln nach Luzern (48) – Der Weg von Luzern nach Bern (51) – Der Weg über Sachseln, Brünigpass und Thun (51) – Der Weg über Entlebuch, Schüpfheim und Trubschachen (53) –

Der Weg nach Willisau (53) – Der Weg von Willisau nach Huttwil (59) – Der Weg von Huttwil nach Bern (59)

1.3.8.	Wie Jacob Zächs in Luzern Jakobuspilger wurde, 1495	61
1.3.9.	Heinrich Tammann, auf dem Weg von «Sant Jacob» gestorben, vor 1497	64
1.3.10.	Heinrich Sticher und Ulrich Budmiger, 1501	65
1.3.11.	Ein Pilger aus Uri, 1507	65
1.3.12.	Claus Hanschi von Schwanden, Malters, nach 1509	65
1.3.13.	Vater Sidler aus Emmen, auf dem Weg nach Sankt Jakob gestorben, 1510	65
1.3.14.	Pilger als Spione, 1515	65
1.3.15.	Nikolaus von Meggen, oder wie man in 81 Tagen nach Santiago de Compostela und zurück pilgert, 1531	66
1.3.16.	Jakobusbrüder aus dem Luzerner Gebiet, 1535	74
1.3.17.	Die Busswallfahrt des Heiny Schmidt von Meggen nach Santiago de Compostela, 1538	75
1.3.18.	Jakob Burger, ein «falscher» Santiago-Pilger, 1552	75
1.3.19.	Adam Hiltprandt, Santiago-Pilger, von Lauffen am Neckar, 1554	75
1.3.20.	Balthasar Jörgi und seine verunglückte Wallfahrt zum heiligen Jakobus, 1569	76
1.3.21.	Jakobuspilger, die über den Durst getrunken hatten, 1576	77
1.3.22.	Ein Jakobusbruder aus dem Luzerner Gebiet, 1578	77
1.3.23.	Von Bernern belästigte Pilger aus Luzern, 1581	77
1.3.24.	Luzerner Pilger auf dem Gebiet von Bern belästigt, 1582	78
1.3.25.	Verdächtige Jakobuspilger, 1589	80
1.3.26.	Pilger im Jakobusspital von Luzern verstorben, 1592	80
1.3.27.	Ein Komtur des Deutschen Ordens auf der Strasse nach Einsiedeln belästigt, 1603	80
1.3.28.	Eine Dirne, die «Jacobsbrüderin» genannt wurde, 1605	81
1.3.29.	Jakobuspilger Kilian Gramman, 1609	82
1.3.30.	Ausweise für durchreisende Pilger, 1616/27	83
1.3.31.	Peter Müller, Santiago-Pilger, 1627	84
1.3.32.	Ausweise für Pilger, 1628 und 1632	84
1.3.33.	Auf der Wallfahrt nach Santiago gestorben, 1648 und 1659	84
1.3.34.	Pilgerbrief für Johann Schneller, 1667	84
1.3.35.	Jakob Wermelinger, Ruswil, ein fleissiger Santiago-Pilger, vor 1669	84
1.3.36.	Jakob Effinger auf Pilgerreise gestorben, um 1675	85

INHALTSVERZEICHNIS

1.3.37.	Pilger beraubt und ins Militär gesteckt, 1681	85
	Die Neunergruppe (85) – Die Sechsergruppe (87) – Das Urteil (88) – Quellenkritik (89) – Folgerungen (90)	
1.3.38.	Ein kranker Pilger im Jakobusspital zu Luzern, 1686	91
1.3.39.	Santiago-Pilger Peter Horner, 1687	91
1.3.40.	Gestorben auf Pilgerreisen in Spanien, 1766	92
1.3.41.	Ein Schatzgräber in Santiago de Compostela, 1835–1839	92
1.4. Jakobuspilger in Luzerner Sagen		92
1.4.1.	Das Gespenst im Wald von Triengen	92
1.4.2.	Eine Sühnewallfahrt nach Santiago de Compostela	93
1.4.3.	Drei fromme Pilger	93
1.4.4.	Der Pimpernussbaum auf Bösegg oder das Galgen- beziehungsweise Hühnerwunder	93
1.5. Die Jakobusverehrung		94
1.5.1.	Jakobuspatrozinien	95
	Kirche St. Jakob an der Senti, Luzern (97) – Peterskapelle, Luzern (99) – Barfüsserkloster, Luzern (103) – Kapelle St. Jost, Baldegg (103) – Pfarrkirche St. Agatha und Jakobus, Buchrain (103) – Beinhauskapelle St. Jakob, Büron (103) – Kapelle Heilige Dreifaltigkeit und Jakobus, Dierikon (103) – Kapelle St. Jakobus der Ältere, Ermensee (104) – Kirche St. Jakobus der Ältere, Eschenbach (104) – Beinhauskapelle St. Jakobus, Eschenbach (104) – Kirche St. Jakobus der Ältere, Escholzmatt (105) – Sakramentskapelle, Ettiswil (105) – Pfarrkirche St. Jakobus der Ältere, Geiss (105) – Jakobuskapelle Seehof, Pfarrei Geiss (105) – Kapelle St. Nikolaus und Anna, Gettnau (105) – Kapelle Wissmatt, Hergiswil b. Willisau (105) – Pfarrkirche St. Theodul, Littau (106) – Pfarrkirche St. Ulrich, Luthern (106) – Pfarrkirche St. Nikolaus, Marbach (106) – Pfarrkirche Johannes der Täufer, Menznau (106) – Pfarrkirche St. Jakobus der Ältere, Rain (106) – Pfarrkirche St. Margaretha, Rickenbach (106) – Bildstock St. Jakobus, Huwil, Gemeinde Römerswil (106) – Schlachtkapelle St. Jakobus der Ältere, Sempach (107) – Ehemaliges Zisterzienserkloster, St. Urban (107) – Obere Beinhauskapelle St. Jakobus, Sursee (107) – Pfarrkirche St. Jakobus der Ältere, Uffikon (107) – Kapelle Urswil (107) – Beinhauskapelle St. Jakobus, Weggis (107) Kapelle St. Jakobus auf Bösegg, Willisau (108) – Pfarrkirche St. Mariä Himmelfahrt, Winikon (109)	
1.5.2.	Die Jakobusbruderschaften	109
	Bruderschaften in der Stadt Luzern (109) – Die Einkünfte der Bruderschaften (109) – Die Bruderschaften als Geldquelle (110) – Jakobusbruderschaften in Stadt und Landschaft (111) – Die Gründung der Jakobusbruderschaften (111) – Zweck der Luzerner Bruderschaften (111) Die Organisation der Bruderschaften (113) – Die Aufnahme in die Bruderschaft (113) – Die Seelenmesse oder die Jahrzeit (114) – Die Ablässe (116) – Das Begräbnis (116) – Die Werke der Barmherzigkeit (118) – Das Almosen (118) – Die Umgänge (118) – Bussen, Strafen und Abgaben (119) – Mitwirkung bei den Osterspielen (119) – Spenden der Bruderschaften an Kirchen (120) – Bezahlungen für Dienste an den Bruderschaften (120) – Die Auflösung der Jakobusbruderschaft von Luzern (120) – Zusammenfassung (121)	

1.5.3. Die Reliquien des heiligen Jakobus des Älteren im Kanton Luzern ... 122
Stiftskirche St. Michael, Beromünster (122) – Pfarrkirche St. Martin, Hochdorf (122) – Pfarrkirche St. Jakobus, Escholzmatt (122) – Unbekannte Kirche (123)

1.5.4. Das Fest des Apostels Jakobus als Feiertag (25. Juli) ... 123

1.5.5. Kunstwerke als Hinweise auf die Jakobusverehrung ... 124
Luzern, Stiftskirche St. Leodegar und Mauritius im Hof (124) – Luzern, Franziskanerkirche (St. Maria in der Au) (125) – Luzern, Peterskapelle (125) – Luzern, Sentikirche St. Jakobus (125) – Luzern, Kloster Gerlisberg (125) – Luzern, Kapelle des Heilig-Geist-Spitals (1788 abgebrochen) (125) – Luzern, Kapelle im Weseminwald (125) – Luzern, Hofbrücke (1854 abgebrochen) (125) – Luzern, Haus zur Gilgen (126) – Beromünster, Stiftskirche St. Michael (126) – Beromünster, Galluskapelle (126) – Beromünster, Stiftsbibliothek (126) – Beromünster, Sammlung Dr. Edmund Müller (127) – Buchrain, Pfarrkirche St. Agatha und Jakobus (127) – Emmen, Wegkapelle Riffig, an der Landstrasse nach Neuenkirch (127) – Ermensee, Kapelle St. Jakob (127) – Ermensee, St.-Jakobs-Bildstock, Höchweid (128) – Eschenbach, Zisterzienserinnenkloster (128) – Eschenbach, Pfarrkirche (ursprünglich St. Jakobus) (128) – Eschenbach, Siebenschläferkapelle, südlich des Dorfes (128) – Escholzmatt (129) – Escholzmatt, Pfarrkirche St. Jakobus (129) – Escholzmatt, Kapelle Michlischwand (129) – Ettiswil, Sakramentskapelle (129) – Geiss, Pfarrkirche St. Jakob, Gemeinde Menznau (129) – Geiss, Kapelle St. Jakob, Seehof, Gemeinde Menznau (130) – Hasle, Pfarrhaus (130) – Hildisrieden, Kapelle Gundelingen (130) – Hitzkirch, Pfarrkirche St. Pankratius (131) – Hohenrain, Kapelle Maria zum Schnee, Ibenmoos (131) – Horw, Kapelle zu den Heiligen Drei Königen, im Winkel (131) – Huwil, Bildstock, Gemeinde Römerswil (131) – Kottwil, Siebenschläferkapelle, Weg nach Seewagen (131) – Littau, Pfarrkirche St. Theodul, Theodulskapelle (131) – Luthern, Pfarrkirche St. Ulrich (131) – Luthern, Pfarrhof (131) – Malters, unbestimmte Kapelle (131) – Menznau, Pfarrkirche St. Johannes der Täufer (132) – Neuenkirch, Pfarrkirche St. Ulrich (132) – Ohmstal, Kapelle Mariä Opferung und St. Philomena, Einsiedelei (132) – Rain, Pfarrkirche St. Jakobus der Ältere (132) – Reiden (132) – Richenthal, Pfarrkirche St. Cäcilia (133) – Rickenbach, Pfarrkirche St. Margaretha (133) – Romoos, Pfarrkirche St. Maria Magdalena (133) – Rothenburg, Kirche St. Maria, Bertiswil (133) – Rothenburg, Pfarrkirche St. Barbara und Pelagius (133) – Ruswil, Kapelle St. Ulrich (133) – Ruswil, Bauernhaus Im Moos, Nähe Landstrasse (133) – Sempach, Kirche St. Martin, Kirchbühl (133) – Sempach, Kirche St. Martin, Kirchbühl, Beinhaus (133) – Sempach, Schlachtkapelle St. Jakob (133) – St. Urban, ehemaliges Zisterzienserkloster (134) – Sursee, Beinhauskapelle St. Martin (134) – Sursee, Wallfahrtskapelle Mariazell (134) – Uffikon, Pfarrkirche St. Jakobus (134) – Uffikon, Gemeinde (135) – Weggis, Pfarrkirche Himmelskönigin Maria (135) – Werthenstein, Wallfahrtskirche Unserer Lieben Frau (135) – Werthenstein, Kapelle Heilig Kreuz, Wolhusen-Markt (135) – Wilihof, Kapelle Bursthof, Strasse von Winikon nach Knutwil (135) – Willisau-Stadt, Pfarrkirche St. Peter und Paul (135) – Willisau-Stadt, Kapelle St. Jakob auf Bösegg (135) – Winikon, Pfarrkirche St. Mariä Himmelfahrt (135) – Wolhusen, Pfarrkirche St. Andreas (135)

INHALTSVERZEICHNIS

    1.5.6. Das Galgen- oder Hühnerwunder im Kanton Luzern   135
             Kapelle St. Jakobus der Ältere, Ermensee (136) – Kapelle St. Jakob auf Bösegg, Willisau (137)

2. Der Jakobusspital in Luzern   139

   2.1. Gastfreundschaft und Beherbergung   139

   2.2. Der Jakobusspital   145

      2.2.1. Die Geschichte des Jakobusspitals   145

      2.2.2. Die Organisation des Jakobusspitals   153
                 Der Herr des Jakobusspitals (154) – Der Pfleger (154) – Der Hausknecht (155)

      2.2.3. Die Gebäude und Einrichtungen   157
                 Die Gebäude (157) – Die Räumlichkeiten (160) – Die Möbel (160) – Die Betten (161) – Der Hausrat (163) – Die Heizung (163) – Die Beleuchtung (163)

      2.2.4. Die Finanzierung des Jakobusspitals   163
                 Die Stiftung (163) – Das Vermögen (164) – Die Ausgaben (165)

      2.2.5. Die Beherbergung der Pilger   167
                 Wer beherbergt wurde (167) – Wer nicht beherbergt wurde (167) – Wer aus dem Spital ausgewiesen wurde (168) – Wer festgehalten werden musste (169) – Besondere Vorschriften für Pilger (169)

      2.2.6. Die Verpflegung der Pilger   169

      2.2.7. Die Beherbergungsfrequenzen   171

      2.2.8. Die andern «Gäste» im Jakobusspital   173

      2.2.9. Die als Hexen oder Diebinnen verdächtigten Frauen   173
                 Eva Koler, genannt Sagerin, von Root (174) – Verena Meyer (176) – Anna Schenk, wohnhaft im Bruch zu Luzern (176) – Katharina Stenck von Adligenswil oder Udligenswil (176) – Barbara Eggli oder Stierman von Villmergen im Freiamt (176) – Margreth Barger aus Grossdietwil (177) – Verena Vischer von Fischbach, Amt Willisau (177) – Kathrin Portner-Rösslin von Menznau (178) – Anna Schaller von Willisau (179) – Maria Adel von Warmisbach, Ufhusen, Grafschaft Willisau (179) – Magdalena Rickenbach, genannt Schwarzlehe, von Büron, in Wolhusen (180) – Verena Kretz von Boswil (180) – Maria Ziswiler von Buttisholz (181) – Anna Studer von Niederwil, Gemeinde Ohmstal, Grafschaft Willisau (181) – Margret Rinderknecht von Ännigen, Gemeinde Malters (182) – Anna Stadelmann, genannt «Köngenen», von Schüpfheim (182)

      2.2.10. Die Schellenwerker   183

      2.2.11. Die Waisenkinder   185

3. Schluss   189

Anhang
1. Ordnung des Jakobusspitals Luzern 192
2. Pfleger des Jakobusspitals 198
3. Quellen und Literatur 199
   3.1. Ungedruckte Quellen 199
   3.2. Gedruckte Quellen 200
   3.3. Literatur 202
4. Abkürzungsverzeichnis 210
5. Verzeichnis der Abbildungen, Karten und Grafiken 211
6. Abbildungsnachweis 213
7. Register 215

Einleitung

Nach späten Berichten wurde zwischen dem ersten und dritten Jahrzehnt des 9. Jahrhunderts das Grab des Apostels Jakobus des Älteren in der Nähe des befestigten Ortes Amahía gefunden. Dieser Ort, heute «Santiago de Compostela» genannt, liegt ganz im Nordwesten von Spanien, in der Nähe des Kaps Finisterre. Nach der Auffindung des Grabes entwickelte sich an diesem Ort zunächst ein lokaler Kult. Im Verlaufe der Jahre wurde Santiago de Compostela zu einem bedeutenden Wallfahrtsort, der Pilger aus ganz Europa anzog. Die Pilgerfahrt zu diesem Apostelgrab war langwierig, mühselig und risikoreich. Sie rangierte, gemessen an ihrem Schwierigkeitsgrad, vor den beiden andern grossen Fernwallfahrten ins Heilige Land und nach Rom.[1] Der Augsburger Patrizier Sebastian Ilsung, der 1446 nach Santiago pilgerte, bezeichnete sie als die grösste Pilgerfahrt der Christenheit, mit Ausnahme der Fahrt zum Heiligen Grab nach Jerusalem.[2] Pilger, aber auch Schriften brachten die Kunde vom Apostelgrab in weite Teile Europas. Überall begann man den Apostel Jakobus zu verehren. Man stellte Kirchen unter seinen Schutz, errichtete Altäre und Altarstiftungen zu seiner Ehre. Es wurden Jakobusspitäler für die Santiago-Pilger gebaut und Jakobusbruderschaften gegründet. Sein Fest, der 25. Juli, wurde feierlich begangen. Pilger, die durch Dörfer und Städte nach Santiago de Compostela zogen, ermunterten die Ortsansässigen, ebenfalls eine Pilgerfahrt zu wagen.

Auf den grossen Aufschwung der Wallfahrt nach Santiago folgte ihr Niedergang. Die Gründe für die Krise dieser Wallfahrt waren vielfältig, wie die Ausbreitung der Reformation, die Wallfahrtskritik, die abschreckende Wirkung der spanischen Inquisition, das gespannte Verhältnis zwischen Frankreich und Habsburg, der 40jährige Bürgerkrieg in Frankreich, das Ansteigen der Massenarmut und das damit verbundene erhöhte Risiko einer Pilgerfahrt, die Französische Revolution und die Koalitionskriege. Die Jakobusbruderschaften, wichtige Förderer der Jakobusverehrung, lösten sich auf. Pilgerhospize wurden geschlossen oder umgenutzt und viele Klöster entlang den Pilgerwegen säkularisiert. Santiago de Compostela verlor damit im 19. Jahrhundert seine Bedeutung im europäischen Pilgerwesen.[3]

In der Mitte der 60er Jahre des 20. Jahrhunderts lebte die Pilgerfahrt nach Santiago de Compostela wieder auf, so dass man heute von der «wundersamen Wiedergeburt» dieser Wallfahrt spricht.[4] Die Literatur über die Wallfahrt nach Santiago de Compostela ist umfangreich geworden und wächst noch immer munter an. Sie befasst sich vorwiegend mit der Geschichte dieser Wallfahrt, der Beschreibung der Pilgerwege, den Kunstdenkmälern entlang den Pilgerwegen, der Edition historischer Schriften, den alten und neuen Pilgerberichten, den archäologischen Forschungen, aber

---

[1] MIECK 1978, S. 483.
[2] «Da ist die grest fart, die in der kristenhaid ist, an zuo dem halgen grab», zit. nach HONEMANN 1988, S. 90.
[3] PLÖTZ 1996, S. 33–37. MIECK 1978, bes. S. 517–520.
[4] VUISJE 1994, S. 84.

auch mit den religiösen oder mythischen Aspekten und «Geheimnissen» dieser Wege und der Pilgerfahrt. Im Gegensatz zu diesen Veröffentlichungen ist die vorliegende Arbeit eine punktuelle Untersuchung über die Beziehungen einer Stadt zur Wallfahrt nach Santiago de Compostela, dargelegt am Beispiel der Stadt Luzern und ihrer Landschaft. Dabei wird geklärt, wann und wie die Nachricht vom Apostelgrab nach Luzern gelangt ist, wann die Verehrung des Apostels in Luzern Fuss gefasst hat, welche Bedeutung Luzern auf dem Wegenetz der Santiago-Pilger zukommt, wie die Einwohner und Behörden der Stadt die durchreisenden Pilger erfahren und wie anderseits die Pilger die Stadt Luzern erlebt haben, welche Auswirkungen die Wallfahrt nach Santiago de Compostela auf die Stadt gehabt hat und wie die Stadt ihrerseits die Wallfahrt beeinflusst hat.

1. Luzern und die Jakobuswallfahrt

1.1. Die Kunde vom Jakobusgrab

Jakobus der Ältere war, neben seinem Bruder Johannes und Petrus, ein bevorzugter Jünger von Jesus. Nach der Himmelfahrt Christi, so erzählt die Legende, habe Jakobus in Spanien gepredigt, allerdings nur mit mässigem Erfolg.[5] Dann sei er wieder nach Judäa zurückgekehrt. Um das Jahr 44 n. Chr. liess ihn Herodes Agrippa I., ein Enkel von König Herodes dem Grossen, mit dem Schwert hinrichten (Apg 12,1–2). Nach der Predigt «veneranda dies» (der ehrwürdige Tag) des Jakobusbuches, das zwischen 1140 und 1150 abgeschlossen wurde, brachten seine Jünger den Leichnam des Jakobus in ein Boot und fuhren, mit Begleitung eines Engels des Herrn, von «Jerusalem» nach Galicien, wo sie ihn im heutigen Santiago de Compostela bestatteten.[6] Dann geriet das Grab in Vergessenheit.

Den wohl ältesten Hinweis auf das Apostelgrab in Spanien findet sich im Martyrologium (Verzeichnis der Märtyrer und Heiligenfeste) in den «Opera historica» des Beda Venerabilis (673/674–735). Zum Fest der Geburt des Apostels Jakobus schreibt Beda, dass seine heiligen Gebeine nach Spanien gebracht und im äussersten Ende des Landes, gegenüber dem «Britannischen Meer», versteckt worden seien.[7]

Die Entdeckung des Jakobusgrabes erfolgte zwischen dem ersten und dritten Jahrzehnt des 9. Jahrhunderts. Der älteste Bericht über dieses Ereignis stammt jedoch erst aus dem Jahre 1077: «Zur Zeit des Königs Alfons II. von Asturien und Karls des Grossen in Franzien lebte in der Nähe des befestigten Ortes Amahía ein Eremit namens Pelayo. Engel taten dem Einsiedler kund, er werde das Grab des Apostels Jakobus dort finden, wohin übernatürliche Lichter die Bewohner des benachbarten Ortes führen würden. Von diesen Lichtern erfuhr auch der zuständige Ortsbischof von Iria, Theodomir, der ein dreitägiges Fasten verordnete und im Beisein der Volksmenge das mit Marmorplatten bedeckte Grab fand. Von diesem Fund unterrichtete er den König, der drei Kirchen errichten liess, eine über dem Grab zu Ehren des Apostels, eine zweite zu Ehren Johannes des Täufers und eine dritte, die einem Mönchskonvent übertragen wurde, dem die Feier der Liturgie am Apostelgrab obliegen sollte.»[8]

Der erste Bericht über die Verehrung dieses Grabes erscheint im Martyrologium des Florus von Lyon. Dieser Handschrift wurden zwischen 806 und 838 folgende Zusätze beigefügt: «Die heiligen Gebeine des seligen Apostels Jakobus, die nach Spanien überführt worden sind, werden am äussersten Ende des Landes am Ufer des bretonischen Meeres verehrt und sind bei den Einwohnern Gegenstand eines ganz besonderen Kultes.»[9]

[5] JACOBUS DE VORAGINE 1979, S. 488.
[6] HERBERS 1986, S. 29 und 57–58.
[7] BEDA VENERABILIS 1968, Sp. 926–927.
[8] Zit. nach ENGELS 1980, S. 148.
[9] Zit. nach BOTTINEAU 1987, S. 29.

Etwas später, zwischen 850 und 860, findet sich dieser Hinweis auf die Verehrung des Jakobusgrabes im Martyrologium des Ado von Vienne.[10] Dieses wurde 870 nach St. Gallen geschickt. Notker der Stammler von St. Gallen übernahm in seinem Martyrologium von 896 die Bemerkung über die Verehrung des Jakobusgrabes in Spanien.[11] Dieses könnte die Verehrung des Jakobusgrabes auf dem Gebiet der heutigen Schweiz eingeleitet haben. Wenig später, etwa um 930, wird in einer hagiographischen Schrift des Klosters Reichenau ein blinder und verkrüppelter Kleriker erwähnt. Dieser habe verschiedene heilige Orte besucht, darunter auch den heiligen Jakobus in Galicien. Dort erhielt er sein Augenlicht zurück.[12] Ein Pilger aus dem Gebiet der heutigen Schweiz ist erst wieder nach 140 Jahren zu verzeichnen. Graf Eberhard VI. von Nellenburg[13], der Selige, Stifter des Klosters Allerheiligen in Schaffhausen und seine Frau Ita pilgerten um das Jahr 1070 nach Santiago de Compostela, weil beide den heiligen Jakobus verehrten.[14] Das nächste Zeugnis über einen Santiago-Pilger aus der Schweiz erscheint nochmals etwa 180 Jahre später. 1250 liess Wilhelm von Englisberg vor seiner Abreise nach Santiago den Mönchen von Hauterive Schenkungen zukommen, von denen er einen Teil wieder beanspruche, sofern er heil von der Wallfahrt zurückkomme. Ebenso machte 1279 Heinrich Walliseller, Bürger von Zürich, ein Vermächtnis, als er zum heiligen Jakobus nach Galicien fahren wollte.[15]

Um diese Zeit war bereits ein emsiges Treiben im Wallfahrtsort Santiago de Compostela. Im Jakobusbuch, das zwischen 1140 und 1150 von Americ Picaud aus Parthenay zusammengestellt wurde, heisst es über die Kathedrale von Santiago: «Die Türen dieser Basilika bleiben Tag und Nacht unverriegelt, und die Dunkelheit kehrt doch niemals ein, weil sie durch das helle Licht der Kerzen und Fackeln wie am Mittag leuchtet. Dorthin begeben sich Arme, Reiche, Räuber, Reiter, Fussgänger, Fürsten, Blinde, Gelähmte, Wohlhabende, Adlige, Herren, Vornehme, Bischöfe, Äbte, manche barfuss, manche mittellos, andere aus Gründen der Busse mit Eisen beladen.»[16]

Eine weitere Information über die Ausbreitung des Jakobuskultes erhalten wir, wenn wir die dem Apostel Jakobus geweihten Kirchen, Kapellen und Altäre (Jakobuspatrozinien) nach den Jahren der Weihe ordnen. Dabei ist jedoch nicht immer sicher, ob die Jakobuspatrozinien bereits bei der Errichtung der Gotteshäuser bestanden haben. Die Jakobuspatrozinien der Kirchen von Cham (858), Péry (885), Uffikon (um 900) und Bösingen (912–937) dürften kaum aufgrund der Entdeckung des Jakobusgrabes in Spanien gewählt worden sein.[17] Dagegen wurden im 11. Jahrhundert zwei Kirchen dem heiligen Jakobus geweiht, die auf die spanische Jakobusverehrung zurückgeführt werden könnten, nämlich Yens (1059) und Arconciel (1082).[18] Im 12. Jahrhundert sind bereits zehn weitere Kirchen und Kapellen oder Altäre mit dem Jako-

10 BOTTINEAU 1987, S. 29.
11 HERBERS 1995, S. 13–17.
12 HERBERS 1995, S. 20.
13 SCHIB 1972, S. 17–18.
14 SCHIB 1933/34, S. 10; vgl. auch RÜEGER 1884, 1, S. 245.
15 MÜLLER 1954, S. 189.
16 Zit. nach HERBERS 1986, S. 62.
17 NÜSCHELER 1885, S. 3. BENZERATH 1914, S. 75–76. NÜSCHELER/LÜTOLF 1906, S. 236. BENZERATH 1914, S. 76–78.
18 BENZERATH 1914, S. 77.

buspatrozinium zu verzeichnen, nämlich Gächlingen (1126), Mollens (1139), Dietwil (1145), Zürich (1145), Portalban-Delley (1145–1159), Granges (1152), Roche (1177), Ramosch (1178), Sent (1178) und St. Gallen (1190)[19]. Ein weiterer Hinweis auf die Jakobusverehrung sind die Reliquien. Im Jakobusbuch heisst es: «Mögen daher die Neider jenseits der Berge von Scham erröten, die da behaupten, sie besässen Reliquien oder Teile des Leichnams.»[20] Trotzdem sind im 11. und 12. Jahrhundert auf dem Gebiet der heutigen Schweiz die folgenden Jakobusreliquien verzeichnet: Muri (1064), Schaffhausen (1064), Engelberg (um 1100).[21] Die Jakobusbruderschaften sagen ebenfalls etwas über die Ausbreitung des Jakobuskultes aus. Sie waren Zusammenschlüsse von Gleichgesinnten, die den Apostel Jakobus verehrten und sich häufig an Spitalstiftungen beteiligten. Eine der ältesten war die Jakobusbruderschaft in Paris (1298).[22] In der Schweiz wurden diese Bruderschaften verhältnismässig spät gegründet; die älteste bekannte wurde 1469 bei den Dominikanern in Zürich gestiftet.[23] In Luzern beginnt die Verehrung des heiligen Jakobus erst spät. In einer Urkunde vom 21. September 1387 erscheint Jakobus als Patron der Sentikirche.[24]

1.2. Die Wege der Pilger

Auf ihrer Wallfahrt nach Santiago de Compostela sind viele einheimische und fremde Pilger durch die Schweiz gezogen. Ihnen stand ein grosses Netz von Strassen und Wegen zur Verfügung. Es stellt sich die Frage, welche Wege die Pilger benutzt und welche Orte sie aufgesucht haben. Dies könnte etwas aussagen über die Bedeutung der Stadt Luzern als Durchgangsort für Pilger. Hinweise auf die von den Pilgern eingeschlagenen Wege geben uns Untersuchungen über die mittelalterlichen Handelswege. Weitere Informationen liefern Landkarten mit eingezeichneten Pilgerwegen, Wegbeschreibungen von Pilgern und Reisenden, Standorte von Pilgerspitälern und Hospizen, Zollstellen, Susten (Lager- und Umschlagplätze), Brücken, Fähren, Angaben über Poststrassen und Wege von Meldeläufern. Der Begriff «Pilgerstrasse», der häufig verwendet wird, verleitet zu falschen Schlüssen. Für Pilger wurden keine besonderen Strassen gebaut. Sie benützten die bestehenden Handelsstrassen oder Verbindungswege. Diese Verkehrswege waren nicht ausgeschildert. Die Pilger reisten ohne Karte und Kompass. Sie fragten sich einfach von Ort zu Ort durch, sofern sie nicht in einer Gruppe reisten, die von einem Führer begleitet war. In den Pilgerherbergen trafen Hinreisende auf Rückkehrer. Da konnten sie sich gegenseitig orientieren, welche Wege eingeschlagen werden sollten, und sie vernahmen, was im nächsten Dorf oder in der nächsten Stadt auf sie zukam. Es wurden möglichst sichere Wege gewählt, wo kein Krieg ausgetragen wurde, wo keine Seuchen herrschten, wo man ungehindert dem Ziel entgegenwandern konnte.

[19] FRAUENFELDER 1928, S. 52. BENZERATH 1914, S. 76–77. HECKER 1946, S. 53. NÜSCHELER 1873, S. 368. BENZERATH 1914, S. 79. GRUBER 1932, S. 105. MÜLLER 1964, S. 62. NÜSCHELER 1867, S. 122.
[20] Zit. nach HERBERS 1986, S. 150–151.
[21] STÜCKELBERG 1908, S. 11, Nr. 1996. STÜCKELBERG 1902, S. 18, Nr. 94 und S. 22, Nr. 107.
[22] TREMP-UTZ 1983, S. 50.
[23] TREMP-UTZ 1983, S. 53.
[24] StALU, SA 1.

1.2.1. Die Verkehrswege der Schweiz im Spätmittelalter

Im Spätmittelalter waren die Strassen keine baulichen Glanzstücke. Sie waren schmal und voll von Schlaglöchern. Noch im hohen Mittelalter waren sie meistens nicht oder nur wenig verfestigt. Weil im Spätmittelalter die Hufeisen aufkamen und sich Karren und Wagen auf den Strassen durchsetzten, mussten die Wege verfestigt werden.[25] Die Strassen wurden nicht im sumpfigen Talgrund angelegt, sondern man führte sie über Kuppen und Hügel. So blieben sie auch bei nassem Wetter befahrbar. Dies führte aber zu starken Steigungen und Gefällen. Auf den Strassen war ein buntes Treiben von Personen, Tieren und Fahrzeugen. Je nach Art der Strasse waren die unterschiedlichsten Personen unterwegs, wie Gesandte, Behördenmitglieder, Reisende, kirchliche Amtsträger, Boten, Handelsreisende, Kaufleute, Krämer, Fuhrknechte, Bettler, Vaganten, Schulmeister, Schüler, Handwerksgesellen, Gläubige auf Bittgängen zu Heiligtümern und selbstverständlich auch Pilger.[26]

Vom frühen bis zum hohen Mittelalter bestimmte die schiffbare Wasserstrasse den Verlauf der überregionalen Verkehrswege. Grundlage des Landverkehrs war aber das engmaschige lokale Verkehrsnetz.[27] Das lokale Wegenetz der ländlichen Siedlungen und der Kleinstädte war fast ausschliesslich durch agrarische Nutzung geprägt. Die Wirtschaft war praktisch auf Selbstversorgung eingestellt. Die landwirtschaftliche Produktion war standortgebunden. Ein wesentlicher Teil wurde als Saatgut gelagert oder auf dem Hof selbst verzehrt. Deshalb entwickelten sich die Siedlungen dezentral. Der Güteraustausch fand nur auf kleinem Raum statt. Das galt für das Dorf wie für die Stadt, nur waren die Einzugsgebiete unterschiedlich. Der Markt der Städte war der ständige Güteraustausch und führte zu regionalen Verflechtungen. Die Fusswege als Flurwege, Viehwege, Kirchwege und die Karrwege als Mühlwege und Marktwege waren die häufigsten Verkehrsinfrastrukturen.[28] Auf dem lokalen Verkehrsnetz baute sich in der Regel das regionale und überregionale Verkehrsnetz auf.[29] Im Hoch- und Spätmittelalter, vorwiegend im 13. Jahrhundert, gründeten geistliche und weltliche Territorialherren eine grosse Anzahl von Städten auf dem Gebiet der heutigen Schweiz. Dies hatte eine Umstrukturierung des Verkehrsnetzes zur Folge. Um 1400 zählte man rund 200 Städte. Der Bau von Städten erlaubte, dass mehr Leute auf kleineren Flächen zusammenleben konnten. Etliche dieser Klein- und Zwergstädte hatten nur lokale Bedeutung und verschwanden wieder im Spätmittelalter.[30] Die Städte wurden meist an verkehrsgünstigen Lagen an Flüssen erstellt, wie zum Beispiel an Flussengen mit alten Brücken, bei Furten oder Fähren.[31] Fähren waren nur dann möglich, wenn sie auch einen Fährmann ernähren konnten.[32] Grund für die Anlage einer Siedlung unmittelbar an einem Fluss war in der Regel der Verkehr und erst in zweiter Linie die Möglichkeit der Nutzung des Flusses. Der herrschaftliche Wille,

---

[25] GLAUSER 1987, S. 19.
[26] GLAUSER 1987, S. 4.
[27] GLAUSER 1987, S. 12–13.
[28] AERNI/EGLI 1991, S. 73.
[29] GLAUSER 1987, S. 12–13.
[30] AERNI/EGLI 1991, S. 71–73.
[31] GLAUSER 1978, S. 63.
[32] OHLER 1986, S. 47.

der die Gründung einer Stadt veranlasste, war auf die Beherrschung des Flusses und der Übergänge gerichtet. Dadurch wurde auch der Verkehr begünstigt, den die Stadt im Rahmen des Marktes an sich zog. Bei der Anlage neuer Städte am Fluss waren entweder die Brücken bereits vorhanden, oder sie wurden eingeplant. Bis 1400 sind 40 Brücken über schiffbare Flüsse der deutschen Schweiz nachgewiesen, von denen 35 innerhalb der Städte lagen. Die Brücken gehörten somit zur normalen Ausstattung fast jeder noch so unbedeutenden Stadt am Fluss. Am Rhein, zwischen Untersee und Basel, betrugen die durchschnittlichen Distanzen zwischen zwei Brücken 10 bis 20 Kilometer. Die Brückendichte an der Aare wuchs so stark, dass im 14. Jahrhundert der Abstand teilweise auf nur sieben Kilometer sank. In den meisten Fällen dienten die Brücken dem lokalen Verkehr, zogen aber auch nach ihrer Fertigstellung den Fernverkehr an.[33] Der Wasserweg verlor im Spätmittelalter langsam an Bedeutung, zunächst als Leitlinie für die ihm folgenden Landwege und schliesslich auch als Transportweg. Dafür gewann der Landweg an Bedeutung.[34]

1.2.2. Die überregionalen Handelswege

Die überregionalen Verkehrswege wurden vor allem von Händlern und Kaufleuten benutzt. Der internationale Austausch von Gütern war nicht sehr gross und beschränkte sich auf Luxusgüter, die sich nur eine kleine Oberschicht wie der hohe Klerus, grosse Klöster, der Adel und allenfalls das obere städtische Patriziat leisten konnte. Dieser Austausch zeigte seit dem späten 13. Jahrhundert eine steigende Tendenz. Selbst im 13. Jahrhundert reisten noch grosse Kaufleute und kleine Händler den Märkten und Höfen nach, um ihre Waren abzusetzen. Im 14. Jahrhundert war dann der Fernkaufmann in den grossen Zentren tätig und ging nicht mehr auf Reisen. Er war spezialisiert auf den Ferntransport und hatte eigene Knechte.[35]

Das überregionale Verkehrsnetz der Schweiz war am Ende des Mittelalters durch zwei Hauptachsen geprägt. Eine Achse verlief annähernd in ostwestlicher Richtung vom Bodensee zum Genfersee. Der Jura und die Hügelgebiete des Alpenvorlandes grenzten den Durchgangsraum ein.[36] Daneben bestand ein Nord-Süd-Verkehr, der aber für die Belange des Pilgerverkehrs nach Santiago de Compostela nicht von Bedeutung war. Die Santiago-Pilger benutzten in erster Linie die Verkehrsachse zwischen Bodensee und Genfersee. Diese verband den süddeutschen Raum, besonders die Städte Augsburg und Nürnberg, mit den Messestädten Genf und Lyon. Der Verlauf dieser Verkehrsachse wurde von verschiedenen Autoren beschrieben (Karte 1). Diese Beschreibungen stimmen in der grossen Linie weitgehend überein. Nach den Berner und Nürnberger Archivalien[37] verlief der Weg wie folgt: Konstanz, Schaffhausen, dann auf dem rechten Rheinufer bis Kaiserstuhl, Wechsel auf das linke Rheinufer nach Zurzach, Koblenz, Wechsel mit der Fähre Stilli[38] auf das linke Aareufer,

[33] GLAUSER 1991 (Fluss), S. 67–68. GLAUSER 1978, S. 63–74.
[34] GLAUSER 1987, S. 15.
[35] GLAUSER 1987, S. 3.
[36] AERNI/EGLI 1991, S. 73.
[37] SCHULTE 1966, S. 492–494.
[38] BAUMANN 1996, S. 18–58. BAUMANN/LÜDIN 1975, S. 19–72.

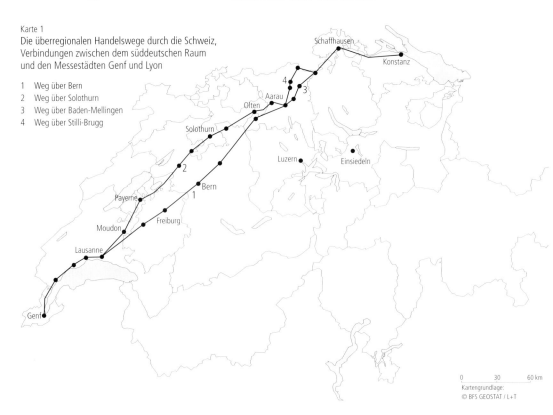

Karte 1
Die überregionalen Handelswege durch die Schweiz, Verbindungen zwischen dem süddeutschen Raum und den Messestädten Genf und Lyon

1 Weg über Bern
2 Weg über Solothurn
3 Weg über Baden-Mellingen
4 Weg über Stilli-Brugg

Brugg, Aarburg, Burgdorf, Bern, Freiburg i. Ü., Lausanne, Morges, Aubonne, Nyon, Genf. Schulte hat schon früh darauf hingewiesen, dass diese Wege auch von Pilgern benutzt wurden.[39] Diese internationale Verkehrsverbindung wurde selbstverständlich auch variiert. So verlief ein Weg von Kaiserstuhl statt über Brugg über die Brücken von Baden und Mellingen. Nach einer anderen Variante wurde Bern umgangen; man zog über Aarau, Solothurn und Aarberg ins Broyetal zum Genfersee.[40] Dieser Weg wurde auch von Andreas Ryff (1550–1603) beschrieben, der von Wiedlisbach über Solothurn, Büren an der Aare, Aarberg, Payerne, Moudon und Lausanne nach Genf gereist war.[41] Der Handelsweg vom süddeutschen Raum über Konstanz nach Genf bis zu den französischen Handelszentren führte über viele Brücken. Diese sind zwischen dem 11. und 13. Jahrhundert entstanden: Konstanz (um 1200), Schaffhausen (1259), Kaiserstuhl (1294), Baden (1242), Mellingen (1253), Brugg (1264), Bern (1265), Freiburg (1275).[42] Bern bemühte sich, den ganzen Ost-West-Verkehr an sich zu ziehen.[43] Diese Stadt erliess deshalb im 14. Jahrhundert den Schwaben und Franken den

[39] SCHULTE 1966, S. 489.
[40] GLAUSER 1978, S. 75.
[41] RYFF 1972, S. 30.
[42] GLAUSER 1978, S. 68.
[43] SCHULTE 1966, S. 493.

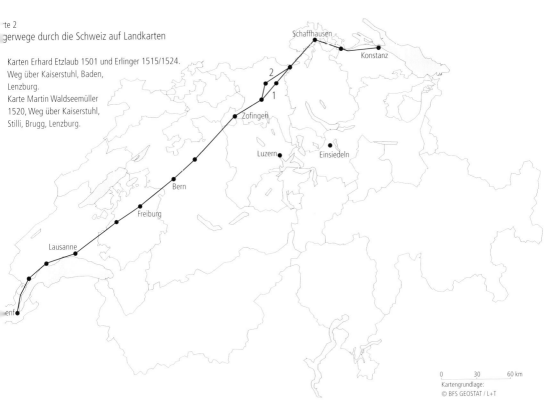

Karte 2
Pilgerwege durch die Schweiz auf Landkarten

Karten Erhard Etzlaub 1501 und Erlinger 1515/1524.
Weg über Kaiserstuhl, Baden, Lenzburg.
Karte Martin Waldseemüller 1520, Weg über Kaiserstuhl, Stilli, Brugg, Lenzburg.

Zoll.[44] Man begann auch die Verkehrswege zu verbessern. Mit dem Transithandel erzielte man bedeutende Zölle an Brücken und Zollstationen, Einnahmen für das militärische Geleit, für Transportorganisationen (Porten) und für Lager- und Umschlagplätze (Susten).[45] Auf diesen Strassen konnten sich auch die Pilger unbehelligt bewegen und sich gut orientieren. Es gab hier Unterkünfte und Verpflegungsmöglichkeiten.

1.2.3. Pilgerwege durch die Schweiz auf Landkarten

Im Hinblick auf das heilige Jahr von 1500 in Rom entstand eine Romweg-Karte, die als Vorbild für spätere Pilgerkarten bezeichnet werden kann.[46] Bis dahin waren auf den Karten meistens nur die Ortschaften, Flüsse und Seen eingezeichnet. Die Wege und Strassen fehlten, wie zum Beispiel auf der ältesten Karte der Eidgenossenschaft

---

[44] GEERING 1886, S. 201.
[45] WIDMER 1973, S. 187.
[46] KUPCIK 1992, S. 17–28. KUPCIK 1980, S. 47.

Abbildung 1: Ausschnitt der Karte von Erhard Etzlaub (1501) von Konstanz bis Genf. Karte nach Süden orientiert.

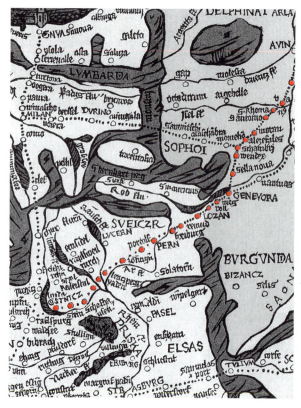

des Zürcher Stadtarztes Konrad Türst (1450–1503) aus den Jahren 1496–1498.[47] Auf der Romweg-Karte sind die Wege durch Punktreihen dargestellt. Der Abstand zwischen zwei Punkten beträgt jeweils eine deutsche Meile (7,42 Kilometer). Diese Karte wurde aufgrund verschiedener bekannten Itinerarien (Wegbeschreibungen) gezeichnet. Diese Pilgerkarte diente nicht nur den Gläubigen auf ihrer Reise nach Rom, sondern auch den Handels- und Bildungsreisenden, den Diplomaten und dem Klerus.[48]

Auch über die Wallfahrtswege nach Santiago de Compostela wurden einzelne Karten erstellt. Es sind vor allem drei Karten aus dem 16. Jahrhundert, die auf die Bedürfnisse der Santiago-Pilger eingingen: die mitteleuropäische Landstrassenkarte von Erhard Etzlaub (1501), die «Carta Itineraria Europae» von Martin Waldseemüller (1511) und die Landstrassenkarte von Georg Erlinger (1515).[49] Diese drei Karten sind nicht völlig unabhängig voneinander entstanden. Überträgt man die eingezeichneten Strassen in eine heutige Karte, so zeigt sich, dass sie nur wenig voneinander

[47] TREICHLER 1991, S. 92–93. KUPCIK 1980, S. 119.
[48] KUPCIK 1980, S. 119.
[49] KUPCIK 1992, S. 17–28.

Abbildung 2: Ausschnitt aus der Carta Itineraria Europae von Martin Waldseemüller, 2. Auflage 1520, mit dem Wegverlauf von Konstanz nach Genf. Karte nach Süden orientiert.

abweichen (Karte 2). Es handelt sich dabei weitgehend um die gleichen Wege, welche von den Handelsleuten auf ihren Reisen vom süddeutschen Raum zu den Messen von Lyon, Vienne oder Montpellier benutzt wurden.

Mitteleuropäische Landstrassenkarte von Erhard Etzlaub, 1501
Auf der Karte von Erhard Etzlaub aus dem Jahre 1501 ist die Verbindung von Ravensburg über Konstanz bis Genf und weiter bis Toulouse eingezeichnet. Diese Strasse wurde, neben den Handelsleuten, auch von Santiago-Pilgern benutzt. Die Abbildung 1 zeigt einen Ausschnitt aus dieser Karte. Der Weg verläuft von Konstanz über Stein am Rhein, Schaffhausen, Kaiserstuhl, Baden, Mellingen, Lenzburg, Zofingen, Burgdorf, Bern, Freiburg, Romont, Lausanne, Rolle und Nyon nach Genf. Dabei wurde der Rhein bei Schaffhausen und Kaiserstuhl überquert. Der kolorierte Holzschnitt dieser Karte im Massstab von ca. 1:4'100'000 wurde in Nürnberg von Georg Glogkendon (1450–1514/15) hergestellt.

«Carta Itineraria Europae» von Martin Waldseemüller, 1511
Von dieser Karte ist nur ein Exemplar der zweiten Ausgabe von 1520 erhalten (Abbildung 2). Auch auf dieser Karte ist der Transitweg durch die Schweiz dargestellt, und er wird in der Anleitung zur Karte als Pilgerweg nach Santiago de Compostela

bezeichnet.[50] Die Ortschaften sind als Ringe gekennzeichnet und mit roter Farbe ausgefüllt. Die Punkte zwischen den Ortschaften markieren die Entfernungen in Meilen. Der Weg unterscheidet sich nur wenig von der Karte von Etzlaub und verläuft über Konstanz, Stein am Rhein, Schaffhausen, Brugg, Lenzburg, Zofingen, Burgdorf, Bern, Freiburg, Romont und Lausanne nach Genf. Der Verlauf des Weges von Schaffhausen bis Brugg ist unsicher. Hier könnte der Rhein bei Schaffhausen und Kaiserstuhl überquert und anschliessend die Fähre bei Stilli und die Aarebrücke bei Brugg benützt worden sein.

Georg Erlingers Landstrassenkarte, 1515/1524
Auf der Karte des Augsburger Formenschneiders und Druckers Georg Erlinger (ca. 1485–1541) ist ebenfalls der Weg von Konstanz nach Genf eingezeichnet. Erlinger hat diese Karte nach der Etzlaub-Karte von 1501 erarbeitet. Der Wegverlauf ist wie bei Etzlaub: Konstanz, Kaiserstuhl, Baden, Lenzburg, Burgdorf, Bern, Freiburg, Romont, Lausanne, Rolle, Nyon, Genf.

1.2.4. Wegbeschreibungen von Pilgern und Reisenden

Einzelne Pilger oder Reisende haben den Verlauf ihrer Reise in der Schweiz in Itinerarien festgehalten. Diese Wegbeschreibungen geben Aufschluss über die von den Pilgern benutzten Strassen auf der Reise nach Santiago de Compostela, besonders dann, wenn ein Itinerar von einem Santiago-Pilger stammt. Für das Gebiet der heutigen Schweiz sind nur wenige solche Beschreibungen bekannt. Viele Pilger waren nicht in der Lage, einen Bericht zu verfassen. Für Fusspilger war es zudem beschwerlich, Schreibzeug und Papier mitzunehmen.

Hier sollen die Berichte von zehn Pilgern oder Reisenden untersucht werden, welche zwischen 1300 und 1655 die Schweiz in ostwestlicher Richtung oder umgekehrt durchquert haben (Karte 3). Die Wege, die sie wählten, stimmen auf längeren Strecken häufig überein. Die Übereinstimmung ist um so besser, je weiter man nach Westen kommt. Grössere Abweichungen treten dann auf, wenn zusätzlich weitere, entferntere Orte aufgesucht wurden. Pilger, welche die Schweiz auf ihrem Weg nach Santiago de Compostela in ostwestlicher Richtung durchquerten, benutzten die gleichen Wege wie jene, die auf dem Rückweg von diesem Wallfahrtsort waren.

Das «Itinerarium Einsidlense», um 1300
Das «Itinerarium Einsidlense» beschreibt den Weg eines Pilgers, der von Lindau nach Einsiedeln und von da über Konstanz nach Memmingen reiste (Karte 3/1). Es ist die älteste Aufzeichnung über Pilgerwege aus dem süddeutschen Raum nach Einsiedeln.[51] Der Pilger, vielleicht ein Mönch, fuhr von Lindau mit einem Schiff nach Rorschach. Dann nahm er den Weg über St. Gallen, Rosenberg (bei Herisau), Langenetschwil und Grobenetschwil (Alterswil), Neutoggenburg (Oberhelfenschwil),

---

[50] «Zů den anderen werden darin funden alle landstrassen, so durch teutsch und welsch land gond durch dz Romissche reich, Franckreich, Hispanien, bitz zů sant Jacoben die under und ober bilgerstraß verzeichnet [...]», vgl. MEINE 1971, S. 14.
[51] RINGHOLZ 1900, S. 343–346.

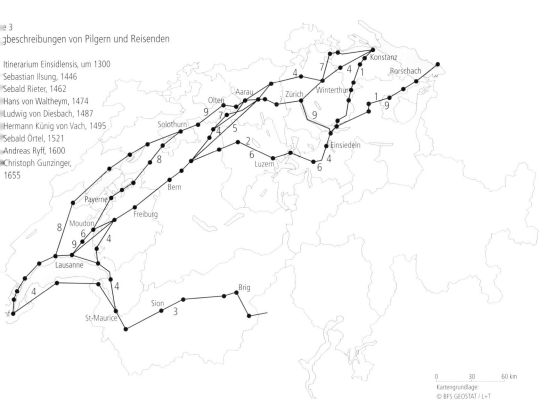

e 3
beschreibungen von Pilgern und Reisenden

Itinerarium Einsidlensis, um 1300
Sebastian Ilsung, 1446
Sebald Rieter, 1462
Hans von Waltheym, 1474
Ludwig von Diesbach, 1487
Hermann Künig von Vach, 1495
Sebald Örtel, 1521
Andreas Ryff, 1600
Christoph Gunzinger, 1655

Lichtensteig, Iberg (bei Wattwil) und Rapperswil. Von da fuhr er mit der Fähre nach Hurden, denn der Steg über den Zürichsee bei Rapperswil wurde erst 1358 erstellt.[52] Weiter ging er über den Etzel und die Teufelsbrücke nach Einsiedeln. Auf dem Rückweg zog der Pilger nach Rapperswil, über Rüti, Hörnli, Fischingen, Sirnach, Amlikon an der Thur nach Konstanz und weiter über Meersburg, Markdorf, Ravensburg nach Memmingen. Im dritten Abschnitt seines Berichtes führt der Verfasser die Klöster, Hospize und Burgen auf, die auf diesen Wegen anzutreffen sind, so dass man Mühe hat, sich zu entscheiden, ob der Verfasser ein frommer Pilger oder ein militärischer Spion war. In diesem Itinerar wird Santiago de Compostela nicht erwähnt.

Einsiedeln dürfte der meistbesuchte Wallfahrtsort der Schweiz gewesen sein. Vor allem am Fest der Engelweihe strömten da viele Pilger zusammen. So wurden bei der Engelweihe von 1466 etwa 130'000 Wallfahrtsmedaillen an die Pilger verkauft, wobei nicht jeder Pilger eine solche gekauft hat.[53] Die Engelweihe wird auf die wunderbare Einweihung der Gnadenkapelle am 14. September 984 zurückgeführt.[54] Dieses Fest war mit einem vollkommenen Ablass ausgezeichnet. Aber auch jeder Pil-

---

52 RINGHOLZ 1896, S. 240–241.
53 «[...] und hant doch nit alle zaichen genomen», zit. nach RUPPERT 1890, 1, S. 260.
54 RINGHOLZ 1896, S. 49.

ger konnte einen solchen gewinnen, unabhängig vom Zeitpunkt der Wallfahrt. Einsiedeln wurde deshalb auch neben der Engelweihe häufig besucht.[55]

Es stellt sich die Frage, ob dieser Pilgerweg mit der Wallfahrt nach Santiago de Compostela verknüpft ist. Pilger, die nach Santiago reisten, haben häufig auch andere Heiligtümer aufgesucht. Das Jakobusbuch, der «Liber Sancti Jacobi», zählt die heiligen Leichname auf, die am Jakobuswege ruhen und die von den Pilgern besucht werden sollten.[56] Auch Einsiedeln besass einen grossen Reliquienschatz.[57] So kamen denn auch Santiago-Pilger nach Einsiedeln. Pilger, die von Konstanz in die Schweiz einreisten, mussten dabei einen Umweg in Kauf nehmen. Besser hatten es die Pilger, welche über Rorschach kamen.

Ringholz hat ohne Begründung festgehalten, dass nicht wenige Santiago-Pilger Einsiedeln aufsuchten.[58] Heute wird verbreitet, dass kaum ein Santiago-Pilger Einsiedeln verpasst haben soll, gleichgültig, welchen Weg er durch die Schweiz gewählt hat.[59] Die zuvor besprochenen Transitwege durch die Schweiz zeigen, dass diese Annahme kaum richtig ist. Die beiden Wege von Konstanz oder Rorschach nach Einsiedeln wurden als Schwabenwege, Pilgerwege oder Einsiedlerwege bezeichnet und waren nur zwei der vielen nach Einsiedeln führenden Wege, die vorwiegend von Einsiedeln-Pilgern benutzt wurden.[60] Auch wenn vereinzelte Santiago-Pilger die Einsiedler-Wege benutzten, ist es etwas gewagt, diese als «Jakobuswege» zu benennen. Fast jede andere Strasse der Schweiz, die vom Bodensee zum Genfersee führt, könnte dann ebenso als «Jakobusweg» bezeichnet werden.

Die Verbindung vom süddeutschen Raum ins französische Rhonetal und weiter bis Toulouse wird von Künig von Vach als «Oberstrasse» bezeichnet.[61] Häufig wird behauptet, die Oberstrasse nach Santiago de Compostela beginne in Einsiedeln, oder dieser Ort liege an der Oberstrasse. Dabei ist dieser Begriff nicht mit Einsiedeln verknüpft. Martin Waldseemüller schreibt in seiner Anleitung zur «Carta Itineraria Europae» von 1511, dass auf seiner Karte die untere und die obere Pilgerstrasse eingezeichnet sei. Seine Oberstrasse verläuft aber nicht über Einsiedeln, sondern durch das schweizerische Mittelland.[62] Auch Künig von Vach bezeichnet in seinem Pilgerführer von 1495 Einsiedeln nicht als Ausgangspunkt der Oberstrasse. Er schrieb über Einsiedeln, dass man von da auf die Oberstrasse komme. Vielleicht wollte Künig von Vach damit sagen, dass man nach dem Weggang von Einsiedeln die Oberstrasse erreiche.[63]

Sebastian Ilsung, 1446

Der Santiago-Pilger Sebastian Ilsung, ein Patrizier aus Augsburg, ritt bei seiner Wallfahrt «zu dem herren sannt Jacob» nach Memmingen und dann auf unbekannten

---

[55] RINGHOLZ 1896, S. 71.
[56] HERBERS 1986, S. 105–133.
[57] RINGHOLZ 1896, S. 40–43.
[58] RINGHOLZ 1896, S. 279, Fussnote 2.
[59] MATHIS 1993, S. 73.
[60] RINGHOLZ 1896, S. 239–276.
[61] HÄBLER 1899, Faksimile S. 2 (unnumeriert). HENGSTMANN 1998, S. 10–11.
[62] MEINE 1971, S. 14.
[63] «[...] da kompstú dan uff die ober straß», zit. nach HÄBLER 1899, Faksimile S. 2 (unnumeriert). HENGSTMANN 1998, S. 10–11.

Wegen durch die Schweiz nach Luzern.[64] Da wurde er verhaftet und wieder freigelassen. Dann ritt er weiter über Bern, Freiburg und Genf nach Santiago de Compostela (Karte 3/2). Auf seiner Rückreise von Santiago de Compostela besuchte er nochmals Genf und ritt dann auf unbekannten Wegen zurück nach Augsburg.

Sebald Rieter der Ältere, 1462
Sebald Rieter hat einen etwas ungewöhnlichen Weg nach Santiago de Compostela gewählt.[65] Er reiste am 29. September 1462 zusammen mit seinem Schwager Axel von Liechtenstein von Nürnberg über Landshut nach Einsiedeln und von da nach Mailand zum Herzog Franz Sforza. Von diesem erhielt er einen «fürderbrieff» (Geleitbrief). Dann ritt er über den Simplon nach Brig und weiter nach St-Maurice. Hier staunte er über die wundertätige Wirkung der Theodulsglocke, in der Reliquien des heiligen Theodul eingegossen waren. Sofern man die Glocke bei Unwettern läute, würden Hagel und Regengüsse aufhören. Sebald reiste von da nach Genf (Karte 3/3). Ob er das linke oder rechte Ufer des Genfersees benützt hat, steht nicht fest. Er dürfte aber die häufig begangenen Strassen am rechten Ufer gewählt haben. Auch aus dem Verzeichnis «Die meill gehn Sant Jacob», das seinem Bericht beigefügt ist, geht nicht hervor, welchen Weg er gewählt hat. Auf dem Rückweg von Santiago hat Sebald Rieter nochmals Genf aufgesucht und ist dann über Landshut zurückgereist. Über seinen Rückweg durch die Schweiz machte er keine Angaben.

Hans von Waltheym, 1474
Hans von Waltheym reiste von Halle durch die Schweiz nach St-Maximin in Südfrankreich und von da wieder durch die Schweiz zurück nach Halle. Er war kein Santiago-Pilger, besuchte jedoch viele Wallfahrtsorte. Auf seinem Hinweg benützte er, mit einigen Abweichungen, die übliche Pilgerroute von Konstanz nach Genf, während er auf der Rückreise kreuz und quer durch die Schweiz reiste und zahlreiche Wallfahrtsorte besuchte, wie St-Maurice, die Beatushöhle am Thunersee, den Bruder Klaus in Flüeli-Ranft und dann auch Einsiedeln (Karte 3/4). Er wollte über das Rheinland nach Halle zurückkehren. Wegen der herrschenden Pestgefahr kehrte er im Schwarzwald um, reiste über Schaffhausen und verliess die Schweiz bei Konstanz. Wegbeschreibung des Hinweges: Konstanz, Frauenfeld, Winterthur, Bülach, Baden, Aarau, Langenthal, Burgdorf, Thorberg, Bern, Freiburg, Romont, Lausanne, Rolle, Nyon, Genf.[66] Beschreibung des Rückweges: Genf, Thonon-les-Bains, Ripaille, St-Maurice, Villeneuve, Vevey, Oron, Romont, Freiburg, Bern, Thun, Beatushöhle, Thun, Bern, Thorberg, Burgdorf, Solothurn, Langenthal, Sursee, Luzern, Kerns, Flüeli-Ranft, Luzern, Arth, Einsiedeln, Zürich, Baden, Königsfelden, Rheinfelden, Basel, Breisach, Birken, Lenzkirch, Bonndorf, Schaffhausen, Konstanz.[67] Der Übersichtlichkeit wegen wurden nicht alle Wege auf seiner Rückreise eingezeichnet, sondern nur jene, die bei der Wallfahrt nach Santiago bei einer Durchreise durch die Schweiz begangen wurden.

64 HONEMANN 1988, S. 61–95. HONEMANN 1983, Sp. 364–365.
65 RÖHRICHT/MEISNER 1884, S. 10–14. ULMSCHNEIDER 1992, Sp. 73–75.
66 WELTI 1925, S. 12–15.
67 WELTI 1925, S. 53–89.

Ludwig von Diesbach, 1487
Manchmal ergeben sich zufällig Wegbeschreibungen aus besonderen Anlässen. Ludwig von Diesbach war Landvogt in Baden. Als seine Frau 1487 an den Folgen des Kindbettfiebers starb, liess er ihren Leichnam nach Bern überführen, um ihn in der Diesbach-Kapelle in St. Vinzenz zu begraben. Dabei benutzte Ludwig von Diesbach folgenden Weg: Baden, Lenzburg, Burgdorf, Krauchthal, Bern (Karte 3/5).[68]

Hermann Künig von Vach, 1495
Hermann Künig von Vach hat 1495 den ersten deutschen Pilgerführer über die Wallfahrt nach Santiago de Compostela abgeschlossen.[69] Er begann seine Pilgerfahrt in Einsiedeln und reiste über Luzern, Bern, Freiburg, Romont, Moudon, Lausanne, Morges, Rolle, Nyon, Coppet und Versoix nach Genf (Karte 3/6). Da Hermann Künig von Vach über Luzern reiste, werden wir uns später eingehend mit seinem Aufenthalt in Luzern und seinen Wegen beschäftigen.

Sebald Örtel, 1521
Sebald Örtel (Abbildung 3) hat über seine Pilgerfahrt nach Santiago de Compostela ein Reisetagebuch verfasst.[70] Er verliess am 23. August 1521 mit seinem Diener, dem Balbieregeselle (Rasierer) Christoph Melper, Nürnberg. Sebald Örtel ritt einen roten Fuchs und sein Diener einen kleinen Schimmel. Sie reisten über Nördlingen, Ulm und Weingarten nach Meersburg und fuhren von da über den Bodensee nach Konstanz. Dann ritten sie mit Leuten von Zürich bis Oberstammheim.[71] Hier erwähnt Sebald Örtel, dass die heilige Anna an diesem Wallfahrtsort grosse «zaichen» (Wunder) wirke, und er bestaunte die «hübsch geschnitten altar taffel». Diese hübsch geschnitzten Altartafeln konnten leider nicht mehr lange bestaunt werden. Nur drei Jahre später verbrannten die beiden Bilderstürmer Kläui Weber und Klaus Schuler «drei Tafeln, zwei Fahnen und alle Bilder, auch Kreuze, Zeichen und Kleinode mit grosser Verspottung» in einem Kalkofen neben dem Kirchhof. Dabei sagten sie, man solle hören, wie die Altarfiguren schrien und wie diesen das Feuer so weh tue. Die Figuren seien Gespenster des Teufels, und zudem sei das Ganze eine Ketzerei. Sie beide hätten etwas Vernünftiges getan und zudem Gott im Himmel einen Dienst erwiesen.[72] Pilger, die den Priester Hans Wirth baten, eine Messe zu lesen, wurden verspottet. Die heilige Anna sei nicht mehr da, und die Pilger wären besser zu Hause geblieben, anstatt einen solchen Narrengang zu tun.[73] Dem frommen Sebald Örtel blieb dies alles erspart, weil er seine Reise noch zur rechten Zeit vor der Reformation geplant hatte.

Sebald Örtel reiste dann über Winterthur nach Zürich, fuhr mit dem Schiff nach Pfäffikon, besuchte Einsiedeln und reiste wieder nach Zürich zurück. Die weitere

---

68 ZAHND 1986, S. 95–97.
69 HÄBLER, 1899. HONEMANN 1984, Sp. 437–438. HERBERS 1988, S. 29–49. HENGSTMANN 1996. HERBERS/PLÖTZ 1996, S. 164–209.
70 HAMPE 1896, S. 61–82. HERBERS/PLÖTZ 1996, S. 235–247.
71 NÜSCHELER 1867, S. 43.
72 «Höret wie sie schreien; wie thut einem das Feuer so weh; jetzt sieht man, daß es des Teufels Gespenst ist und Ketzerei; da haben wir recht gethan und Gott im Himmel einen Dienst», zit. nach STRICKLER 1873, S. 474–475, lit. g.
73 STRICKLER 1873, S. 474–475, lit. g–h.

Abbildung 3: Sebald Örtel, nach einer Radierung des Germanischen Museums, Nürnberg, P. 947.

Reise verlief wie folgt: Lenzburg, Aarburg, Thörigen, Burgdorf, Bern, Freiburg, Romont, Lausanne, Nyon, Genf. Der von ihm begangene Weg führt Sebald Örtel nochmals am Schluss seines Berichtes auf, wobei er die Distanzen in Meilen zwischen den Orten angibt.[74] In einem weiteren Itinerar[75] gibt Örtel die Länge der Reise in Stunden von Nürnberg bis Lyon an. Dabei führt er nicht etwa den Weg auf, den er selbst gegangen ist. Bei dieser Wegbeschreibung handelt es sich, mit kleinen Abweichungen, um den bereits bekannten überregionalen Handelsweg der süddeutschen Händler. Seine Angaben über diesen Weg lauten: Konstanz, Steckborn, Stein am Rhein, Schaffhausen, Lotstetten, Rafzerfeld, Kaiserstuhl, Baden, Mellingen, Lenzburg, Aarau, Aarburg, Murgenthal, Langenthal, Riedtwil, Wynigen, Burgdorf, Bern, Freiburg, Romont, Lausanne, Morges, Rolle, Nyon, Genf. Nach seinen Angaben brauchte man von Nürnberg bis Lyon 15 Tage oder 130 Stunden, wobei man also etwa neun Stunden pro Tag im Sattel sass. Über den Rückweg fehlen die Angaben. Es steht lediglich fest, dass er von Genf nach Nürnberg geritten ist.

Hauptmann Heinrich Schönbrunner, 1531
Heinrich Schönbrunner aus Zug pilgerte 1531 nach Santiago de Compostela und verfasste darüber einen Bericht.[76] Er reiste am 2. Februar, zusammen mit Niklaus von Meggen von Luzern, Martin Geiser aus Schwyz und dem Bruder des Schultheissen Hug von Luzern, einem Konventualen aus dem Kloster St. Urban, über Solothurn und Neuenburg nach Paris und von da nach Santiago de Compostela. Auf dem Rückweg verlief die Reise über Genf, Lausanne, Solothurn und Einsiedeln nach Zug. Die eingeschlagene Route auf dem Hinweg ist etwas ungewöhnlich, und der Rückweg ist nur teilweise bekannt. Deshalb wurde der Reiseverlauf dieser Santiago-Pilger nicht in die

[74] HAMPE 1896, S. 78.
[75] HAMPE 1896, S. 82.
[76] STAUB 1862, S. 205–225. HERBERS/PLÖTZ 1996, S. 248–254.

Karte 3 eingetragen. Da es sich bei seinem Begleiter Niklaus von Meggen um einen Luzerner handelt, wird die Geschichte dieser Wallfahrt, besonders die eigenartige Routenwahl, noch ausführlich behandelt.

Andreas Ryff, 1600
Andreas Ryff (1550–1603), Händler im Tuchgeschäft, Teilhaber von Silbergruben, Staatsmann im Dienste Basels und der Eidgenossenschaft, reiste sehr viel. Seine Reisen, die ihn zu verschiedenen Messen führten, zeichnete er im Jahre 1600 in seinem Reisebüchlein (Abbildung 4) auf.[77] 1560 wurde er als Zehnjähriger von seinem Vater nach Genf geschickt, um die französische Sprache zu erlernen. Dabei reiste er von Basel bis Wiedlisbach und, wie bereits erwähnt, von da über Solothurn, Büren an der Aare, Aarberg, Payerne, Moudon, Lausanne, Morges, Rolle, Nyon, Coppet und Versoix nach Genf (Karte 3/8). Nach drei Jahren kehrte er zu Fuss nach Basel zurück, und zwar auf folgendem Weg: Genf, Versoix, Coppet, Nyon, Rolle, Morges, Grandson, Neuchâtel, La Neuveville, Biel, Solothurn, Basel.[78]

Christoph Gunzinger, 1655
Christoph Gunzinger pilgerte nach Santiago und durchquerte auf seiner Rückreise die Schweiz. 1655 veröffentlichte er einen Bericht über seine Wallfahrt.[79] Seine Reiseroute in der Schweiz verlief wie folgt: Genf, Nyon, Rolle, Morges, Lausanne, Montpreveyres, Moudon, Payerne, Avenches, Murten, Aarberg, Büren an der Aare, Solothurn, Wiedlisbach, Olten, Schönenwerd, Aarau, Lenzburg, Dottikon, Bremgarten, Zürich, Wädenswil, Richterswil, Einsiedeln, Rapperswil, Eschenbach, Wattwil, Lichtensteig, St. Peterzell, Herisau, St. Gallen, Rorschach und über den See nach Lindau (Karte 3/9).

1.2.5. Bauten als Hinweise auf Pilgerwege

Hoch- und Strassenbauten können wichtige Hinweise auf Pilgerwege geben. Entlang den Strassen, auf denen Pilger reisten, wurden für sie Unterkünfte gebaut, die sogenannten Jakobusspitäler, wo sie beherbergt und verpflegt wurden. Solche Herbergen entstanden vorwiegend in Städten. Sie sind ein sicherer Beweis dafür, dass an den betreffenden Orten Pilger durchgezogen sind. In der Schweiz gab es eine grosse Zahl von Pilgerherbergen. Diese lagen alle auf den bisher besprochenen Pilgerrouten, beispielsweise in Bern, Brugg, Burgdorf, Conthey-Plan, Einsiedeln, Etzel, Freiburg, Geiss, Genf, Kaiserstuhl, Luzern, Rapperswil, Roche, Schwyz, Simplon, St-Maurice, Visp, Willisau, Winterthur, Zürich.[80] Pilgerhospize sind somit ein sicheres Zeichen

Abbildung 4 (rechte Seite): Reisebüchlein von 1600 des Andreas Ryff.

---

[77] RYFF 1972, S. 5–135.
[78] RYFF 1972, S. 29–30.
[79] GUNZINGER 1655. Diesen Hinweis verdanke ich Herrn Gottfried Wendling, Hamburg, der eine Neuedition dieses Berichtes vorbereitet. Siehe auch WENDLING 1993, S. 83–101 und HERBERS/PLÖTZ 1996, S. 268–283.
[80] Unveröffentlichte Studie des Verfassers.

Reiss Biechlin

Mein Andress Rÿffen von Basel, was
Ich von meiner Jugent auff für Reisenn
gethon In welchenn Ich die Strossen vnnd Stötte
hab verzeichnett so Ich gesehenn mir vnnd
den meinnen zu Ehrenn guido Zedel vnnd
bericht hab auß meinenn allten ver-
zeichnuyssen zu sammen Colligiert Anno
Christi 1 6 0 0. Gott mitt vns Amen.

für den Verlauf der Wege, welche die Pilger benutzten. Ausserhalb der besprochenen Routen gab es nur wenige Pilgerherbergen. Diese lagen meistens an den Nord-Süd-Verbindungen und dienten hauptsächlich den Wallfahrern nach Rom oder Jerusalem. Die Pilgerherbergen waren in der Regel nur für Pilger bestimmt. In ihnen wurden manchmal auch Fremde, Arme und Kranke beherbergt. Daneben bauten die Städte auch grössere allgemeine Spitäler, in denen Fremde, Reisende, Studenten, Kranke und Bettler aufgenommen wurden. Diese Spitäler versorgten aber auch die Armen der Stadt, die Pfründner, Waisen und alten Leute.[81] Wo besondere Pilgerspitäler fehlten, wurden die Pilger auch in den allgemeinen Spitälern beherbergt. Diese Spitäler, meistens Heiliggeistspitäler, lagen an wichtigen Verkehrsadern der Schweiz und deshalb auch an den besprochenen Pilgerwegen, wie zum Beispiel Diessenhofen, Luzern, Münchenbuchsee, Schaffhausen, St. Gallen und Zofingen. Spitäler oder Herbergen befanden sich fast immer in Städten. Die Städte waren deshalb wichtige Etappenorte. Weitere Angaben über die Wege der Pilger liefern historische Strassenbauten. Diese wurden in der Schweiz vom «Inventar historischer Verkehrswege der Schweiz» (IVS) vorbildlich und fast vollständig inventarisiert. Aufgrund anderer Kriterien, wie beispielsweise Poststrassen oder Wege von Meldeläufern, lassen sich häufig Verbindungswege rekonstruieren, vor allem im regionalen Bereich. Werden Angaben über Meldeläufer oder Poststrassen und durch Reste von historischen Verkehrswegen bestätigt, so lassen sich die Pilgerwege recht genau festlegen. Strassennamen oder Ortsbezeichnungen mit dem Zusatz «Pilger» weisen mit Sicherheit auf Pilgerwege hin. Wegbegleiter wie Kapellen, Bildstöcke oder Kreuze sind selten Hinweise auf die Wallfahrtswege nach Santiago de Compostela. Sie kennzeichnen aber die Verbindungswege von Ort zu Ort.

1.2.6. Zusammenfassung

Nach den vorliegenden Erkenntnissen haben sich die Santiago-Pilger auf dem Gebiet der heutigen Schweiz auf einem breiten Wegenetz vom Bodensee zum Genfersee, vorwiegend auf überregionalen Routen, durch das schweizerische Mittelland bewegt. Die Pilger bevorzugten Städte als Etappenorte, wo sie Herberge fanden und sich verpflegen konnten. In den ländlichen Gegenden waren solche Herbergen sehr selten. Es stellt sich die Frage nach der Bedeutung der Stadt Luzern auf dem schweizerischen Wegenetz der Santiago-Pilger. Die Stadt lag eher am Rande dieses Wegenetzes. Luzern wurde vor allem von Pilgern aus der Zentral- und Ostschweiz und aus Zürich sowie auch von Einsiedeln aufgesucht. Trotzdem hat Luzern, wie wir noch sehen werden, viele Santiago-Pilger beherbergt. Die Jakobuswege durch die Schweiz sind jetzt durchgehend ausgeschildert. Wenn auch einige von ihnen mehr durch touristische als durch historische Argumente bestimmt wurden, so ist dies weiter nicht schlimm. Diese Wege werden von heutigen Santiago-Pilgern begangen. Dadurch werden sie zu Jakobuswegen, auch wenn historische Hintergründe fehlen und sie früher kaum von Pilgern begangen wurden. Da es aber schöne Wanderwege sind, werden viele mit Freude darauf wandern.

---

[81] BRÜLISAUER 1978, S. 151–153.

1.3. Pilger auf Jakobuswegen in Luzern

Nachfolgend soll gezeigt werden, wie die Obrigkeit und die Bevölkerung der Stadt Luzern die Santiago-Pilger erlebt und wie die Pilger die Stadt erfahren haben. Viele Pilger sind von Stadt und Landschaft Luzern zum Apostelgrab nach Santiago de Compostela aufgebrochen. Die Zahl der Santiago-Pilger, die durch Luzern reisten, dürfte bedeutend grösser gewesen sein. Die verschiedensten Personen waren unterwegs: einfache Bürger, Patrizier, Fromme, Büssende, «falsche» Pilger, Priester, Mönche, Liebespaare, Verschupfte, Behinderte, Kriegsleute, Spione, Schatzsucher und gescheiterte Existenzen. Nur wenige haben ihre Erlebnisse aufgeschrieben. Von den Pilgern, die keine Aufzeichnungen hinterlassen haben, erhält man Kenntnis über ihre Wallfahrt aus den Verhör- oder Ratsprotokollen, aus Kirchenbüchern und amtlichen Schreiben. Im Zusammenhang mit den Jakobuspilgern wurde in der Regel nur dann etwas in den amtlichen Akten aufgeschrieben, wenn etwas krummgegangen war. Über die «normal» verlaufenen Wallfahrten erfährt man meistens nichts, es sei denn, der Pilger hat vor seiner Abreise oder nach seiner Rückkehr eine Stiftung errichtet. Informationen über Pilger kann auch die Archäologie bringen, wenn zum Beispiel Pilgergräber gefunden werden. Das vorliegende Material, das chronologisch geordnet ist, gibt einen interessanten Einblick in die Mentalität der Pilger, der Herrschenden, der Bürger und der Rechtlosen.

Abbildung 5: Durchbohrte Kammmuschel in einem Gräberfeld von Hohenrain (9.–12. Jahrhundert).

1.3.1. Das Grab eines Jakobuspilgers in Hohenrain, 9.–12. Jahrhundert

Die älteste Nachricht über einen Santiago-Pilger kommt aus der Landschaft von Luzern, und zwar von einem Grab in Hohenrain. Der Pilger trägt keinen Namen, und sein Todesjahr ist unbekannt. In Hohenrain wurde um 1180 eine Johanniter-Kommende eingerichtet. Dieser Ort liegt an der ehemaligen Durchgangsstrasse von Luzern nach Basel, die über Brugg und den Bözberg verlief.[82] In einem Gräberfeld der Johanniter-Kommende wurden 1984 und 1985 bei archäologischen Grabungen 365 Skelette freigelegt. Aufgrund der Altersbestimmung mit Hilfe von radioaktivem Kohlenstoff und der Schätzung der Ausgräber dürfte das Gräberfeld aus dem 9. bis 12. Jahrhundert stammen.[83] An einem Skelett fand sich, über dem linken Schlüsselbein, eine durchbohrte Kammuschel (Abbildung 5). Diese Muscheln wurden jeweils von den Pilgern in Santiago de Compostela als Andenken gekauft. Man trug sie an einer Schnur am Hals, auf dem Hut oder am Kragen des Mantels. Der älteste namentlich

---

[82] GLAUSER 1987, S. 14–15.
[83] SPECK 1986, S. 97–98.

bekannte Santiago-Pilger aus dem Gebiet der heutigen Schweiz war Graf Eberhard von Nellenburg, der um 1070 mit seiner Frau Ita zum Apostelgrab pilgerte. Wenn also das Grab des Toten von Hohenrain tatsächlich aus der Zeit vor dem 12. Jahrhundert stammt, handelt es sich hier um einen sehr frühen Santiago-Pilger. Er könnte aus der Gegend von Hohenrain stammen, oder er starb auf seiner Rückreise von Santiago de Compostela in Hohenrain.

1.3.2. Sebastian Ilsung mit dem krausen Haar, 1446

Sebastian Ilsung, ein Patrizier aus Augsburg, ist der erste bekannte Jakobuspilger, der über Luzern nach Santiago de Compostela ritt. Seine Erlebnisse legte er in einem Reisebericht (Abbildung 6) nieder.[84] Am 11. April 1446 brach er in Augsburg auf und

[84] HONEMANN 1988, S. 61–95. HONEMANN 1983, Sp. 364–365. HERBERS/PLÖTZ 1996, S. 78–90.

Abbildung 6: Sebastian Ilsung in «sant Jacobs kirch» zu «Kombostell» und beim Erzbischof. Kolorierte Federzeichnung.

reiste nach Memmingen, wo er sich im Antoniterkloster aufhielt. Hier gab ihm der Hochmeister einen Brief für den Hochmeister im Kloster St-Antoine-en-Viennois, das etwa 40 km westlich von Grenoble gelegen ist.[85] Von Memmingen aus begleitete ihn ein Priester, auch ein Edelmann, als Dolmetscher bis St-Antoine-en-Viennois. Dieser dürfte deshalb auch ein Antoniter gewesen sein. Von Memmingen zog Ilsung durch das Gebiet der Eidgenossen. Welchen Weg er genommen hat, wissen wir nicht (Karte 3). In «Lutzernam» (Luzern) wurde er gefangengenommen. Man hielt ihn für einen Österreicher, weil er krauses Haar hatte.[86] Er musste, wie er schreibt, vor dem Rat von Luzern einen Eid schwören, sich bei seiner Rückreise von Santiago de Compostela wieder in Luzern zu stellen. Schliesslich hätten ihn die Berner von diesem Schwur entbunden. Diese Episode wird gerne genüsslich erzählt, wenn man sich über

[85] MISCHLEWSKI 1980, Sp. 734–735.
[86] «[...] darum, daß man mainet, ich wer ein Esterreycher, darum das ich kraus har het», zit. nach HONEMANN 1988, S. 82, II, Z. 11–12.

Abbildung 7: Friedensverhandlungen in Konstanz 1446. Diebold Schilling Chronik, fol. 52r (105).

die scheinbar naive Handlungsweise der Luzerner lustig machen will. Der Grund für die Verhaftung von Sebastian Ilsung ist jedoch in der damaligen politischen Lage zu suchen. Man befand sich in der Schlussphase des Zürichkrieges, der zwischen der Innerschweiz und Zürich ausgetragen wurde. Zürich hatte sich mit Österreich verbündet. Am 6. März 1446 wurde die letzte Schlacht des Zürichkrieges bei Ragaz ausgetragen, wo die Innerschweizer, Toggenburger und Appenzeller gegen die Österreicher antraten. Die Luzerner waren misstrauisch gegen die Österreicher. Dies geht aus einer Äusserung von Luzerner Gesandten vom 25. Januar 1446 hervor, die festhält: «Unsere Feinde haben viele Kundschafter unter uns, Frauen, Krämer und andere Leute.»[87] Erst am 12. Juni 1446, lange nachdem Sebastian Ilsung die Schweiz durchquert hatte, kam es zum Friedensschluss von Konstanz (Abbildung 7). Die Luzerner hatten in Sebastian Ilsung einen österreichischen Kundschafter vermutet. Sie lagen mit ihrer misstrauischen Haltung gar nicht so schlecht. Die Forschung vertritt die Meinung, dass Ilsung bei seiner Reise nach Santiago in diplomatischer Mission unterwegs war.[88]

Im Ratsprotokoll der Stadt Luzern findet sich eine Notiz über den Aufenthalt von Sebastian Ilsung in Luzern (Abbildung 8).[89] Darin wird erwähnt, dass Ilsung am 22. April 1446 vor dem Rat der Stadt Luzern stand. Er war also seit seiner Abreise in Augsburg während elf Tagen unterwegs gewesen. In Memmingen dürfte er sich einen oder zwei Tage aufgehalten haben. Die Weglänge von Augsburg bis Luzern über St. Gallen und Zürich beträgt etwa 330 Kilometer. Ilsung hat somit mit seinem Pferd

---

[87] Zit. nach SEGESSER 1863, S. 197, lit. r.
[88] HÄBLER 1899, S. 47–48. HONEMANN 1988, S. 75–76. HONEMANN 1983, Sp. 364–365.
[89] StALU, RP 5B, fol. 77v.

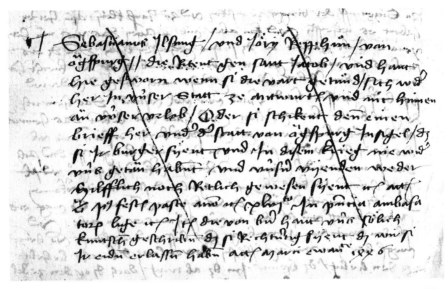

Abbildung 8: Notiz im Ratsprotokoll über den Aufenthalt von Sebastian Ilsung in Luzern (StALU, RP 5B.1, fol. 77v).

eine Tagesleistung von etwa 35 Kilometern erbracht. Dies entspricht etwa den üblichen Werten für wenig eilige «Durchschnittsreisende».[90]

In seinem Bericht erwähnt Ilsung den Namen seines Begleiters nicht, mit dem er von Memmingen über Luzern nach St-Antoine-en-Viennois gereist ist. Im Luzerner Ratsprotokoll wird dieser als «Jörg Repphůn» bezeichnet. Darin wird auch erwähnt, dass die beiden nach «sant Jacob» reiten wollten. Sie mussten in Luzern vor dem Rat schwören, sich nach der Pilgerfahrt wieder in Luzern zu stellen oder dem Rat von Luzern einen gesiegelten Brief der Stadt Augsburg zuzustellen, der bestätige, dass sie Bürger der Stadt Augsburg seien und dass sie in diesem Krieg (Zürichkrieg) nie etwas gegen die Luzerner unternommen und den Feinden von Luzern (Zürcher und Österreicher) weder geraten noch geholfen hätten. Diese Notiz im Ratsprotokoll wurde in Anwesenheit von eidgenössischen Gesandten verfasst.[91] Eine Tagsatzung mit eidgenössischen Gesandten, um den 22. April 1446, ist in den «Eidgenössischen Abschieden» nicht verzeichnet. Sie könnte trotzdem stattgefunden haben. Entweder wurden keine Beschlüsse gefasst und es gab somit nichts aufzuschreiben, oder man wollte das Treffen geheimhalten, weil man sich im Kriegszustand mit Zürich und Österreich befand. Luzern orientierte am Samstag vor Reminiscere (12. März 1446, 2. Fastensonntag) Bern über eine Tagung der Vier Waldstätte in Beckenried.[92] Dabei sei nichts Wichtiges zur Sprache gekommen. Luzern wurde dabei beauftragt, Bern zu einem weiteren Treffen einzuladen. Es könnte also eine Zusam-

---

90 OHLER 1986, S. 141.
91 StALU, RP 5B, fol. 77v.
92 SEGESSER 1863, S. 199.

menkunft der eidgenössischen Gesandten aus Uri, Schwyz, Unterwalden, Luzern und Bern um den 22. April 1446 in Luzern stattgefunden haben.

Sebastian Ilsung ritt weiter nach Bern. Er schreibt in seinem Bericht, dass die Berner ihn von seinem Schwur befreit hätten.[93] Im Ratsprotokoll von Luzern ist die Sache noch klarer formuliert. «Die von Bern» hätten geschrieben, dass Ilsung und Repphůn redliche und rechtschaffene Leute seien. Man habe sie von dem Eid entbunden, den sie in Luzern leisten mussten. Diese Notiz stammt vom 25. April 1446. Ilsung und sein Begleiter dürften in der Zwischenzeit, in etwa zwei bis drei Tagen, von Luzern nach Bern geritten sein. Es ist durchaus möglich, dass sie ihre Reise nach Bern zusammen mit den Berner Gesandten angetreten haben. So hatten die Berner die Gelegenheit, sich auf dem langen Weg von Luzern nach Bern von der Redlichkeit der beiden Pilger zu überzeugen. Die Luzerner akzeptierten den Entscheid der Berner: Der Text wurde durchgestrichen, die Angelegenheit war damit für Luzern erledigt. In Bern war 1444 ein Antoniter-Ordenshaus mit Kapelle errichtet worden.[94] Da Jörg Repphůn vermutlich Antoniter war, ist es auch möglich, dass sich die Oberen dieses Klosters in Bern für die beiden eingesetzt haben, damit sie vom Rat der Stadt Bern von ihrem Eid entbunden wurden.

1.3.3. Ulrich Schmidt aus Grosswangen, 1465

Ulrich Schmidt ist der erste namentlich bekannte Santiago-Pilger aus der Landschaft von Luzern. Im Jahrzeitenbuch der Pfarrei Grosswangen heisst es unter dem 5. Dezember, dass dieser 1465 auf der Strasse nach St. Jakob gestorben sei.[95]

1.3.4. Hans von Waltheym, ein Patrizier auf Jakobuswegen, 1474

Hans von Waltheym (1422–1479) war Salzpfänner und Patrizier der Stadt Halle an der Saale. Er reiste am 17. Februar 1474 von Halle weg und besuchte viele Wallfahrtsorte in Süddeutschland, der Schweiz und Südfrankreich. Am 19. März 1475 traf er wieder in Halle ein, nachdem sich seine Rückreise wegen der herrschenden Pest verzögert hatte.[96] Auf der Reise begleitete ihn sein Knecht Kunz. Hans von Waltheym pilgerte nicht nach Santiago de Compostela, sondern nach St-Maximin in Südfrankreich. Die Wege, die er dabei benutzt hat, kennen wir bereits (Karte 3/4). Er wählte Wege, die von vielen Santiago-Pilgern begangen wurden. Auch wenn Waltheym nicht nach Santiago de Compostela gepilgert ist, bringt sein Bericht wertvolle Hinweise auf die Mentalität eines frommen Pilgers und Patriziers, aber auch auf die Wahl der Wege im regionalen und lokalen Bereich. Waltheym hatte ein gutes Herz für

---

93 «[...] das mich die statt von Berrnn wider ledig machten», zit. nach HONEMANN 1988, S. 82, II, Z. 14–15.
94 MOJON 1969, S. 3–4.
95 «Anno 1465 ist gestorben Hemma Schmidin, welche für sich, iren man Peter Schmidt, Ulrich Schmidt, ir sun, der im obgenanten jar uf sant Jacobs straß gestorben [...]», zit. nach HENGGELER 1962, S. 292.
96 HUSCHENBETT 1981, Sp. 460–463. WELTI 1925, S. V–XI.

Pilger. Er errichtete 1467 eine Stiftung, deren Ertrag für die Verpflegung von armen Pilgern, für warme Bäder und wohlschmeckendes Essen wie Brathühnchen, Rosinen, Mandeln, Feigen und Kuchen für Rekonvaleszente verwendet wurde.[97]

Über seine Reise hat Waltheym einen Bericht verfasst.[98] Was sein Aufenthalt in Luzern betrifft, so ritt er, von Sursee kommend, am 24. Mai 1474 in die Stadt ein.[99] Hier bemühte er sich nicht, wie andere Pilger, um eine Schlafstelle im Heiliggeist- oder Jakobusspital, sondern stieg standesgemäss in der Herberge zur Krone ab. Waltheym entschloss sich, zum Bruder Klaus (Nikolaus von Flüe) zu wallfahren, zu dem «lebenden Heiligen», wie er schreibt. Er liess seine Pferde in Luzern, dingte ein Schiff und fuhr mit diesem dem Pilatusberg entlang. Da dürfte ihm jemand die Pilatussage erzählt haben, die er seinerseits festhielt. In neuhochdeutscher Fassung lautet sie: «Auf dem Pilatusberg liegt Pilatus (der römische Landpfleger) in einem tiefen See, der keinen Ausfluss hat. Pilatus taucht jedes Jahr, am Vormittag des guten Freitags (Karfreitag), während des Gottesdienstes, aus dem See auf, so dass man ihn sehen kann. Nach dem Gottesdienst sinkt er wieder auf den Grund des Sees.» Waltheym erwähnt, dass er gerne auf diesen Berg zum See gegangen wäre, aber es grauste ihn so sehr, dass er nicht hingehen mochte. Waltheym fuhr dann vermutlich nach Rotzloch, wo er das Gebirge «böse und abenteuerlich» besteigen musste. Am 26. Mai 1474 traf er Bruder Klaus. Waltheym verfasste, wie Durrer schreibt, den weitaus interessantesten Bericht über Bruder Klaus.[100] Danach reiste er zu Fuss und mit dem Schiff wieder nach Luzern. Von dieser Stadt war er hell begeistert, sie sei eine der hübschesten der Schweiz.[101] Von Luzern ritt er am 27. Mai 1474 nach Arth und erwähnt, dass dort ein grosser See sei, mit guten Fischen drin. Waltheym tafelte da im Gasthaus zum Roten Ochsen und ritt am gleichen Tag weiter nach Einsiedeln, wo er im Gasthaus zum Weissen Wind Herberge nahm. Damit ist auch die Existenz dieser Herberge für das Jahr 1474 belegt, und sie zählt, neben dem Gasthaus Pfauen (1469), zu den ältesten Herbergen von Einsiedeln.[102] Wichtig am Bericht von Waltheym sind aus unserer Sicht die Wegbeschreibung von Luzern nach Einsiedeln und die Schilderung der Pilatussage. Etwas später wird uns diese Sage nochmals bei Künig von Vach begegnen, allerdings in einer ganz anderen Fassung.

1.3.5. Wie Martin Falk Santiago-Pilger wurde, 1475

Während sich die Eidgenossen in den Burgunderkriegen mit Karl dem Kühnen herumschlugen, prügelte der junge Schnelbog den Knecht Martin Falk und verletzte diesen schwer. Ort und Zeitpunkt dieser Auseinandersetzung werden nicht genannt. Sie dürfte sich Mitte 1475 zugetragen haben. Schnelbog war ein Zürcher, sein Opfer ein Luzerner. Martin Falk musste bei einem Wirt gepflegt werden. Wegen der schweren

---

[97] DURRER 1917–1921, 1, S. 56–67.
[98] WELTI 1925, S. 1–96.
[99] WELTI 1925, S. 70.
[100] DURRER 1917–1921, S. 56. WELTI 1925, S. 70–78.
[101] WELTI 1925, S. 78.
[102] RINGHOLZ 1896, S. 288.

Verletzungen wurde ein Scherer (Arzt) beigezogen. Zum Transport des Verletzten musste ein Ochsenfuhrwerk verwendet werden. Dies alles war mit Kosten verbunden, für die Schnelbog aufkommen sollte. Dieser Fall beschäftigte die eidgenössische Tagsatzung dreimal.[103] Am 28. September 1475 behandelte die Tagsatzung zu Luzern die Klage von Martin Falk. Man fand, dass Schnelbogs Vater verpflichtet werden solle, die Auslagen für Wirt und Arzt innert Monatsfrist zu begleichen. Falls sich der junge Schnelbog irgendwo zeige, müsse er aufgegriffen und in Meienberg vor Gericht gestellt werden. An der Tagsatzung vom 4. Dezember 1475, ebenfalls in Luzern, wird nochmals festgehalten, dass Schnelbogs Vater für den Schaden aufkommen müsse. Man solle mit Bürgermeister Hans Waldmann in Zürich reden, dass dieser ihn verpflichte, die Versprechungen einzuhalten und die Schulden abzutragen. An der Tagsatzung vom 20. Dezember 1475 in Luzern war auch Bürgermeister Hans Waldmann aus Zürich anwesend. Dabei wurden nochmals die Leistungen festgelegt, welche Schnelbogs Vater erbringen sollte. Er musste Rudolf Vettner (vermutlich der Wirt) 20 Gulden sofort und die übrigen zwei Gulden bis an Fastnacht bezahlen. Dem Scherer sollte er die 14 Gulden für den Transport mit dem Ochsengespann bezahlen und sieben Gulden bis zur alten Fastnacht. Zehn Gulden musste er dem Scherer bis zum St.-Martins-Tag 1477 bezahlen und alles bei seinem Eide innert Monatsfrist versprechen. An der gleichen Tagsatzung wurde beschlossen, dem armen Mann Martin Falk einen Bettelbrief zu geben. Dieser habe sich entschlossen, nach St. Jakob zu pilgern. Martin Falk kam somit in den Besitz einer amtlichen Erlaubnis, milde Gaben einzusammeln. Die schweren Verletzungen von Martin Falk dürften geheilt worden sein, so dass er sich, aus Dankbarkeit für seine Heilung, für eine Wallfahrt nach Santiago entschloss.

1.3.6. Peter Has, auf der Wallfahrt gestorben, nach 1492

Nach dem Jahrzeitenbuch der Pfarrei Entlebuch von 1492 stifteten eine Jahrzeit zum 21. Mai «Hans Hasen für sich und seine Frauw Verena Wyggerin und Catharina Lupoldin, ihr Schwester, und Peter Hasen, sins suns, der uf sant Jacobs stras beliben ist».[104]

1.3.7. Hermann Künig von Vach, ein berühmter Jakobuspilger, 1495

Hermann Künig von Vach ist wohl der berühmteste Pilger, der über Luzern nach Santiago gezogen ist. In vielen Veröffentlichungen über die Wallfahrt nach Santiago de Compostela wird er erwähnt. Künig von Vach bezeichnet sich als «ordens der mergenknecht» (Marienknecht) und gehörte dem Servitenorden (Ordo Servorum Mariae, OSM) an. Er war Terminierer im Kloster Vacha an der Werra in Thüringen, nahe der Grenze zu Hessen, und musste Almosen für seinen Orden zusammenbetteln.[105] Über

---

[103] SEGESSER 1865, S. 563, lit. d; S. 573, lit. b; S. 574, lit. e; S. 575, lit. k.
[104] Zit. nach HENGGELER 1962, S. 292.
[105] HERBERS 1988, S. 32–33. HONEMANN 1984, Sp. 437–438.

Abbildung 9: Titelblatt des Pilgerführers von Hermann Künig von Vach, Ausgabe Leipzig 1521.

seine Wallfahrt hat er einen Pilgerführer (Abbildung 9) verfasst, ein «kleines Büchlein», wie er schreibt.[106] Diesen Pilgerführer beendete er im Jahre 1495, am Tag der heiligen Anna, also am 26. Juli, einen Tag nach dem Fest des heiligen Jakobus. Hermann Künig von Vach beginnt seinen Pilgerführer in Einsiedeln (Abbildung 10). Von Einsiedeln wanderte er weiter nach Luzern. Die Stadt hat damals etwa so ausgesehen, wie sie in der «Kronica von der loblichen Eydtgnoschaft» von 1507 des Petermann Etterlin, Gerichtsschreiber von Luzern (Abbildung 11), dargestellt ist.[107] Während Künig von Vach der Stadt Santiago de Compostela, dem Ziel seiner Reise, ganze zwölf Zeilen seines Pilgerführers gewidmet hat, schreibt er über seinen Aufenthalt in Luzern immerhin 20 Zeilen.[108] Für Bern hat er nur eine einzige Zeile übrig. Künig

[106] HÄBLER 1899. HENGSTMANN 1998. HERBERS 1988, S. 29–49. HERBERS/PLÖTZ 1996, S. 164–209. HONEMANN 1984, Sp. 437–438.
[107] ETTERLIN 1978, fol. 4v.
[108] HENGSTMANN 1998, S. 12–15.

Abbildung 10: Einsiedeln mit Kloster, Herbergen und dem Pilgerwegen über den Etzel (im Vordergrund) nach Schwyz und Luzern, um 1505, Conrad Wick.

von Vach erwähnt, dass man von Einsiedeln aus nach vier Meilen Luzern erreiche. Die Stadt liege an einem grossen See und besitze eine lange Brücke. Ein Hochgelehrter habe ihm erzählt, dass der römische Prokurator Pontius Pilatus vom Tiber in Rom auf den Berg «Montefracte» (Pilatusberg) bei Luzern gebracht wurde. Weder Menschen noch Tiere dürften sich dem See nähern. Wenn man etwas in diesen See werfe, so komme das ganze Land durch Gewitter und Hagel in grosse Not. Der heilige Gregor habe veranlasst, den Körper des Pilatus aus dem Tiber zu nehmen, denn die Römer hätten unter Unwettern gelitten, solange dieser auf dem Grund des Tibers lag. Von Luzern aus erreiche man Bern nach sieben Meilen. Dazu müsse man den Pilatus rechts liegen lassen. Nach diesem Bericht von Künig von Vach drängen sich einige Fragen auf. Wer hat ihm in Luzern die Pilatussage erzählt, wo wurde er in Luzern beherbergt, wann ist er in Luzern durchgereist und welche Wege hat er von Einsiedeln nach Luzern und von da nach Bern benutzt?

Der Erzähler der Pilatussage
Nachdem Künig von Vach erwähnt, dass ihm ein «vyl gelerten» die Pilatussage erzählt hat, stellt sich die Frage, wer dies war. Zur Zeit seiner Durchreise in Luzern waren drei Verfasser von bekannten Chroniken in Luzern wohnhaft: Petermann

Abbildung 11: Älteste Darstellung der Stadt Luzern. Petermann Etterlin, Kronica von der loblichen Eydtgnoschaft, 1507.

Etterlin[109], Melchior Russ der Jüngere[110] und Diebold Schilling. Etterlin und Russ erwähnen in ihren Chroniken die Pilatussage nicht, dagegen wird sie von Diebold Schilling ausführlich geschildert.

Diebold Schilling wurde um 1460 in Luzern geboren. Er besuchte die Stiftsschule im Hof Luzern und die Basler Hohe Schule. 1479 erscheint er in Luzern als öffentlicher Notar, der bereits die niederen Weihen empfangen hatte. Spätestens im Frühling 1481 wurde er zum Priester geweiht. 1483 übertrug ihm der Rat die Liebfrauenpfründe in der Peterskapelle, und im November 1483 wurde er Stiftskaplan am Chorherrenstift St. Leodegar.[111] Am 3. Februar 1487, «uff samstag was sant Blasientag», wurde vermutlich eine Voruntersuchung gegen ihn eingeleitet, und man steckte ihn in den Turm.[112] Dabei ging er seiner Pfründe im Stift St. Leodegar verlustig. Am 23. Februar 1487 liess man ihn wieder frei, wobei unter anderen auch Melchior Russ der Jüngere für ihn bürgte. Am 7. Dezember 1487 belehnte man Pfarrer Hein-

---

[109] ETTERLIN 1965, S. 9–22 und 35. HBLS 3, S. 88. KURMANN 1976, S. 140.
[110] SCHNELLER 1838, S. III–XXVI. BERNOULLI 1872, S. 1–8. DLL 13/1991, S. 598–599. LIEBENAU 1870, S. 299–314, 343–356, 384–393.
[111] PFAFF 1981, S. 538.
[112] DURRER/HILBER 1932, S. 15.

Abbildung 12: Unwetter vom 23. Juni 1473. Der Krienbach überflutet die Stadt Luzern. Im Hintergrund: der Pilatus. Diebold Schilling Chronik, fol. 88r (177).

rich Im Grund von Stans mit der Laienpfründe im Hof. Schilling wurde am 13. November 1489 vom Schultheissen und von den Räten der Stadt Luzern begnadigt unter der Bedingung, er solle «sich künftig in der Kirche und auf der Strasse priesterlich und ehrbar betragen, mit keinem verdächtigen Gesinde haushalten, noch argwöhnigen Leuten, Priestern, Frauen und Männern Schirm und Unterschlupf geben, die Amtspflichten getreu besorgen mit Messelesen, zur Mette gehen und singen und lesen, wie es die Chorherren des Stiftes zu tun pflegen und gegen Propst und Kapitel, wie die andern Chorherren, gehorsam sein».[113] Er erhielt die Laienpfründe im Hof wieder zugesprochen. Für die Zeit zwischen dem 3. Februar 1487 und dem 13. November 1489 liegen wenige Angaben über Diebold Schilling vor. Er dürfte sich während dieser Zeit in Luzern aufgehalten haben. 1490 wurde er des Totschlags angeklagt, dann aber freigesprochen. Von 1511 bis 1513 arbeitete er an seiner Schweizer Bilderchronik, wobei er Teile aus der Chronik von Petermann Etterlin übernahm, die handschriftliche Chronik des Melchior Russ jedoch nicht verwertete.[114] Er starb um 1515.

In seiner Chronik beschreibt Diebold Schilling die Pilatussage und anschliessend das Unwetter, das am 23. Juni 1473 vom Pilatus her über die Stadt Luzern hereinbrach (Abbildung 12). Der Chronist schreibt, er wisse nicht, ob sich zu diesem Zeitpunkt Personen am Pilatussee aufhielten.[115] Wenn wir die Pilatussagen von Hermann Künig

---

[113] Zit. nach DURRER/HILBER 1932, S. 16.
[114] DURRER/HILBER 1932, S. 17–22.
[115] SCHMID 1981, S. 138–139.

Hermann Künig von Vach	Diebold Schilling
«Und als ich von vyl gelerten hab gehört, so ist Pilatus von Rom uß der Tyber da hyn gefurt uff eynen berg, Montefracte genant, den lastu lyggen uff die rechten hant, dar uff lygt er in eynem grössen sehe, da by keyn mensch oder fehe darff gehen. Und wurde etwas geworffen darin so kem das gantz land in grösse pyn mit donnern hageln und blycken. Hir umb wold es sanctus Gregorius also schicken das er jn von Röm uß der Tyber hat genomen dan er thet den Romern keynen frommen, dan die Tyber und des wetters beweglikeyt bracht dick die Römer in grösses hertzen leyt.»	«Allermenglich ist zů wüssen, von einem bärg, nit verr von der statt Lucern, den man nent Frackmont, wirt aber von dem gemeinen mönschen geheissen Pilatusbärg. Daruff nů in einem wyer oder se ein gespänst lit, und nach inhalt alter historien so haltet man sollichs darfür, es sye der geist Pilatj. Deshalben nů an dem end by demselben se nieman frävelich wandlen noch nützit darin darff wärffen. Es ist ouch by lib und gůt daruff unerloupt ze gan von minen heren von Lucern verbotten.» *Es folgt anschliessend die Schilderung des «ungehür groß wätter mit tonder, blicks und ungehörtem rägen» vom 23. Juni 1473, «wie wol nieman eigentlich mocht wüssen, ob lüt by dem se wärend gewäsen oder nit».*

Abbildung 13: Vergleich der Texte der Pilatussagen von Künig von Vach und Diebold Schilling.

von Vach und Diebold Schilling vergleichen (Abbildung 13), so zeigt sich, dass die beiden Fassungen in folgenden Punkten übereinstimmen:
- Der römische Prokurator Pontius Pilatus oder sein Geist befinde sich in einem See auf einem Berg.
- Der Berg wird als «Montefracte» oder als «Frakmont» benannt, wobei Schilling ihn zusätzlich als «Pilatusberg» bezeichnet.[116]
- Es bestehhe ein Verbot, zum See zu gehen.
- Es sei verboten, etwas in den See zu werfen.
- Es wird Bezug auf ein Unwetter genommen, das sich «mit donnern, hageln und blycken» ereignet habe (Abbildung 12).[117]

Die Fassung von Künig von Vach ist etwas kürzer gehalten, weil er sie in Versform gekleidet hat. Der Vergleich der beiden Texte zeigt, dass sie inhaltlich praktisch identisch sind. Der «vyl gelerte», von dem Künig von Vach die Pilatussage erfahren hat, ist aufgrund dieses Textvergleiches mit grosser Wahrscheinlichkeit Diebold Schilling. Wie wir noch sehen werden, sprechen noch weitere Argumente für diese Annahme. Die Pilatussage, wie sie Künig von Vach und Diebold Schilling schildern, unterscheidet sich ganz erheblich von anderen Fassungen, wie zum Beispiel von derjenigen des Hans von Waltheym (Kapitel 1.3.4) oder des Jakobus de Voragine.[118] Künig von Vach erwähnt im letzten Abschnitt, dass Pilatus zur Zeit Gregors des

[116] Eine Alp am Pilatus heisst heute noch Fräkmünt.
[117] Diebold Schilling bezieht sich auf das erwähnte Unwetter vom 23. Juni 1473, das er in seiner Chronik dargestellt hat.
[118] JACOBUS DE VORAGINE 1979, S. 271–272.

Abbildung 14: Pilatussee, Oberalp, von Herrliberger, 1754–1758, S. 11–12.

Grossen in Rom aus dem Tiber genommen wurde, weil sich Unwetter eingestellt hatten. Sicher geschah dies nicht zur Zeit Gregors des Grossen (590–604), obwohl Rom auch zu dieser Zeit unter Überschwemmungen litt.[119] Künig von Vach hat hier etwas verwechselt.

Der Pilatussee existiert tatsächlich (Abbildung 14). Gute Geister haben ihn wieder etwas gestaut. Man erreicht ihn von Luzern über das Eigental und die Alpen Bründlen und Oberalp. Von der Hütte Oberalp geht man genau in östlicher Richtung zum Wald, wo man nach wenigen Metern auf den See stösst. Der Pilatussee entwässert sich über den Rümlig und die Kleine Emme in die Reuss, und zwar ausserhalb der Stadt Luzern. Ein Gewitter, das sich über dem Pilatussee entlädt, kann deshalb keine Überschwemmung in Luzern verursachen.

Wo Hermann Künig von Vach in Luzern beherbergt wurde
In der Stadt Luzern bestand eine Herberge für Santiago-Pilger, als Künig von Vach durchreiste. Jedoch hat er nicht darin übernachtet. Nach dem Almosnerbuch der Stadt sollten Priester, Ordensleute und geistliche Personen in Stiften, Klöstern oder bei Pfarrherren beherbergt werden. Beraubten, verarmten oder kranken Klerikern ohne Geld gab man einen Zehrpfennig, damit sie nicht betteln mussten.[120] Es spricht einiges dafür, dass der Stiftskaplan Diebold Schilling den Mönch und Santiago-Pilger Künig von Vach beherbergt hat. Diebold Schilling verlor 1487 sein Amt. Bei seiner Wiedereinsetzung als Stiftskaplan 1489 wurde er, wie erwähnt, ermahnt, keinen «argwöhnigen Leuten, Priestern, Frauen und Männern Schirm und Unterschlupf zu

[119] JACOBUS DE VORAGINE 1979, S. 222.
[120] StALU, COD 5175, fol. 335v.

Abbildung 15: Ein Blitzschlag zerstört am 31. Mai 1494 einen Teil der Hofbrücke. Diebold Schilling Chronik, fol.166r (335).

geben». Er scheint ein recht offenes Haus geführt zu haben und beherbergte mit Vorliebe Durchreisende. Diebold Schilling kannte die Wallfahrt nach Santiago de Compostela, denn er erwähnt in seiner Chronik die beiden Santiago-Pilger Heinrich Tammann und Jacob Kesler.[121]

Wann sich Hermann Künig von Vach in Luzern aufhielt
Es soll weiter untersucht werden, wann sich Künig von Vach und Diebold Schilling in Luzern treffen konnten. Künig von Vach war noch 1479 im Kloster Vacha an der Werra anwesend. Ab 1486 ist er abwesend.[122] Er könnte also seine Pilgerreise bereits im Jahre 1479 angetreten haben. Sicher hat er sich vor dem 31. Mai 1495 in Luzern aufgehalten. Diebold Schilling schildert in seiner Bilderchronik, dass am 31. Mai 1495 ein Blitz in die Hofbrücke schlug, wobei zwei Balken und das Dach zerstört wurden und die Brücke Feuer fing (Abbildung 15). Diebold Schilling hat dieses Ereignis als Zeitgenosse erlebt.[123] Sofern dieses Datum richtig ist, hätte Künig von Vach nach diesem Zeitpunkt nicht mehr über die «lange brucken» gehen können, weil sie teilweise zerstört war. Zwischen dem 31. Mai 1495 (teilweise Zerstörung der Hofbrücke) und dem 26. Juli 1495 (Fertigstellung des Pilgerführers) stand ihm zudem zuwenig Zeit zur Verfügung für eine Reise von Luzern nach Santiago de Compostela und nach Aachen und für die Abfassung seines Büchleins. Künig von Vach dürfte deshalb vor 1495 durch Luzern gepilgert sein. Diebold Schilling wurde 1483 Stiftskaplan und in diesem Amt, zwischen 1487 und 1489, eingestellt. Er konnte Diebold Schilling in Luzern nur zwischen November 1483 und 3. Februar 1487, oder zwischen dem 13.

[121] SCHMID 1981, S. 240–241 und 266–269.
[122] HERBERS 1988, S. 33.
[123] «Zů dissen zitten schoß an eim sondag, was zů Krienß kilchwichi nach der Uffart, der tonder oder die stral zů Lucern umb vesperzit in die Hoffbrucken, zwo stüd und das tach zů stuckinen, dz es von für angieng», zit. nach SCHMID 1981, S. 252–253.

November 1489 und vor dem 31. Mai 1495 treffen. Sofern Diebold Schilling die obrigkeitliche Mahnung, «keinen argwöhnigen Priestern Unterschlupf zu geben», befolgt hat, was aber gar nicht sicher ist, müsste Künig von Vach zwischen November 1483 und 3. Februar 1487 durch Luzern gereist sein.

Es fragt sich, ob die Zeitspanne der Durchreise des Künig von Vach in Luzern noch weiter eingegrenzt werden kann. Dies wäre möglich, wenn Künig von Vach zum Fest der Engelweihe nach Einsiedeln gereist wäre. Er schreibt, dass man in Einsiedeln viel römische Gnade (Ablässe) erhalte. Die Engelweihe, verbunden mit einem vollkommenen Ablass, wird immer dann gefeiert, wenn der Tag der Kreuzerhöhung (14. September) auf einen Sonntag fällt.[124] Künig von Vach reiste nach 1479 von Vacha weg. Danach wurden die nächsten Engelweihen 1483, 1488 und 1494 gefeiert. Künig von Vach dürfte an der Engelweihe vom 14. September 1483 nicht in Einsiedeln anwesend gewesen sein, denn Diebold Schilling wurde erst im November 1483 Stiftskaplan von St. Leodegar, und so wäre das Treffen zwischen den beiden nicht möglich gewesen. Bei der Engelweihe im Jahre 1488 war Diebold Schilling in seinem Amt bereits eingestellt. Dagegen ist es möglich, dass Künig von Vach an der Engelweihe von 1494 in Einsiedeln anwesend war. Er wäre dann etwa nach sechs Monaten, Mitte März 1495, in Aachen eingetroffen und hätte dann vier Monate Zeit gehabt, sein Büchlein zu schreiben und es drucken zu lassen. Auch wenn Künig von Vach 1494 nicht an der Engelweihe in Einiedeln war, kam er trotzdem in den Genuss von Ablässen. Neben der Engelweihe waren zahlreiche Feste mit vollkommenen Ablässen ausgezeichnet. Aufgrund der Engelweihbulle und ihrer Bestätigungen konnte jeder Pilger, ohne Rücksicht auf den Tag, einen vollkommenen Ablass gewinnen. Künig von Vach hat für das Schreiben und Drucken seines Büchleins kaum mehr als acht Jahre gebraucht. So dürften die beiden ersten Grenzdaten entfallen, und unser Pilger wäre zwischen 1489 und 1494 durch Luzern gereist.

Der Weg von Einsiedeln nach Luzern
Künig von Vach ist von Einsiedeln über Luzern nach Santiago gepilgert. Dabei hat er die wichtigsten Ortschaften, meistens Städte, in seinem Pilgerführer erwähnt. Anhand seiner Angaben wurde versucht, die Wege festzulegen, die er gegangen ist. So entstanden einige «Jakobuswege» in der Schweiz, über die viel veröffentlicht wurde.[125] Die Angaben in den verschiedenen Publikationen sind zum Teil widersprüchlich. Es soll deshalb versucht werden, die regionalen Wege von Einsiedeln nach Luzern und weiter nach Bern zu rekonstruieren, die Künig von Vach gegangen sein könnte. Nachdem er sich zum Wallfahrtsort Einsiedeln geäussert hat, schreibt Hermann Künig von Vach, dass man bei der Weiterreise von Einsiedeln eine Brücke überschreiten müsse, um Unfälle zu vermeiden. Dann solle man auf einen hohen Berg steigen und bei den Kreuzen auf die Knie fallen, mit Gott und Maria weiterziehen und sie inständig bit-

[124] RINGHOLZ 1904, S. 428.
[125] Eine Auswahl von Arbeiten, die sich mit den Pilgerwegen in der Schweiz befassen: BLUM 1998. BOSCHUNG/DEWARRAT/EGLOFF/PFULG 1993. BOSCHUNG 1991. CARITAS-VERLAG 1999. CAUCCI VON SAUCKEN/STREIT 1990. DEGEN 1994, S. 15–38. GUGGISBERG 1995. LIPP 1991, S. 20. LUSTENBERGER 1999, S. 49–66. MATHIS 1993, S. 72–75. MEIER 1993, S. 157–210. MITTLER 1988, S. 188–192. SCHNELLER 1999. SCHUPPLI 1987. SCHWEIZER TOURISMUS o. J., S. 8–11. SVZ 1985. SVZ 1987. SVZ 1993 (Pilgerkompass). SVZ 1993 (Pilgerorte). TRACHSLER 1997. VOLKSWIRTSCHAFTSKAMMER 1999. WITSCHI 1998.

Karte 4
Mögliche Wege, die Küniq von Vach von Einsiedeln nach Luzern offen standen

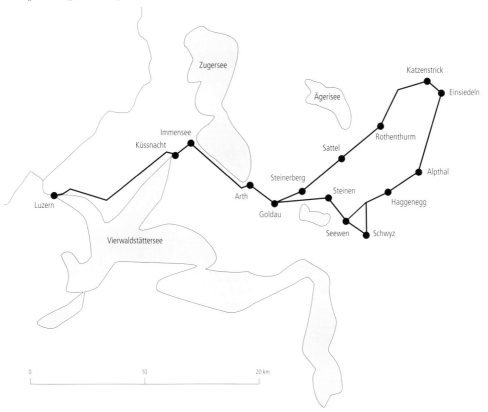

ten, sie mögen einen auf den Strassen behüten.[126] Er erwähnt also eine Brücke bei Einsiedeln, die er bei seiner Weiterreise von Einsiedeln nach Luzern überschreiten musste. Es dürfte sich dabei um den Steg über den Alpbach handeln, westlich des Klosters, der bereits 1311 erstellt wurde.[127] Der Weg nach Luzern führte über diesen Steg. Mit dieser Brücke dürfte Küniq von Vach nicht etwa die Teufelsbrücke über die Sihl gemeint haben. Diese verbindet Etzel mit Einsiedeln. Sie wurde bereits unter Abt Gero (1101–1122) als feste Brücke anstelle eines Steges gebaut und erhielt 1517 einen steinernen Mittelpfeiler.[128] Der hohe Berg, den man auf dem Weg nach Luzern besteigen müsse, könnte entweder der Katzenstrick (1053 m. ü. M.) oder die Haggenegg (1414 m. ü. M) sein (Karte 4). Der Höhenunterschied zwischen Einsiedeln

---

[126] «Hir vmb findestu zů den Eynsidelln eyn bruck / sollich vngluck zů vermyden / saltu erst eyn hogen berg anstigen / by den crucen saltu vff dyn knye fallen / vnd salt es Got vnd Marien lassen wallen / vnd salt sie bitten on vnderlaß / das sie dich wollen behüten vff der strass», zit. nach HENGSTMANN 1998, S. 12.
[127] RINGHOLZ 1896, S. 246.
[128] RINGHOLZ 1896, S. 242.

(882 m. ü. M.) und dem Katzenstrick beträgt nur etwa 170 Meter. Die Luzerner werden freundeidgenössisch als «Katzenstrecker» bezeichnet. Man nimmt an, dass dieser Spottname deshalb entstanden ist, weil die Luzerner fleissig über den Katzenstrick nach Einsiedeln gepilgert sind. Vom Katzenstrick führt der Weg weiter über Rothenthurm, Sattel und Steinerberg nach Goldau. Der Abschnitt zwischen Sattel und Goldau wurde schon 1591 als Pilgerweg bezeichnet.[129]

Künig von Vach könnte aber auch den Weg über Alpthal, Haggenegg nach Schwyz oder Seewen und dann über Steinen nach Goldau gewählt haben (Karte 4). Für diesen Weg spricht seine Bemerkung, dass man auf einen hohen Berg steigen müsse. Die Haggenegg liegt etwa 400 Meter höher als der Katzenstrick. Sie ist, neben dem Cisa-Pass in den Pyrenäen (1480 m. ü. M.), die zweithöchste Erhebung auf dem Weg von Einsiedeln nach Santiago de Compostela. Auf der Haggenegg stand schon sehr früh eine kleine Kapelle. Im Jahre 1562 wurde dieses «helgehüsli» (Heiligenhäuschen) neu erstellt.[130] Ein Gasthaus ist bereits 1483 erwähnt, als drei Obwaldner, Heini Heiden, Hans und Klaus Stulz, die zur Engelweihe nach Einsiedeln pilgerten, einen «ehrbaren Tyroler» auf der Haggenegg antrafen.[131] Auf der Haggenegg war ein 47 Zentimeter hohes Steinkreuz mit gotischen Minuskeln «uff hagec» vorhanden.[132] Kommissar Thomas Fassbind hat um 1800 davon eine Zeichnung angefertigt (Abbildung 16).[133] Vielleicht ist Künig von Vach vor diesem Kreuz auf die Knie gefallen. Über die Haggenegg sind viele Leute gezogen, Krieger, Pilger und Kunstbeflissene. Der Bedeutendste war sicher Johann Wolfgang von Goethe, der anlässlich zweier Schweiz-Reisen am 16. Juni 1775 und am 29. September 1797 von Einsiedeln aus über die Haggenegg gewandert ist.[134] Nach diesem Pass gabelt sich am Südhang der Weg nach Schwyz oder Seewen.[135] Von Schwyz verlief ein Weg über Seewen, Steinen nach Goldau, der schon 1338 erwähnt ist.[136] In Steinen starb nach 1529 ein armer Jakobusbruder auf der Strasse nach Sankt Jakob, nachdem er der Kirche St. Jakob in Steinen drei Kronen vermacht hatte.[137]

Der Weg von Goldau über Arth, Immensee, Küssnacht nach Luzern ist mehrfach belegt (Karte 4). So ritt Hans von Waltheym 1474 von Luzern auf diesem Weg nach Einsiedeln.[138] Dieser Weg von Arth nach Immensee existiert heute leider nur noch als Autobahn, Autostrasse und Eisenbahn. Früher war er nicht sehr gut ausgebaut. In einem Bericht von 1679 wurde festgehalten, dass dieser Weg am Fusse der Rigi so enge Stellen habe, dass er kaum beritten werden könne.[139] Die Strasse zwischen Immensee und Küssnacht, die 1552 erwähnt wird, diente als Verbindungsstrasse zwischen dem Zuger- und dem Vierwaldstättersee. Auf ihr wurden Güter auf Karren

---

[129] OCHSNER 1927, S. 16–17.
[130] STEINEGGER 1987, S. 85.
[131] MING 1861–1878, 4, S. 91.
[132] DOERFEL 1990, S. 141.
[133] STEINEGGER 1987, S. 86.
[134] BODE 1922, S. 38 und 242. GOETHE 1944, 11, S. 269–270.
[135] OCHSNER 1927, S. 27–28.
[136] OCHSNER 1927, S. 16–17.
[137] HENGGELER 1938, S. 32 und 48–49.
[138] WELTI 1925, S. 78.
[139] OCHSNER 1927, S. 13–15.

Abbildung 16: Steinkreuz auf der Haggenegg, gezeichnet um 1800 von Kommissar Thomas Fassbind, mit der schwer lesbaren Inschrift «uff hagec», darüber ein Steinmetzzeichen.

transportiert.[140] Nach der Zürcher Sustordnung vom 24. Juni 1452 lag Küssnacht an der Salzstrasse vom Zürichsee über Horgen, Zug, Zugersee, Immensee, Küssnacht zum Vierwaldstättersee.[141] Wie aus einem Schiedsspruch von 1376 hervorgeht, verlief der Pilgerverkehr von Luzern nach Einsiedeln über Küssnacht. Die Pilger konnten die Schiffe bis Küssnacht gebührenfrei benützen. Küssnacht war, neben Luzern und Flüelen, der wichtigste Umschlagplatz für Waren am Vierwaldstättersee.[142] Die Strasse von Küssnacht nach Luzern ist auch im Ratsprotokoll der Stadt Luzern von 1508 erwähnt. Diejenigen, welche die Rechte an der Allmend an der Strasse nach Schwyz besässen, müssten auch die Strasse unterhalten. Sie seien dem aber nicht nachgekommen. Man nahm ihnen deshalb die Allmend weg und bestrafte sie.[143] Künig von Vach wanderte weiter von Küssnacht bis Luzern. Dort betrat er die Stadt durch das Hoftor. Nach wenigen Schritten stand er vor dem Haus, in dem Diebold Schilling wohnte. Dieser liess sich die Gelegenheit nicht entgehen, den Pilger auszufragen, dem müden Wanderer sein grosses Wissen zu präsentieren, ihm die Pilatussage zu erzählen und ihn schliesslich auch noch zu beherbergen.

Der Weg von Luzern nach Bern
Nachdem sich Künig von Vach zum Auftakt seiner Pilgerreise die spannende Pilatussage von Diebold Schilling angehört hatte, zog er weiter nach Bern, denn er wollte ja zum Apostelgrab. In Luzern überschritt er die Hof- und die Kapellbrücke. Da konnte er zwischen drei Wegen nach Bern wählen: Renggpass, Sachseln, Brünigpass, Thun (Karte 5/C); Entlebuch, Schüpfheim, Trubschachen (Karte 5/B); Willisau, Huttwil, Burgdorf (Karte 5/A).

Der Weg über Sachseln, Brünigpass und Thun
Bei der Beschreibung der Pilatussage empfiehlt Künig von Vach «den [Pilatus] lastu lyggen uff die rechten hant». Mit dieser Notiz hat uns der Mönch Hermann Künig von Vach ein faules Ei gelegt. Aufgrund dieser Bemerkung waren die Planer der heutigen Jakobuswege in der Schweiz überzeugt, dass unser Pilger über den Brünigpass gewandert ist (Karte 5/C). Dadurch wäre Luzern beinahe als Station auf dem Weg nach

---

140 OCHSNER 1927, S. 60–62.
141 NABHOLZ 1906, S. 219–221, Nr. 138. GLAUSER 1979 (Gotthardtransit), S. 20.
142 SABLONIER 1990, S. 178–180.
143 StALU, RP 9, fol. 333v.

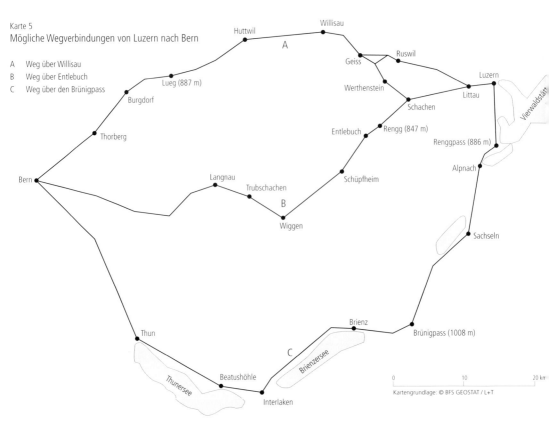

Karte 5
Mögliche Wegverbindungen von Luzern nach Bern

A Weg über Willisau
B Weg über Entlebuch
C Weg über den Brünigpass

Santiago eliminiert worden. Ein schlimmeres Schicksal erlitt die Stadt Bern, die man als Etappenort nach Santiago de Compostela ganz strich. Dabei wurden in Bern viele Santiago-Pilger im 1395 oder 1396 gestifteten Jakobusspital «oben an der Brunngasse» beherbergt.[144] Nach der Reformation wurden kaum in einer andern Stadt so viele Santiago-Pilger aus Luzern verspottet, beschimpft oder übel behandelt wie in Bern. Mit grosser Wahrscheinlichkeit ist Künig von Vach nicht über den Rengg- und Brünigpass nach Bern gepilgert. Gegen diesen Weg sprechen die folgenden Argumente:

- Häbler schrieb schon 1899, Künig von Vach habe links und rechts verwechselt.[145]
- Etwas «links liegen lassen» bedeutet im heutigen Sprachgebrauch «daran vorbeigehen» oder «sich von etwas abwenden».[146] Künig von Vach könnte den Ausdruck «den lastu lyggen uff die rechten hant» in diesem Sinne verstanden haben.
- Ob sich etwas links oder rechts befindet, hängt immer von der Blickrichtung des Betrachters ab. So bestimmt bei Wappen immer die Blickrichtung des Schild-

[144] MORGENTHALER 1945, S. 31–32.
[145] HÄBLER 1899, S. 63–64.
[146] GRIMM 1854–1954, 6, Sp. 1012.

trägers die Seiten links und rechts und nicht etwa der frontal gegenüber stehende Betrachter. Künig von Vach könnte sich auf seiner Reise nach Bern nach Luzern zurückgewandt haben, und da lag der Pilatus wirklich auf seiner rechten Seite.
- Links und rechts wird häufig verwechselt. So schreibt Arnold von Harff im Tagebuch über seine Pilgerfahrt nach Santiago de Compostela, dass sich der Hühnerkäfig in der Kirche von Santo Domingo de la Calzada links vom Hochaltar befinde. Dies stimmt, wenn man den Käfig vom Chor aus betrachtet. Für die meisten Leute liegt der Käfig rechts, weil sie diesen vom Kirchenschiff aus, mit Blickrichtung auf den Chor, betrachten.[147]
- In späteren Drucken des Pilgerführers des Künig von Vach, und zwar in der 1520 bei Jobst Gutknecht gedruckten Nürnberger Ausgabe und in der undatierten Strassburger Ausgabe, wurde der Text geändert in «den laß da ligen zu der lincken handt».[148]
- Künig von Vach gibt die Weglänge von Luzern nach Bern mit sieben Meilen an. Vergleicht man die Weglängen in Meilen, wie sie Künig von Vach geschätzt hat, mit der wirklichen Länge des Weges von Einsiedeln nach Genf in Kilometern, so entspricht eine Meile bei Künig von Vach im Durchschnitt etwa 8,5 Kilometer, also einer knappen hessischen Meile[149], die 9,2 Kilometer misst. Künig von Vach hat die Entfernung von Luzern nach Bern mit knapp 60 Kilometer erheblich unterschätzt. Der Weg über den Brünig beträgt etwa 130 Kilometer, die Verbindung von Luzern über Willisau, Huttwil und Burgdorf etwa 90 Kilometer. Es ist kaum anzunehmen, dass Künig von Vach einen solchen Umweg in Kauf genommen hat, es sei denn, er wollte das Grab des Nikolaus von Flüe in Sachseln oder die Beatushöhle besuchen. Doch darüber schreibt er nichts.

Damit kann als sicher angenommen werden, dass Künig von Vach nicht über den Brünigpass nach Bern gereist ist. Ob die Bemerkung über seine Reise von Luzern nach Bern ein Versehen, ein Druckfehler, ein Schreibfehler im Manuskript oder eine falsche Überlegung ist, bleibt dahingestellt.

Der Weg über Entlebuch, Schüpfheim und Trubschachen
Der Weg durch das Entlebuch (Karte 5/B) wird von verschiedenen Verfassern als Jakobusweg bezeichnet.[150] Auch diesen Weg dürfte Künig von Vach kaum gegangen sein. Das Entlebuch war der am schlechtesten erschlossene Verwaltungsbezirk von Luzern. Bis ins 19. Jahrhundert blieb es für den Fuhrverkehr nur schwer zugänglich.[151] Zudem fehlten auf dieser Route die notwendigen Infrastrukturen für den Pilgerverkehr.

Der Weg nach Willisau
In Luzern konnte Künig von Vach zwischen zwei Wegen nach Willisau wählen. Der eine (Karte 6/B) führte über Malters, Werthenstein, Buholz, Geiss, Ostergau nach Wil-

147 HERBERS/PLÖTZ 1996, S. 218.
148 Zit. nach HERBERS/PLÖTZ 1996, S. 184.
149 HELLWIG 1982, S. 158.
150 CAUCCI VON SAUCKEN/STREIT 1990, S. 51. MITTLER 1988, S. 188–189.
151 DUBLER 1983, S. 254–256.

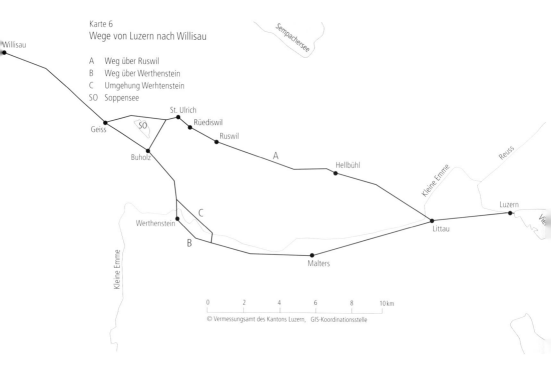

lisau.¹⁵² Der andere verlief über Hellbühl, Ruswil, Rüediswil, St. Ulrich (Karte 6/A). In Buholz oder Geiss vereinigen sich diese beiden Wege.

Der Weg von Luzern über Werthenstein nach Willisau verlief über Rönnimoos, Littau, Malters und Schachen. Zwischen Oberlangnau und Hinterlangnau standen wiederum zwei Möglichkeiten offen. Der eine Weg (Karte 7/B) führte über die Brücke von Werthenstein, der andere über die Langnauer Brücke (Karte 7/C). Die Brücke «in den Wandelen» von Werthenstein wurde 1428 erstmals erwähnt. Nach Glauser wurde unter dem Begriff «Wandelen» der Talkessel zwischen Langnau und Werthenstein verstanden.¹⁵³ Der Rat und Hundert von Luzern vereinbarte 1428 mit Burgin Wasman, dass dieser auf eigene Kosten eine Brücke erstelle. Der Rat steuerte dazu zehn Pfund bei. Als Gegenleistung konnte Wasman von Pferden, Karren und Wagen einen Brückenzoll erheben. Diese Brücke war somit mit Karren und Wagen befahrbar.¹⁵⁴ Die erste Kapelle in Werthenstein wurde 1520 geweiht. In der Regel baute man Kapellen, Kirchen und Klöster an bestehenden Strassen. Dies wäre ein Hinweis darauf, dass der ursprüngliche Weg über Werthenstein verlaufen ist. Die Brücke von Werthenstein hat Matthaeus Merian¹⁵⁵ auf dem Stich von 1654 als einfachen Steg dargestellt (Abbildung 17), obwohl bereits am 27. September 1638 der Rat von Luzern beschloss, dass die Werthensteiner Brücke genügend breit für Karren und Wagen zu machen sei

152 GLAUSER 1974, S. 60.
153 HORAT 1987, S. 420, Anm. 3.
154 StALU, RP 4, fol. 120v. SCHNYDER 1938, S. 195.
155 MERIAN 1926, nach S. 90.

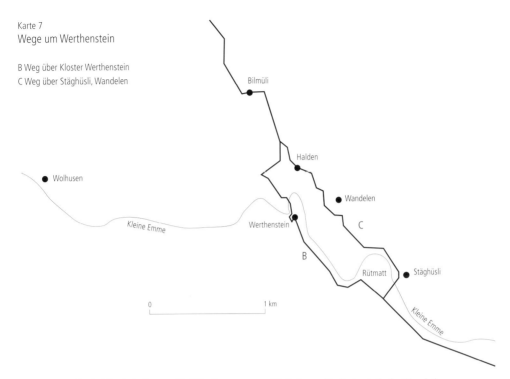

Karte 7
Wege um Werthenstein

B Weg über Kloster Werthenstein
C Weg über Stäghüsli, Wandelen

und ein Schindeldach haben soll. Die Langnauer Brücke solle jedoch kein Dach bekommen. Auf der Werthensteiner Brücke durften nur solche schwere Lastwagen fahren, welche Güter zur Kirche brachten.[156] Zu diesem Zeitpunkt bestanden also sicher zwei Brücken, die eine in Werthenstein und die andere in Langnau. Von Werthenstein verlief der Weg weiter über Grofenhusen und Bilmüli nach Willisau (Karte 6/B).

Parallel zum Weg über Werthenstein führte ein etwas kürzerer Weg über den Hof «Wandelen» (Karte 7/C). Dieser zweigte bei der «Rütmatt» ab. Von da führte ein Steg, als Langnauer Brücke bezeichnet, über die Emme.[157] Die Entstehungszeit dieses Steges ist nicht bekannt. Er dürfte von Anfang an nur für Fussgänger und Reiter geplant worden sein und nicht für Wagen und Karren. In der Verfügung von Schultheiss und Rat der Stadt Luzern vom 24. Januar 1560 wurde festgehalten, dass die Langnauer Brücke nur für Fussgänger gebaut sei. Sie könne aber auch von Reitern benutzt werden, wenn die Emme einen hohen Wasserstand habe. Beim Befahren mit Wagen oder Karren würden die «stüd» (Pfosten) der Brücke beschädigt, weil sie zu eng sei. Karren und Wagen müssten auf der Landstrasse fahren und die Brücke bei Werthenstein benützen. Wer gegen diese Anordnung verstiess, musste eine Busse von zehn Pfund

---

[156] «[...] das die Wertensteiner brug in rechter wite, für kärren und wägen und mit kleinen schindlen gedacht, die Langnauwer aber unbedacht gemacht werden solle. Jedoch sol die Wertensteiner brug nit mit lastwägen anderst gebrucht werde, als was zů dem gottshus gefüehrt wird». StALU, RP 65, fol. 381r.

[157] FREI 1982, S. 118.

Abbildung 17: Brücke über die kleine Emme bei Werthenstein. Stich von Matthaeus Merian 1654.

bezahlen.[158] Der Grund, weshalb man diese Brücke schonen wollte, erklärt sich aus dem Eintrag von 1577 im «Ordnung büchlin buwmeister ampts der statt Lucern», wonach die Langnauer Brücke durch die Stadt Luzern unterhalten werden musste.[159] Einige dürften sich nicht an diese Anordnung gehalten haben. Am 14. Juni 1594 verfügte der Rat von Luzern nochmals, dass niemand mit Karren oder Wagen über diese Brücke fahren dürfe, da sie solchen Belastungen nicht standhalte und nicht dazu gebaut sei.[160] Die Busse wurde auf 20 Gulden angesetzt. Die Obrigkeit war also sehr besorgt um diesen Steg. Vielleicht aber bangte man nur um die Abgaben, die der Zollstelle in Werthenstein zuflossen.

Die Langnauer Brücke verband Rütmatt mit Stäghüsli (Karte 7/C). Letzteres hat seinen Namen von diesem Steg über die Emme.[161] Der Weg vom Stäghüsli, unter dem Hof Wandelen durch, bis Halden ist zum Teil steil und als eindrücklicher Hohlweg

[158] StALU, AKT A1 F10 (7B), Sch. 2147 (Langnauer Brücke, 1560).
[159] StALU, COD 9825, pag. 110.
[160] «[...] die brugk solches nit ertragen noch erlyden mag». StALU, AKT A1 F10 (7B), Sch. 2147 (Langnauer Brücke, 1594).
[161] BÜRKLI/SCHWINGRUBER 1983, S. 24.

erhalten. Auf der Darstellung von Merian (Abbildung 17) ist dieser Weg angedeutet. Nach Halden mündet er in den Weg, der von Werthenstein nach Willisau führt. Dieser Weg dürfte vor allem von Fussgängern und Reitern benutzt worden sein, verbotenerweise aber auch von Wagen. Er ist kürzer als der Weg über Werthenstein. Auch Renward Cysat (1545–1614) erwähnt diesen Weg.[162]

Auf dem weiteren Verlauf des Weges bis Willisau (Karte 6) sind zahlreiche historische Wegreste und Wegbegleiter anzutreffen:
- Ein Bildstock nach Grofenhusen.
- Die Landsgerichtskapelle südlich von Buholz. Sie ist auf einer bereits 1461 erwähnten Gerichtsstätte «zu den Richtstüelen» errichtet worden.[163]
- Die Kapelle St. Gallus und Erasmus in Buholz, wo eine Vorläuferin der heutigen Kapelle 1576 erwähnt ist.[164]
- Die Armensünderkapelle, auch «s'heilig Stöckli» genannt, ausgangs Buholz, an der alten Landstrasse nach Geiss.[165] Hier seien die Verurteilten auf dem Weg von der Landsgerichtskapelle zum Galgenberg durchgeführt worden, wo sie die letzte Möglichkeit hatten, «Reue und Leid» zu zeigen.
- Die Kirche St. Jakob in Geiss, deren Patrozinium etwa um 1450 belegt ist.[166]

Der Weg von Luzern über Ruswil nach Willisau (Karte 6/A) ist im Jahre 1456 erstmals erwähnt. Wegen eines Zollstreites zwischen Rothenburg und Sempach legte der Rat der Stadt Luzern fest, dass man für Waren, die man «in Burgenden»[167] oder im «Berner gepiet» gekauft habe, die Strasse durch «die Wandlen», also über Werthenstein, oder die «nüwen straß» über Ruswil benützen dürfe.[168] Diese Strasse über Ruswil haben wir der Anna Vögtli aus Bischoffingen bei Breisach zu verdanken, die 1447 auf dem Scheiterhaufen in Büron verbrannt wurde.[169] Der Fall erregte grosses Aufsehen. Es handelte sich um einen Hostienraub, der auch von den Chronisten Diebold Schilling und Petermann Etterlin eingehend geschildert wird.[170] Anna Vögtli entwendet am 23. Mai 1447 aus dem verschlossenen Sakramentshäuschen der Kirche von Ettiswil eine Hostie. Diese wird beim Wegtragen schwerer und schwerer. Anna Vögtli wirft sie in die Nesseln, wo sie von der kleinen Schweinehirtin Margareth Schulmeister als weisse Blume entdeckt wird. Der Priester birgt diese und fasst sie in Silber. Anna Vögtli wird in Triengen aufgegriffen und ins Schloss Büron gebracht. Dort sagt sie aus, dass sie vom Teufel Lux verführt worden sei, das Sakrament des Fronleichnams unseres Herrn Christus zu rauben. Der armen Anna machte man kurzen Prozess, sie wurde in Büron verbrannt. Das Gerichtsprotokoll ist datiert vom 16. Juni 1447.

---

162 «[...] von Willisow uber den berg, die Wandalen genannt und besser der statt [Luzern] zuo von Littow har [...]», zit. nach CYSAT 1969–1977, 1/1, S. 145.
163 REINLE 1956, S. 350–351. LUSSI 1989, S. 35–41.
164 REINLE 1956, S. 348–350.
165 LUSSI 1989, S. 45.
166 HECKER 1946, S. 54. REINLE 1959, S. 151–158.
167 Darunter dürfte das ehemalige Archidiakonat Burgund der Diözese Konstanz verstanden worden sein; vgl. PFISTER 1964–1985, 1, S. 199 und Abbildung 55.
168 StALU, RP 5B, fol. 185v. GLAUSER 1974, S. 59–62. HORAT 1987, S. 357.
169 BÜTLER 1947. GLAUSER 1974, S. 55. REINLE 1959, S. 89–92.
170 SCHMID 1981, S. 96–97. QW III/3 1965, S. 226–227.

Diese wundertätige Hostie zog viele Gläubige an, und es entwickelte sich eine Wallfahrt von Luzern nach Ettiswil. Bereits 1448 wurde eine hölzerne Kapelle erstellt. 1450 legte man den Grundstein zu einer grösseren Kapelle, die am 6. August 1452 eingeweiht wurde. Am 12. Juni 1455 erwirkte man vom Papst Kalixt III. einen Ablass. Dieser gewährte allen Gläubigen, welche die neue Sakramentskapelle in Ettiswil am Fronleichnamsfest besuchten und zu deren Unterhalt beitrugen, sieben Jahre Ablass.[171] Durch die Wallfahrt nach Ettiswil stieg der Verkehr auf der Strasse von Luzern über Ruswil nach Ettiswil stark an, weshalb diese Strasse zur Landstrasse erhoben wurde.[172]

Wie verlief nun der Weg von Luzern über Ruswil nach Willisau? Die Ruswiler bezeichnen noch heute den Weg von Luzern nach Ruswil als «Stadtweg». Auf diesem Weg finden sich zahlreiche Hohlwege, aber auch viele Wegbegleiter wie Kapellen und Wegkreuze. Der Weg verläuft etwa wie folgt (Karte 6/A): Man verliess Luzern durch das Burger- oder Bruchtor über den Gütschwald nach Rönimoos und Littau.[173] Im Bereich der Burg Tornberg (Torenberg), deren Anfänge im 12./13. Jahrhundert zu suchen sind, musste die Emme überquert werden. Nach Glauser ist anzunehmen, dass hier im hohen Mittelalter eine Brücke vorhanden war. Glauser hat festgestellt, dass ein Turm an einem Flussübergang, in diesem Fall die Burg Tornberg, auf die Wichtigkeit des Überganges und somit auch auf eine Brücke hinweist. In Urkunden von 1364 und 1369 heisst ein Zehntbezirk der Pfarrei Littau, im Bereich der Burg Tornberg, «bi dem Herweg».[174] Vom Bereich der Burg Tornberg verläuft der Weg nach Sidleren über Rüti und Schwand, wo eine Marienkapelle steht. Eine Marienstatue (um 1500) aus dieser Kapelle befindet sich im Schweizerischen Landesmuseum.[175] Der Rotbach wird auf dem «Römerbrüggli» überquert. In Hellbühl war bereits 1499 eine Kapelle zum Messelesen eingerichtet. Sie war den heiligen Nikolaus und Blasius geweiht.[176] In Hueb steht eine Wendelins-Kapelle (1806) und am Herweg, fälschlicherweise als «Herrenweg» bezeichnet, die Kapelle St. Katharina (1614).[177] Nach dem Gehöft Honig trifft man auf das sogenannte «Thissen Käpeli». Hier soll der Mörder Mathias (This) Muff gefasst worden sein, nachdem er eine Bauernfamilie umgebracht hatte. In der Rütmatt steht die Kapelle des Altersheims, die der heiligen Elisabeth geweiht ist.[178] Weiter verläuft der Weg von Ruswil aus über Winkel, Rüediswil, Tafelehus (Tavernenhus?), Wihalde, Oberbrüggern (heute Charpfli), Kapelle St. Ulrich und Soppestig nach Buholz oder Geiss. Dadurch wird das Rüediswiler Moos umgangen. In Buholz oder Geiss trifft man auf den Weg Werthenstein-Willisau.[179] Nach einer weiteren Quelle verlief die Hauptstrasse von Luzern nach Willisau über Ruswil und Buchholz (Buholz).[180]

---

[171] GLAUSER 1974, S. 57.
[172] GLAUSER 1974, S. 61.
[173] PETER 1968, S. 27.
[174] GLAUSER 1979 (Littau), S. 82.
[175] MOOS 1946, S. 415–416.
[176] REINLE 1956, S. 280–284.
[177] REINLE 1956, S. 355–356.
[178] HERZOG 1987, S. 393.
[179] HURNI 1987, S. 348.
[180] LÜTOLF 1864, S. 298.

Der Weg von Willisau nach Huttwil
Dieser Weg ist ebenfalls recht gut dokumentiert. Er verläuft von Willisau über Käppelimatt, Olisrüti, Mittmisrüti, Innerer Stocki, Hegihof, Oberwil, Vorder Schachen, Lochmüli, Uffhusen, Zollhus, wo sich die Kantonsgrenze zwischen Luzern und Bern befindet, nach Huttwil.[181]

Der Weg von Huttwil nach Bern
Der weitere Verlauf des Weges von Huttwil nach Burgdorf wurde vom «Inventar historischer Verkehrswege der Schweiz» (IVS) untersucht. Bei diesem Wegstück handelt es sich um eine wichtige mittelalterliche Hauptverbindung von Luzern nach Bern.[182] Der Weg von Burgdorf nach Bern dürfte über Krauchthal beziehungsweise Thorberg geführt haben. Die erwähnten Aufzeichnungen von Hans von Waltheym und Ludwig von Diesbach sprechen dafür.

Wir haben gesehen, dass eine Reihe von Gründen dagegen spricht, dass Künig von Vach über den Brünig oder über das Entlebuch nach Bern gereist ist. Umgekehrt gibt es eine Reihe von Argumenten, die bestätigen, dass Künig von Vach den Weg über Ruswil, Willisau, Huttwil und Burgdorf nach Bern (Karte 5/A) eingeschlagen hat:

- Ein wichtiger Zeuge für diesen «neuen» Weg von Luzern über Ruswil ist Andreas Ryff (1550–1603). In seinem Reisebüchlein[183] beschreibt er den Verlauf des Weges von Bern nach Luzern wie folgt: Burgdorf, Dürrenroth, Huttwil, Willisau, Ruswil, Malters, Luzern. Ryff ist jedoch kaum über Malters gereist, sondern eher über Littau. Im Jahre 1481 kaufte Luzern die Herrschaft Littau mit dem Vogt- und Kelleramt. Im gleichen Jahr wurden Littau und Malters zusammengeschlossen und durch einen Vogt aus dem städtischen Rat verwaltet. Die beiden Hofgenossenschaften bildeten ein locker verbundenes Gemeinwesen.[184] Ryff könnte deshalb das heutige Littau als Malters benannt haben. Der Hof Rüti, der auf dem Weg von Luzern nach Ruswil liegt, gehört noch heute zur Pfarrei Malters. Dieser Weg über Ruswil dürfte zur Zeit von Andreas Ryff die am häufigsten begangene Route von Bern nach Luzern gewesen sein.
- Im Zusammenhang mit den Hochwachten wurden Läuferposten eingerichtet, damit Meldungen möglichst rasch nach Luzern weitergeleitet werden konnten. Die Wege wurden 1589 für die Richtung von Bern nach Luzern wie folgt festgelegt: Hüswil, Willisau, Buchholz (Buholz), Malters, Luzern. Im Jahre 1683 lautete die Festlegung: von Luzern über Malters und Wolhusen oder über Ruswil–Willisau nach Hüswil.[185]
- Wie wir gesehen haben, suchten die Pilger vor allem die Städte auf, weil da die notwendigen Infrastrukturen vorhanden waren. An diesem Weg befanden sich die Städte Willisau, Huttwil und Burgdorf.
- Auf dem Weg von Luzern nach Bern waren an verschiedenen Orten Herbergen für Pilger vorhanden: In Geiss, einem Ort zwischen Werthenstein und Willisau,

---

[181] Ich danke Herrn Martino Froelicher von der Regionalgruppe Luzern des «Inventars historischer Verkehrswege der Schweiz» (IVS) für diese Angaben.
[182] BÖSCH 1990, S. 168–179.
[183] RYFF 1972, S. 32–33.
[184] DOMMANN 1979, S. 46. GLAUSER/SIEGRIST 1977, S. 82.
[185] WEBER 1918, S. 35–36.

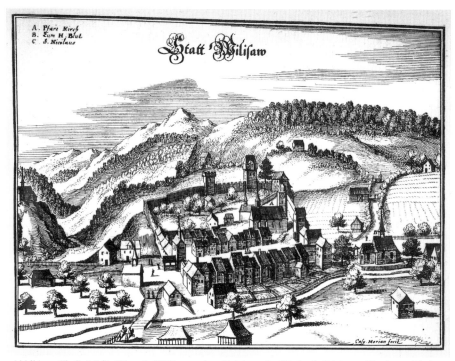

Abbildung 18: Spital für Pilger in Willisau, neben Beinhaus der Kirche A. Stich von Matthaeus Merian 1654.

vermachte Ulrich Im Bach am 1. Juni 1542 zum Trost armer, kranker und bedürftiger Leute das «kämerly oder stübly» unter der Treppe, in der Mitte des Hauses, mit einem voll ausgerüsteten Bett. Für den Unterhalt des Bettes und der Betttücher wurde jährlich ein Gulden bereitgestellt. Die Bewohner des Hauses und der Kirchmeier hatten das Recht, alte, kranke Leute, Pilger, arme Kindbetterinnen oder andere bedürftige Leute darin zu beherbergen. Starke (arbeitsfähige) Bettler sollten nicht aufgenommen werden. Bei Abbruch des Hauses sollte das Vermögen der Jakobuskirche von Geiss zufallen.[186] In Willisau bestand ein Spital, in dem Pilger beherbergt wurden. Aufgrund der im Jahrzeitbuch von 1477 erwähnten Stiftungen für den Spital ist dieses kaum vor 1407 entstanden.[187] Der bescheidene Spital für mittellose Reisende, Heimatlose, Bettler und Pilger lag in der Nähe der Kirche, anschliessend an das Beinhaus.[188] Im Jahre 1625 wurde am gleichen Ort ein neuer Spital gebaut. Dies könnte das kleine Gebäude neben

---

[186] BÖLSTERLI 1867, S. 223–224.
[187] BICKEL 1982, 1, S. 302 und 324–326. Der mittelhochdeutsche Ausdruck «der spital» oder «spittel» bedeutet Fremdenherberge, Armen- und Altersasyl, Krankenanstalt und selbst Passhospiz. Das schweizerdeutsche Wort «das Spital» meint nur noch die moderne Krankenanstalt, das Hospital. Wie bei BRÜLISAUER (1978) wird im Text deshalb für die mittelalterliche und frühneuzeitliche Institution der Ausdruck «der Spital» gebraucht.
[188] BICKEL 1982, 1, S. 192 (Ziff. 5).

dem Beinhaus der Pfarrkirche (A) sein, wie es von Merian 1654 dargestellt wurde (Abbildung 18). In der Rechnung von 1755 werden immer wieder Jakobusbrüder erwähnt.[189] In Burgdorf standen in dem 1419 von Margaret Büeler gestifteten Oberen- oder Stampfspital an der heutigen Metzgergasse 21 zwei aufgerüstete Betten für ehrbare Arme und Pilger jeweils für eine Nacht zur Verfügung. Dieses Haus wurde noch 1746 als «Pilgerhaus» bezeichnet.[190]

Nach Abwägen aller Fakten ist anzunehmen, dass Künig von Vach mit sehr grosser Wahrscheinlichkeit über die mittelalterliche Hauptverbindung von Luzern nach Bern, und zwar über Ruswil, Willisau, Huttwil, Burgdorf und Thorberg nach Bern gepilgert ist.

1.3.8. Wie Jacob Zächs in Luzern Jakobuspilger wurde, 1495

Nach dem Ratsprotokoll von Luzern wurde im Jahre 1495, «mitwuch nach Jeorij» (29. April), Jacob Zächs «uß Wirttenberger land» im Wasserturm von Luzern gefoltert.[191] Er war als Mörder verzeigt worden und hatte gestanden, im Wald bei «Habkissen», zusammen mit Klaus Frank und Hans von Konstanz, an der Ermordung eines Bauernknechts beteiligt gewesen zu sein. Dabei erbeutete er einen Gulden. Ferner habe er, zusammen mit seinem Schwager und Konrad von Überlingen, einen Spengler (Landstreicher, Vagabund oder Handwerksknecht) ermordet. Sie hätten diesen angegriffen, mit einem «swinspis» (Spiess für die Jagd auf Wildschweine) niedergeschlagen und getötet. Dabei erbeutete er einen Gulden. Ferner habe er, zusammen mit seinem Schwager und einem andern Mann, dessen Name er nicht kenne, zwei Schererknechten (Barbier- oder Tuchscherergesellen) in der Nähe von Würzburg aufgelauert und diese umgebracht. Von seinem Mädchen Barbel habe er einen Gulden erhalten und sei von ihr zwei Tage lang verköstigt worden. Dies sei zu «Saltzach» geschehen. Weiter heisst es im Ratsprotokoll, man habe Zächs verurteilt und auf den Richtplatz geführt, ihn aber dort freigelassen, weil er unschuldig gewesen sei. Weshalb dieser Jacob Zächs, trotz der vielen Vergehen, die er unter Folter zugegeben hatte, plötzlich für unschuldig gehalten wurde, wird nicht erwähnt.

Diese undurchsichtige Geschichte wird klarer, wenn man auf den Bericht eines Augenzeugen zurückgreift. Der Luzerner Chronist Diebold Schilling hat seine Luzerner Chronik zwischen 1511 und 1513 abgefasst. Darin erwähnt er auch die Folterung und Verurteilung eines Jacob Kesler[192], und auch Renward Cysat hat diesen Vorfall erwähnt.[193] Jacob Kesler und Jacob Zächs sind zwei Namen für die gleiche Person. Dies ist dadurch belegt, dass Diebold Schilling in seiner Chronik und auch das Ratsprotokoll erwähnen, dass am gleichen Tag ein gewisser Martin Senn von «Kurwal», «ein armer Saffoyer», durch das Feuer hingerichtet wurde. Dieser hatte eine Jungfrau erschlagen und «ouch mit einer ku ketzerig verbracht». Als Diebold Schilling diese Geschichte in seiner Chronik aufschrieb, lag das Ereignis mindestens sechzehn Jahre

---

189 GLAUSER 1972, S. 93.
190 SCHWEIZER 1985, S. 379.
191 StALU, RP 7, pag. 442. DURRER/HILBER 1932, S. 117.
192 SCHMID 1981, S. 266–269.
193 CYSAT 1969–1977, 1/2, S. 1131.

zurück. Es ist deshalb verständlich, wenn sich der Chronist nicht mehr genau an den Namen Zächs erinnern konnte. Vertrauen wir dem Schreiber des Ratsprotokolls, dass er den Namen richtig geschrieben hat, und nennen wir ihn entgegen der Formulierung von Diebold Schilling weiterhin Jacob Zächs. Liest man diese Geschichte beim Augenzeugen Diebold Schilling, so wird sofort klar, weshalb Jacob Zächs freigelassen wurde: Diebold Schilling hat ihn vor dem Tod durch Rädern gerettet.

Zur Zeit dieses Vorfalles war Diebold Schilling Stiftskaplan und verfügte über die Laienpfründe des Chorherrenstifts St. Leodegar im Hof von Luzern. Aus Neugierde oder aus Zufall stand er auf der Kapellbrücke vor dem Wasserturm, als der Verurteilte zum Richtplatz abgeführt wurde. Diebold Schilling schildert, dass Jacob Zächs, «ein armen gesellen», 1495 von «Lentzkilch» (Lenzkirch, ein Flecken im Amt Neustadt, Baden) nach Luzern kam. Er hatte eine lahme Hand. Dies dürfte ihn bereits verdächtig gemacht haben. In Luzern warf man ihm vor, er habe in Lenzkirch jemanden umgebracht. Im Wasserturm wurde er so lange und schwer gefoltert, bis er den Mord zugab. Dann verurteilte man ihn zum Tode durch das Rad. Damit seine verdorbene Seele dennoch gerettet werde, gab man ihm die Gelegenheit zu beichten. Man schickte den Priester Mathias Eggli, Chorherr im Hof, in den Wasserturm. Zächs wurde über die «schneggen» (Wendeltreppe) zu ihm geführt. Zwei Stadtknechte bewachten Zächs. Der eine stand oben, der andere unten an der Wendeltreppe. Sie hörten Zächs mit dem Beichtvater «reden und clagen», dass er den Mord gar nicht begangen und nur unter der Folter zugegeben habe. Er sei unschuldig. Als der Stadtknecht Hans Mure dies hörte, erschrak er sehr.

Nachdem Zächs gebeichtet hatte, sagte er auch den Stadtknechten, dass er sich in den Willen Gottes schicke. Er sterbe gerne, habe aber den Tod nicht verdient, denn er sei unschuldig. Als der Stadtknecht Hans Mure aus dem Wasserturm kam, traf er den Stiftskaplan und Chronisten Diebold Schilling, dem er alles erzählte, was er im Turm gehört hatte. Aber auch vom Priester Mathias Eggli und dem Verurteilten hörte Diebold Schilling das gleiche. Zächs wurde dann auf den Richtplatz geführt, und Diebold Schilling begleitete ihn dahin. Der Henker band Jacob Zächs fest und wollte ihn rädern (Abbildung 19). Diebold Schilling orientierte rasch Magister Heinrich von Aliken. Dieser lief schnell zum Henker und bat ihn, mit der Exekution noch zuzuwarten. Von Aliken orientierte den Ratsrichter Hans Martin, der alle Ratsherren versammeln liess, die er auftreiben konnte. Die Ratsherren befahlen, «den armen mönschen» loszubinden, und beriefen den Grossen Rat der Stadt ein. Auf eigenen Wunsch brachte man Zächs wieder in den Wasserturm, bis seine Unschuld erwiesen sei. In Lenzkirch liess man den Sachverhalt abklären. Dort wusste niemand etwas von einem Mord. So wurde der «arm gesell» frei und «ging gan Sant Jacob». Ob Zächs tatsächlich die Wallfahrt unternommen hat, ist nicht bekannt.

Erstaunlich ist, wie Zächs die Folterungen gottgewollt hingenommen hat. Von einer Entschuldigung durch den Rat, das Gericht oder gar von einer Entschädigung für die erlittene Unbill ist im Ratsprotokoll nichts erwähnt. Jacob Zächs kam als «arm gesell» nach Luzern und ging als solcher nach «Sant Jacob». Die gnädigen Herren

---

Abbildung 19 (rechte Seite): Richtstätte zu Luzern. Diebold Schilling rettet den unschuldig verurteilten Jacob Kesler. Diebold Schilling Chronik, fol. 174v (352).

ert samlen vnd alß ich des armen menschen be
gert lat man jm vnder in vnd schicktend gan teut
sich es ze erfaren aber da worst von pfleche od
vnd mort nieman mit zesagen alß ward der
in gesell ledig vnd gieng gan sant Jacob vnd da
emal toussend mit heren von ünsern matters den kilchen
atz vnd dise vstantzen zwüschend dem wicktnis vnd den
schacken von smucher hausen von mantzen vnser jünch
selten die zu villicht dass kam dann des ouch ettliche
az darnet toussend mit heren von lucern den se oblay
not biss genant derschacken von cui probst vnd apust
in herr dazu ettlich vil vnd vrij hundert fuss gar
vnd dann bedruken touff vnd den empfe schlatt
bel angesicht ward

Abbildung 20: Pilgergräber in Harambeltz auf dem Wege nach Santiago.

von Luzern waren sicher heilfroh, ihn wieder los zu sein. So brauchten sie kein schlechtes Gewissen zu haben. Zächs war somit aus ihren Augen und auch aus ihrem Sinn.

1.3.9. Heinrich Tammann, auf dem Weg von «Sant Jacob» gestorben, vor 1497

Heinrich Tammann, ein prominenter Luzerner, war 1477 Stadtvenner (Stadtfähnrich) der Luzerner Truppen zu Nancy und 1487–1489 Landvogt von Habsburg. Als die St. Galler und Appenzeller 1489 den Neubau eines Klosters in Rorschach plünderten, rief der Abt Ulrich Rösch vom Kloster St. Gallen die Luzerner zu Hilfe. Auch bei diesem Feldzug von 1490 war Tammann dabei.[194] Er überlebte seine Feldzüge, nicht aber seine Wallfahrt nach Santiago de Compostela. Diebold Schilling schildert in seiner Luzerner Chronik die Jerusalem-Fahrt von Hans Schürpf und Hans von Meggen im Jahre 1497 und schreibt, dass kurz zuvor Heinrich Tammann nach «Sant Jacob» gepilgert, jedoch auf der Heimfahrt in Spanien verstorben sei.[195] Vielleicht könnte man unter den vielen Pilgergräbern entlang der Jakobusstrassen (Abbildung 20) auch das von Heinrich Tammann finden. Wer die Nachricht von seinem Tod nach Luzern gebracht hat, ist nicht bekannt.

[194] HBLS 1921–1934, 6, S. 633. KURMANN 1976, S. 181. SCHÜTT 1987, S. 212.
[195] «Derselb starb uff der widerfart in Hispanien», zit. nach SCHMID 1981, S. 241.

1.3.10. Heinrich Sticher und Ulrich Budmiger, 1501

Heinrich Sticher von Nunwil und Ulrich Budmiger von Isenringen (Gemeinde Eschenbach) pilgerten mit andern Personen aus den umliegenden Gemeinden nach Santiago de Compostela. Nach Ihrer Rückkehr gründeten sie eine Jakobusbruderschaft, wobei jeweils die Gedächtnisse in den drei Pfarreien Hochdorf, Hohenrain und Eschenbach gehalten wurden.[196]

1.3.11. Ein Pilger aus Uri, 1507

Nach der Umgeldrechnung[197] des Standes Luzern hat ein Mann namens Breitenmoser einem Pilger aus Uri am 15. Mai 1507 den Betrag von fünf Schilling «wegfertig» (ein Beitrag an die Pilgerreise) ausgerichtet, der sich auf «sannt Jacobs straß» befand.[198]

1.3.12. Claus Hanschi von Schwanden, Malters, nach 1509

Im Jahrzeitenbuch von Malters aus dem Jahre 1509 heisst es zum 6. Februar, dass Claus Hanschi von Schwanden auf dem Weg nach Sankt Jakob gestorben sei.[199]

1.3.13. Vater Sidler aus Emmen, auf dem Weg nach Sankt Jakob gestorben, 1510

Vater Sidler aus Emmen unternahm eine Wallfahrt nach Sankt Jakob. Um sich eine glückliche Heimkehr zu sichern, spendete er der Kirche acht Gulden. Dieses Geld entlieh er von seinem Sohne. Vater Sidler überlebte jedoch die Wallfahrt nach Santiago nicht, er blieb «uff der straß zů Sant Jacob». Seine Spende für eine glückliche Heimkehr war also nutzlos gewesen. Der Sohn, der seinem Vater die acht Gulden geliehen hatte, fand dies auch und verlangte das Geld von der Kirche zurück. Als Erbe erhebe er Anspruch auf Rückerstattung dieses Betrages. Der Rat von Luzern entschied am 25. Februar 1510, der Kirche sollen die acht Gulden bleiben und nicht an den jungen Sidler zurückbezahlt werden.[200]

1.3.14. Pilger als Spione, 1515

Pilger, die nach Spanien zogen, wurden auch als Spione oder Kundschafter missbraucht. Franz I. bestieg am 1. Januar 1515 den französischen Thron. Er machte seine Erbansprüche in Italien geltend und wollte das Herzogtum Mailand erobern. Dies

---

[196] StALU, FA 29/201 (Pfarrarchiv Hochdorf, Buch IV/A/2, 122/1686).
[197] Städtische Verbrauchssteuer auf Gütern wie Wein und Korn. Vgl. SEGESSER 1852, S. 300–304. WEBER 1923, S. 285–317.
[198] StALU, COD 8685, fol. 15r.
[199] «Claus Hanschi von Schwanden blieb uf sant Jacobs waeg», zit. nach HENGGELER 1962, S. 292.
[200] StALU, RP 10, fol. 45v.

konnte den Eidgenossen nicht verborgen bleiben. Sie hatten 1512 den Schutz des Herzogtums Mailand übernommen und liessen sich diesen mit Handelsprivilegien und 40'000 Dukaten pro Jahr entgelten. Im April und Juni 1515 schickten sie etwa 18'000 Mann über die Alpen.[201] An der Tagsatzung vom 23. Mai 1515 in Luzern wurde vorgebracht, dass dieses Jahr «ein merklich zal der Sant Jacobsbrüdern durch unser land allenthalb ziechent».[202] Der französische König (Franz I.) werbe eine grosse Zahl von Landsknechten gegen die Eidgenossen an. Man nahm an, dass er auch Pilger als Soldaten anwerbe. Deshalb sollten die Pilger den Eidgenossen berichten, wie man sich ihnen gegenüber zu verhalten habe. Die Santiago-Pilger, die durch Frankreich reisten, sollten Informationen über das französische Heer liefern. Die eidgenössischen Truppen wurden am 13./14. September 1515 bei Marignano durch das französische Heer besiegt.[203]

1.3.15. Nikolaus von Meggen, oder wie man in 81 Tagen nach Santiago de Compostela und zurück pilgert, 1531

Nikolaus von Meggen ist der bekannteste Santiago-Pilger aus Luzern. Er selbst hat keine Aufzeichnungen über seine Wallfahrt nach Santiago de Compostela hinterlassen. Dagegen liegt von seinem Begleiter, Hauptmann Heinrich Schönbrunner aus Zug, ein Bericht darüber vor. Mit von der Partie waren auch Martin Geiser aus Schwyz und der Konventuale Hug vom Kloster St. Urban. Nikolaus von Meggen gehörte zur Oberschicht der Stadt. Er war Schwager von Kardinal Matthäus Schiner und wurde Schultheiss von Luzern (1545). Von Kaiser Karl V. erhielt er den Adelsbrief (1521), war Haupt der Kaiserlichen Partei in Luzern und Baron von Aubonne (1554–1556). Er starb 1565.[204] Hauptmann Heinrich Schönbrunner war ein eifriger Reisläufer im Dienste Frankreichs und Ratsherr von Zug (1522). Er nahm an den Schlachten von Pavia (1525) und Kappel (1531) teil und war Landvogt von Baden (1532). Von der Stadt Zug erwarb er das Schloss St. Andreas in Cham (1533), das er neu aufbaute.[205] In seinem Tagebuch (1500–1537) beschreibt er ausführlich seine Pilgerfahrt nach Santiago de Compostela.[206] Als Landvogt von Baden stiftete er 1532 eine Scheibe im Kloster Wettingen mit der Darstellung von Jakobus dem Älteren zur Erinnerung an seine Wallfahrt (Abbildung 21).[207] Martin Geiser stammte aus Schwyz, war Landvogt zu Mendrisio (1524), Gesandter nach St. Julien zur Beilegung des Streites zwischen Savoyen und Genf (1530) und Schirmhauptmann von Wil (1534).[208]

Von Meggen, Schönbrunner und Geiser baten den Rat von Luzern, ihnen bei der Vermittlung eines Geleitbriefes für die Wallfahrt nach Santiago de Compostela zu helfen. Im August 1530 beauftragte der Rat von Luzern den eidgenössischen Gesandten

---

[201] SCHÜTT 1987, S. 220–221.
[202] SEGESSER 1869, S. 879, lit. f.
[203] SCHÜTT 1987, S. 220–221.
[204] HBLS 1921–1934, 5, S. 65.
[205] HBLS 1921–1934, 6, S. 231.
[206] STAUB 1862, S. 220–224.
[207] ANDERES/HOEGGER 1988, S. 104 und 251.
[208] HBLS 1921–1934, 3, S. 425.

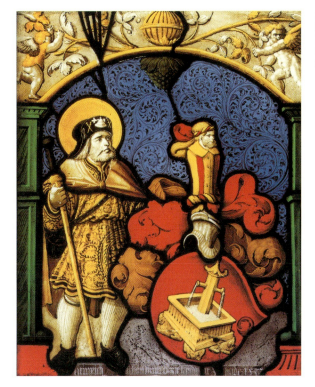

Abbildung 21: Figurenscheibe des Heinrich Schönbrunner, 1532, Kloster Wettingen, Zürcher oder Luzerner Werkstatt.

Jakob am Ort, auch Jacques de Ort genannt, bei den Reichstagen zu Augsburg von Kaiser Karl V. einen Geleitbrief für die drei Santiago-Pilger zu erbitten.[209] Es stellt sich die Frage, weshalb diese drei hochgestellten «Edelleute aus dem Schweizerland» überhaupt einen Geleitbrief für ihre Pilgerfahrt wünschten. Der Grund dazu lag nicht bei Nikolaus von Meggen, auch nicht bei Martin Geiser, sondern ganz allein bei Hauptmann Heinrich Schönbrunner. Dieser war, in der Zeit der Glaubenskämpfe, ein eifriger Verfechter des alten Glaubens. Er verstand es ausgezeichnet, in dieser angespannten Zeit die Reformierten zu provozieren, wie die nachfolgenden Beispiele zeigen.

Schultheiss und Rat von Mellingen teilten am 25. April 1529 dem Rat von Bern mit, dass sich Schönbrunner, zusammen mit den Ratsboten der Fünf Orte, in Bremgarten aufgehalten habe.[210] An einem Morgen sei er nach Mellingen geritten und habe seinen Freunden gesagt, dass es Mellingen in drei Tagen übel ergehen werde. Dann sei er weitergeritten. Die Herren von Zürich hatten die Mellinger gebeten, wachsam zu sein. Deshalb schickte der Rat von Mellingen drei oder vier Leute zum Kloster Gnadenthal (Gemeinde Niederwil). Man vermutete, Schönbrunner habe sich dort mit andern Leuten versammelt und plane Schlimmes. Die Kundschafter von Mellingen

[209] LANZ 1844, S. 388–389. STRICKLER 1876, S. 722.
[210] STRICKLER 1878–1884, 2, Nr. 326, S. 137.

trafen jedoch Schönbrunner nicht im Kloster Gnadenthal an. Hirten erzählten, dass dieser wieder nach Bremgarten geritten sei. Kurz darauf, am 18. Mai 1529, ritt Schönbrunner, zusammen mit Marx Lang von Zug und fünf andern Personen, nach Knonau. Vor dem Schloss beschimpften sie den Obervogt Hans Berger und den Prädikant (Prediger) Rudolf Ammann als Ketzer und forderten diese auf, aus dem Haus zu kommen.[211] Etwas später wurde Schönbrunner in Zürich angeklagt wegen Liedern und Schmähworten, die er kürzlich gesungen oder geäussert habe. Der Rat von Zug nahm dazu am 28. September 1529 Stellung. Schönbrunner habe erklärt, dass dies nicht zutreffe. Er sei aber bereit, vor dem Gericht in Maschwanden Rede und Antwort zu stehen.[212] Am 7. März 1530 verlangte Zug einen Geleitbrief für «ihn [Schönbrunner], seine freunde, mitherren und gesellen» zur die Verhandlung in Maschwanden. Diese wurde dann aber nach Zürich überwiesen.[213] Germann Toss und Heinrich Schönbrunner wurden sodann beschuldigt, «gewisse reden» über den Komtur von Küsnacht gemacht zu haben. Der Rat von Zug nahm am 28. April 1530 Stellung zu diesen Anschuldigungen. Schönbrunner trete nicht darauf ein. Wenn der Komtur gegen ihn klagen wolle, bemerkte er, so könne er dies vor einem hiesigen Gericht tun.[214]

Die Luzerner Delegation, welche an die Reichstage von Karl V. geschickt wurde, die unter anderem auch den Geleitbrief für die Santiago-Pilger erbitten sollte, bestand aus Vogt Jakob am Ort, Baptista de Genua und dem Sohn des Schultheissen Hug von Luzern. Sie traf am 5. Juli 1530 in Augsburg ein. Auf Befehl des Kaisers wurde sie unweit des kaiserlichen und königlichen Hofes beherbergt.[215] Die Delegation aus Luzern legte Karl V. ihr Anliegen dar. Die Fünf Orte, die dem alten Glauben treu geblieben seien, würden von den andern Eidgenossen belästigt. Er nahm dies zur Kenntnis und versprach, ihnen beizustehen und sie zu schützen, um den alten Glauben zu erhalten. Karl V. riet den Eidgenossen, sich gegenseitig zu verständigen, keinen Krieg anzufangen und die Ergebnisse der Verhandlungen dieser Reichstage abzuwarten. Nötigenfalls sei er bereit, die Grenzen des Hauses Österreich zu besetzen, damit die andern Eidgenossen nichts gegen die Fünf Orte, das Haus Österreich, die Herzöge von Mailand, Lothringen und Savoyen unternehmen könnten.[216] Schönbrunner aus Zug war ebenfalls am Reichstag in Augsburg anwesend. Wie aus einem Bericht an den Rat von St. Gallen hervorgeht, versuchte Schönbrunner, «den Luzernern zu gefallen», und hoffte, mit dem Kaiser Bekanntschaft zu machen, um so von ihm Geschenke zu erhalten.[217] Über die Ausstellung des Geleitbriefes ist in den Akten nichts erwähnt.

Kurz nach seinem Aufenthalt in Augsburg wurden gegen Schönbrunner neue Beschuldigungen erhoben. Er und Germann Toss von Zug hätten einen Boten, der auf der Strasse nach Luzern war, um dort Geld einzuziehen, geschlagen und beschimpft. Sie hätten die Zürcher als Ketzer gescholten. Zug orientierte Zürich am 25. Juli 1530 dahingehend, dass Schönbrunner während dieser Vorkommnisse in Baden war.[218] Am

---

[211] STRICKLER 1878–1884, 2, Nr. 378, S. 158, und 1, Nr. 2228, S. 712–713.
[212] STRICKLER 1878–1884, 2, Nr. 843, S. 322–323.
[213] STRICKLER 1878–1884, 2, Nr. 1189, S. 467.
[214] STRICKLER 1878–1894, 2, Nr. 1296, S. 517.
[215] STRICKLER 1878–1884, 2, Nr. 1471/2 und 1471/3, S. 587–588.
[216] STRICKLER 1876, Nr. 360, S. 717–718.
[217] STRICKLER 1878–1884, 2, Nr. 1471/2 und 1471/3, S. 387–388.
[218] STRICKLER 1878–1884, 2, Nr. 1499, S. 601–602.

11. November 1530 setzte sich Schönbrunner nochmals in die Nesseln. In Solothurn wurde er von der Botschaft von Basel zu einem Essen eingeladen. Dabei habe er und Ammann Rychmut von Schwyz unpassende Worte über den Krieg von Kappel und den ersten Landfrieden vom 26. Juni 1529 gebraucht. Er habe auch gesagt, dass aus dem neuen Glauben nichts Gutes und keine Frömmigkeit gekommen seien.[219] Bern schrieb am 25. November 1530 an Zürich, dass Schönbrunner in Solothurn über alle geschimpft habe, welche das Evangelium angenommen hätten. Zürich solle im Namen aller christlichen Städte der Eidgenossen an Zug schreiben und dieses ermahnen, Schönbrunner wegen Landfriedensbruchs zu bestrafen.[220] Zürich leitete diese Mitteilung an Zug weiter.[221] Am 6. Januar 1531 verfügte der Rat von Bern in einem Befehl an die Amtsleute von Wangen, Aarwangen, Trachselwald, Huttwil, Aarburg, Zofingen, Lenzburg, Aarau, Brugg, Königsfelden und Bipp, dass Schönbrunner beim Betreten des Kantonsgebiets zu verhaften sei. Damit dieser nicht gewarnt werde, sei dieser Befehl geheimzuhalten.[222] Am 21. Januar 1531 bestätigte Bern, dass man Schönbrunner, auf sein Ersuchen hin, kein Geleit geben, ihn jedoch wegen Landfriedensbruchs verhaften werde.[223] Schönbrunner musste also mit seiner Verhaftung auf dem bernischen Gebiet rechnen. Anstelle des üblichen Pilgerweges von Luzern über Huttwil, Burgdorf, Bern und Freiburg entschied man sich deshalb für den Weg über Solothurn.

Die drei Santiago-Pilger von Meggen, Schönbrunner und Geiser hatten inzwischen den Geleitbrief[224] erhalten, um den Jakob am Ort in Augsburg nachgesucht hatte. Er ist datiert vom 29. November 1530 und wurde in Orléans «durch den Küng», vermutlich durch König Franz I., ausgestellt (Abbildung 22). Er dürfte etwa Ende des Jahres 1530 in Luzern eingetroffen sein. Ins Neuhochdeutsche transkribiert, lautet dieser: «Allen unseren Statthaltern, Regierungen, Marschällen, Vögten, Profosen (Verwalter der Militärgerichtsbarkeit), Hauptleuten, Meiern, Stadträten, Brücken- und Torwärtern, Zöllnern, Amtspersonen in den Burgen, auch allen Richtern und Untertanen, denen dieser Brief gezeigt wird, Heil und Gnade! Wir geben allen bekannt, dass unsere lieben und guten Freunde, Nikolaus von Meggen, Venner zu Luzern, Vogt Martin Geiser aus Schwyz und Hauptmann Heinrich Schönbrunner aus Zug, Edelleute aus dem Schweizerland, eine Reise zu dem heiligen Jakobus in Galicien unternehmen, die sie versprochen haben. Sie sollen in unserem Königreich und unseren Herrschaften, wo sie durchziehen, gut behandelt, gehalten und geschützt werden. Deshalb befehlen und gebieten wir allen, dass man die Vorgenannten, ihre Begleitung, ihre Diener und Pferde ohne Behinderung durchziehen lassen soll und ihnen keine Hindernisse in den Weg legen darf. Sie sollen züchtig und ehrerbietig empfangen und gut behandelt werden. Zudem soll man sie und ihre Pferde, gegen angemessene Bezahlung, beherbergen und verpflegen und mit allem versehen, was sie notwendig haben. Dies ist ganz unser Wille und unsere Meinung. Gegeben zu Orléans am 29. November 1530. Durch den König.»

219 STRICKLER 1878–1884, 2, Nr. 1854, S. 731–732, und Nr. 1859, S. 734–735.
220 STRICKLER 1878–1884, 2, Nr. 1880, S. 747.
221 STRICKLER 1878–1884, 2, Nr. 1884, S. 748–749 und Nr. 1885, S. 749–750.
222 STRICKLER 1878–1884, 3, Nr. 29, S. 17.
223 STRICKLER 1878–1884, 3, Nr. 71, S. 32.
224 StALU, A1 F09, Sch. 1006 (Pilgerbrief, von Meggen, 1530).

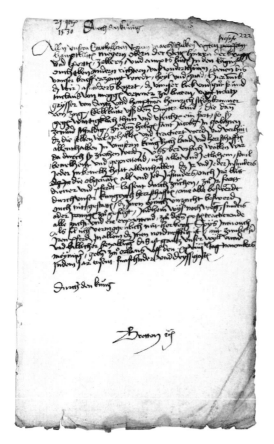

Abbildung 22: Geleitbrief für Nikolaus von Meggen, Heinrich Schönbrunner und Martin Geiser vom 29. November 1530.

Schönbrunner reiste an Mariä Lichtmess (2. Februar) 1531 nach Einsiedeln und von da nach Solothurn. Die Berner stellten fest, dass sich Schönbrunner am 21. Januar 1531 in Solothurn befand. Er war ihnen also durch das Netz geschlüpft. Sie wiesen die Amtsleute von Wangen, Aarwangen, Aarburg, Zofingen, Bipp und Aarau an, Schönbrunner bei seiner Rückreise von Solothurn zu verhaften.[225] Ob sich Schönbrunner bereits am 21. Januar in Solothurn aufhielt, ist allerdings fraglich, denn er reiste nach seinen eigenen Angaben erst am 2. Februar von Einsiedeln nach Solothurn. Da traf er seine Begleiter. Dann ritt die Gruppe nach Nüwenburg (Neuenburg), Sälin (Salins-les-Bains), Doll (Dôle), Assomen (Auxonne), Dysion (Dijon), Schatilung (Châtillon-sur-Seine), Brabisyna (Bar-sur-Seine), Troy uf der Schappanien (Troyes en Champagne), Roia (Pont le Roi), Arbirobert (Brie-Compte-Robert)[226] nach Paris, wo sie am 22. Februar eintrafen (Karte 8).

[225] STRICKLER 1878–1884, 3, Nr. 29b, S. 18.
[226] Die Rekonstruktion der Reiseroute ist nicht sehr einfach, weil Schönbrunner die Ortsbezeichnungen etwa so aufschrieb, wie er sie gehört hatte. Mit der Beschreibung der Route haben sich mehrere Autoren befasst, vgl. EGLI 1904, 1, S. 175–176. STREBEL 1996, S. 19–20. HERBERS/PLÖTZ 1996, S. 248–254.

LUZERN UND DIE JAKOBUSWALLFAHRT 71

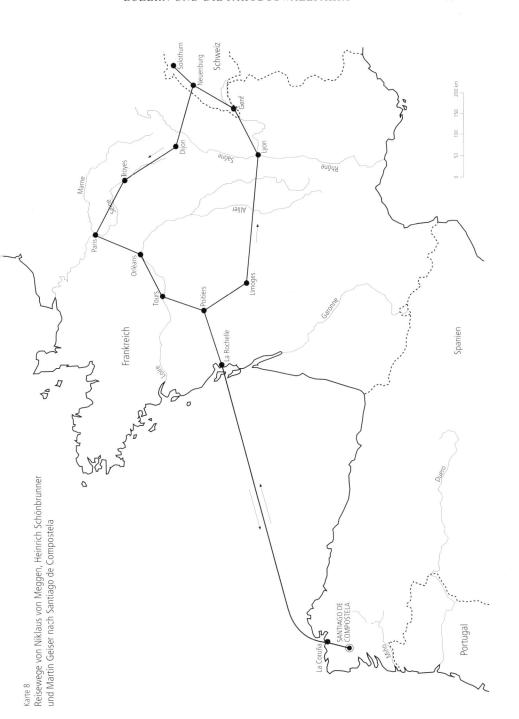

Karte 8
Reisewege von Niklaus von Meggen, Heinrich Schönbrunner und Martin Geiser nach Santiago de Compostela

In Paris ruhten sie sich drei Tage aus, denn sie hatten «gar böses wätter und straß gehan», und ihre Pferde waren sehr müde. Sie erlebten hier die Krönungsfeier von Eleonora, der Frau von Franz I. von Frankreich, einer Schwester von Kaiser Karl V., zur Königin von Frankreich. In Paris war ein grosses Freudenfest mit Turnieren, Stechen und anderen ritterlichen Übungen, und alle staunten über die grosse Prachtentfaltung.

Von Paris aus zogen sie weiter. Dabei begleitete sie ein Gardeknecht aus Unterwalden, der seine Familie in Mubaffen (Montbazon) hatte und der die französische Sprache gut beherrschte. Die Gruppe ritt über Müßeri (Monthery), Orliens (Orléans) und fuhr von da mit den Pferden auf der Loire bis Bläss (Blois). Dann ritten sie über Ambos (Amboise) nach Durs (Tours), wo sie das Grab des heiligen Martin besichtigten. Schönbrunner erwähnt, dass er früher schon einmal in Tours gewesen sei. In Mübasen (Montbazon)[227] verliess sie der Unterwaldner wieder, und sie ritten nach Buttier (Poitiers) und Batysann (Lusignan), wo die Melusine («Oben ein mentsch, unnd unden ein Fisch») auf einem Schloss gelebt habe.[228] Fünf Meilen vor Rosschällen (La Rochelle) fanden sie eine Stallung für ihre Pferde und zogen weiter nach La Rochelle. Von hier brachte der Diener die Pferde zurück in ihre Stallungen. In La Rochelle suchten sie ein Schiff, das nach Spanien fuhr. Kurz vor ihrer Ankunft war ein Schiff mit 300 Pilgern abgefahren (Abbildung 23). Schliesslich fanden sie einen Schiffsherrn, der nach Portugal fuhr, und sie verdingten sich für 68 Dukaten. Sie bestiegen das Schiff und fuhren weg. Anfänglich hatten sie guten Wind und konnten Delphine und «Meerschweine» (Robben?) sehen. Das gefiel den Schiffsleuten nicht, aber sie fuhren trotzdem weiter. In der Nacht brach ein Anker, und so mussten sie fahren, «wo uns Gott hin sannte». Sie fuhren nach La Rochelle zurück und gerieten zwischen zwei Schiffe, «das jedermann vermeint, es wär umb unns geschehen. Jedoch halff uns Gott und S. Jacob.» Dann warteten sie auf guten Wind. Unweit von ihnen versank ein Schiff mit Wein. Fast aller Wein konnte gerettet werden. Am 17. März fuhren sie erneut von La Rochelle weg und entkamen dabei einem Piratenschiff. Bereits am 20. März konnten sie in Kron (La Coruña) an Land gehen. Sie liehen sich Pferde, um nach Santiago zu reiten, wo sie am 21. März eintrafen. Darüber waren sie alle sehr erfreut. Alle, welche dahin pilgerten, würden darüber grosse Freude empfinden, als seien sie da zu Hause. Sie hätten also diese Pilgerfahrt mit der Hilfe Gottes verrichtet.[229] Bereits zwei Tage später ritten sie wieder nach La Coruña, wo sie am 28. März mit einem Schiff wegfuhren. Auf dem Schiff waren 52 Pilger. Dann kam ein ganz schlechtes Wetter mit einem starken Wind. Sie glaubten sterben zu müssen. In ihrer Not halfen ihnen Gott und der heilige Jakobus, nachdem sie zum Himmel um Hilfe geschrien hatten.[230] Ein anderes Schiff, das sie begleitete, versank mit Leuten, Hab und Gut. Schliesslich landeten sie auf einer Insel, die sechs Meilen von La Rochelle entfernt

---

[227] Schönbrunner schreibt diesen Ort unterschiedlich: «Mubaffen» und «Mübasen».
[228] RICHARD 1993, Sp. 17–19.
[229] «Deß wir all erföwt wurdent. Unnd ich gloub, welche dahin köme zuo wallfarten, er vermein vor grosser Fröudt er sie daheimen. Allso hand wir die fart mit Gottes hilff verricht», zit. nach STAUB 1862, S. 222.
[230] «Allso kam ein grusam wetter unnd ungestümer wind: Das wir nüt anders vermeintent dann zuo stärben unnd zu grundt gan. Aber in aller nott halff uns Gott unnd S. Jacob, dann man gar ernstlich gen himell schrey», zit. nach STAUB 1862, S. 223.

Abbildung 23: Pilgerschiff von Hans Burkmair, Augsburg 1511.

war, vermutlich auf der Ile d'Oléron. Am andern Tag liessen sie sich auf das Festland überführen und kamen am 31. März in La Rochelle an. Am Palmsonntag besuchten sie die Messe und gingen dann zu dem Ort, wo sie die Pferde gelassen hatten. Diese waren gut gehalten und gesund. Dann ritten sie nach Poitiers und dann durch das Land Lemosche (Limousin), über Arufet (Argenton-sur-Creuse), Sthattina Myla (Châteaumeillant), Barbiönen (vielleicht Bourbon L'Archamboult), Anwares (Varennes), Appallis (Lapalisse), Bagudieren (La Pacaudière), Ruwanen (Roanne), Abonell (L'Arbresle) nach Legion (Lyon), Gennff (Genf), Losannen (Lausanne) und Solothurn. Schönbrunner ritt noch nach Einsiedeln und war am 23. April wieder in Zug. 81 Tage hatten sie für die Pilgerreise gebraucht. Er schliesst seinen Bericht mit den Worten: «Gott dem Almechtigen und durch das fürbitt deß heiligen Appostels Jacobi, sie (sei) lob in alle ewigkeit. Amen.»

Wenn man diesen Bericht liest, so hat man den Eindruck, dass die Reise wirklich als Wallfahrt geplant und unternommen wurde. Häufig besuchten sie die Messfeiern. Die kirchlichen Feste, die sie auf der Reise gefeiert hatten, wurden erwähnt, jedoch nicht das Osterfest am 9. April anlässlich der Reise von Limoges nach Lyon. Nikolaus von Meggen war dem Apostel Jakobus dem Älteren sehr verbunden. Nach dem Jahrzeitenbuch der Heiligblutkapelle in Willisau haben Nikolaus von Meggen, der Schultheiss von Luzern und seine Frau Margaretha Schiner im Jahre 1546 das Bild auf dem Jakobusaltar und ein blaues Messgewand gestiftet.[231]

[231] «hand Niclaus von Meggen, schultheiß von Luzern, und frau Margaretha Schinerin, sin husfrow, die Tafel off St. Jacobs altar samt einem ganz blawen meßgewand geben anno 1546», zit. nach SIDLER 1951, S. 33.

Der Abstecher der Pilger nach Paris lässt sich nicht leicht erklären. Es könnte eine diplomatische Mission gewesen sein. Vielleicht wollten sie aber auch nur bei der Krönung der Königin Eleonora anwesend sein. Die Angst der Landbewohner vor den Gefahren der Schiffahrt werden drastisch geschildert, wie die sinkenden Schiffe, die Stürme, die Piratenschiffe und die schlechten Vorzeichen, wie Delfine und «Meerschweine».

Am gleichen Tag, an dem Schönbrunner nach Zug zurückgekehrt war, also am 23. April 1531, fand in Zug eine Tagung der Fünf Orte statt. An dieser Tagung beschwerten sich «die Pilgerschafts- und Jacobsbrüder» von Meggen, Geiser und Schönbrunner «wegen der schweren über sie ausgestreuten Reden und bitten freundlich um Rath und Hülfe, indem sie sich gegen jedermann ehrlich rechtfertigen wollen. Demnach wird den nach Zürich abgehenden Boten befohlen, dieselben zum treulichsten zu verantworten und auf Angabe der Verleumder zu dringen, damit diese biderben Leute sich rechtlich entschuldigen könnten.»[232] Was über die drei Santiago-Pilger ausgestreut wurde, erfährt man aus einer Notiz vom 11. Juni 1531: Der Rat Hans Berger von Bremgarten schickte einen Boten nach Stans und Luzern. Dieser ging in Luzern ins Wirtshaus zum Ochsen. In der Wirtsstube hörte er, wie Hauptmann Gyslinger die Zürcher übel beschimpfte. Diese wollten aus den sechs Orten nur drei machen. Sie hätten zudem das Gerücht verbreitet, Heinrich Schönbrunner, Nikolaus von Meggen und Martin Geiser seien gar nicht in Santiago de Compostela, sondern in «Müss» gewesen.[233] Als «Müss» bezeichneten die Eidgenossen das Schloss Musso, auf dem der mailändische Statthalter für Como und die umliegenden Gebiete, Giangiacomo de' Medici, residierte. Im März 1531 hatte er Morbegno im Veltlin besetzt und zwei Bündner Gesandte ermordet. Die Bündner griffen zu den Waffen und mahnten die Eidgenossen um Zuzug. Die Fünf Orte verweigerten jedoch die Hilfe, was von den Reformierten als Verrat und Bruch der Bundespflicht bezeichnet wurde.[234] Das von den Reformierten verbreitete Gerücht, Schönbrunner und die beiden andern Pilger seien gar nicht nach Santiago de Compostela gepilgert, sondern hätten an der Seite von Giangiacomo de' Medici im «Müsserkrieg» bei Morbegno gegen die «Ketzer» gekämpft, traf denn auch die drei Santiago-Pilger schwer.

Am 25. Mai 1531 verhängten die Zürcher eine Lebensmittelblockade gegen die Fünf Orte. Auch dabei blieb Schönbrunner nicht untätig. So begleitete er, zusammen mit Vogt Bachmann in Hermetswil, einen Transport und betätigte sich so als Blockadebrecher. Zwei Wagen waren mit Salz und einer mit Wein beladen.[235]

1.3.16. Jakobusbrüder aus dem Luzerner Gebiet, 1535

In Freiburg i. Ü. gab man «einem Jacobsbruder uß Lucernerbiet» sowie «ettlichen Jacobsbrudern von Schwytz unnd Lucern» etwas Geld. Die Pilger erhielten somit einen Zehrpfennig.[236]

---

[232] Zit. nach STRICKLER 1876, S. 955.
[233] STRICKLER 1878–1884, 3, Nr. 721, S. 312.
[234] BRAUN 1997, S. 349–350. DÜRRENMATT 1963, S. 209. SCHÜTT 1987, S. 238.
[235] STRICKLER 1878–1884, 3, Nr. 1273, S. 525.
[236] Zit. nach MÜLLER 1954, S. 189.

3.17. Die Busswallfahrt des Heiny Schmidt von Meggen nach Santiago de Compostela, 1538

Am Freitag vor Oswaldi (2. August) 1538 wurde vor dem Rat zu Luzern der Fall von Heiny Schmidt aus Meggen behandelt.[237] Der hatte es «mit siner stiefttochter ze schaffen gehept». Man liess ihn frei, nachdem er Urfehde[238] geschworen hatte. Ferner wurde er aus dem Gericht Meggen verbannt, wohin er niemals ohne Erlaubnis zurückkehren dürfe. Dieses Urteil wurde ihm zugebilligt, nachdem seine Freunde um ein mildes Urteil für ihn baten und er sich bereit erklärt hatte «zů sant Jacob ze gan», um damit seine Sünden abzubüssen. Er musste zudem zehn Gulden Strafe bezahlen, bevor er «uss der statt gange». Das Gut seiner Frau durfte er nicht antasten, sondern für sich lediglich die Zinsen beziehen. Die Stieftochter musste ebenfalls vor den gnädigen Herren erscheinen. Weil sie die Ansprüche auf das Vermögen ihrer Mutter und auch ihre Ehre verloren hatte, haben die gnädigen Herren «iro gnad bewisen». Über die Wallfahrt von Heiny Schmidt nach Santiago liegt kein Bericht vor. Auch ist nicht bekannt, wo er sich während seiner Verbannung aufgehalten hat. Die Wallfahrt nach Santiago allein hat zur Sühne des Vergehens nicht genügt. Es wurden zusätzlich eine Verbannung und eine Geldbusse ausgesprochen.

1.3.18. Jakob Burger, ein «falscher» Santiago-Pilger, 1552

Jakob Burger von Kaltbach, Gemeinde Mauensee, Luzern, wurde in Luzern in das Gefängnis der gnädigen Herren gesteckt.[239] Er behauptete, dass er eben mit dem Herzog Alba (1508–1582) übers Meer von «sant Jacob» gekommen sei. Alba führe 5000 Spanier zu Fuss zum Kaiser (Karl V.) und werde demnächst in Genua und Mailand eintreffen. Die gnädigen Herren von Luzern zweifelten an der Aussage von Jakob Burger. Der hatte, als er in der Stadt Luzern ankam, nur drei Angster auf sich. Dabei trank er zusammen mit andern Jakobusbrüdern mehr, als er bezahlen konnte. Den fehlenden Betrag schoss ihm ein Jakobusbruder vor. Burger wurde ermahnt, sich zu bessern. Er solle sich nicht mehr als Jakobusbruder herumtreiben, sondern arbeiten. Wenn er sich nicht daran halte, werde er bestraft. Er musste Urfehde schwören und wurde aus dem Gefängnis entlassen.

1.3.19. Adam Hiltprandt, Santiago-Pilger, von Lauffen am Neckar, 1554

Am 28. Februar 1554 wurde Adam Hiltprandt «von Louffen uss Würtenberger landt» in Luzern ins Gefängnis gesteckt.[240] Der Grund für seine Gefangennahme wird nicht erwähnt. Vor dem Ratsrichter gab er an, dass er zu Hause ein Vermögen von 6000 Gulden habe. Er sei jetzt drei Jahre unterwegs gewesen, und zwar beim Heiligen Grab,

---

[237] StALU, RP 15, fol. 76v. Den Hinweis auf diesen Fall verdanke ich Herrn Edi Ehrler, Reussbühl, der auch die Transkription besorgt hat.
[238] Eidliches Friedensversprechen mit dem Verzicht auf Rache.
[239] StALU, COD 4435, fol. 40r.
[240] StALU, COD 4435, fol. 61r.

bei «Sanct Jakob zum finstern stern»[241] und sonst noch an vielen Orten. Er wolle nun nach Hause gehen, um Geld zu holen, und dann nochmals zum Heiligen Grab aufbrechen. Man solle ihn deshalb frei lassen. Der Ratsrichter war der Meinung, dass «man find nüt args hinder im», und liess ihn frei.

1.3.20. Balthasar Jörgi und seine verunglückte Wallfahrt zum heiligen Jakobus, 1569

Balthasar Jörgi, genannt Hunkeler, von Nebikon aus dem Amt Willisau musste Einsitz nehmen im Wasserturm, dem Gefängnis der gnädigen Herren von Luzern. Da wurde er am 4. August 1569 verhört, und seine Aussagen wurden im Turmbuch aufgezeichnet.[242] Nach einem Bericht aus Willisau hatte er schlimm geflucht. Zuvor hatte ihn ein böses Gespenst mit sich genommen und weit fortgetragen. Er müsse deshalb ein verruchter Mensch sein.

Balthasar Jörgi erzählt, dass hinter dem Haus von Mathis Jörgi in Nebikon ein Kirchweg sei, wo man jede Nacht ein gespenstisches Geräusch hören könne. Er sei einmal mit «gůten gsellen» in diesem Haus gewesen und habe etwas getrunken. Als er das Haus verlassen musste, «um das wasser lösen», habe er gedacht, er möchte sich doch einmal das Gespenst ansehen. Dabei hörte er ein Geräusch, das auf ihn zukam, sah etwas und wollte mit dem Gespenst reden. Dabei ergriff ihn das Gespenst und fuhr mit ihm davon, wobei er die Besinnung verlor. Seine Gesellen suchten ihn und brachten ihn nach Hause, wo er drei Tage lang bewusstlos war. Als er wieder zu sich kam, versprach er eine Wallfahrt nach Sankt Jakob. Schultheiss Hämmerli habe ihn mit 80 Pfund gebüsst. Er habe alles gebeichtet und durch den erlittenen Schrecken auch verbüsst. Er sei an allem selbst schuld. Mit etwa 16 Leuten wollte er nach Sankt Jakob pilgern. Sie seien aber nur bis «Dolosa» (Toulouse) gekommen. Wegen des Condéschen Kriegsvolks der Hugenottenkriege konnten sie nicht weiterziehen und mussten umkehren. So seien sie 14 Tage vor dem letzten Markttag wieder zu Hause angekommen. Am Markttag sei er nach Willisau an ein Schiessen gegangen. Dort habe er das Nachtessen in der «Krone» eingenommen. Dabei hänselten ihn einige, er solle doch das Jakobuslied singen. Er meinte, dass er dazu keine Lust habe. Anders wäre es, wenn er beim heiligen Jakob gewesen wäre und die ganze Wallfahrt hinter sich gebracht hätte. Schlussendlich aber sang er das Pilgerlied doch noch. In der «Krone» war ein reformierter Berner, dem das Lied gar nicht gefiel. Jörgi und der Berner begannen zu streiten. Hans Marti, der «Kronen»-Wirt, sagte zu Jörgi, dass er ein «hudler» (Lump) sei, und er solle seine Gäste in Ruhe lassen. Darauf meinte Jörgi, es verdriesse ihn, wenn dem Wirt der Berner lieber sei als er. Er sei übrigens kein Hudler, er sei so gut wie er (der Wirt). Darauf habe der Wirt zum Jörgi gesagt, das stimme nicht, denn der Teufel habe ihn einmal mit sich genommen. Darauf sei er, Jörgi, zornig geworden, und es seien ihm einige Flüche entwischt, wie, wisse er auch nicht. Weil ihn das Gespenst mit sich genommen habe, sei er bereits hoch bestraft und gebüsst worden. Mann solle ihm beides verzeihen, und es tue ihm leid, geflucht zu haben. Er hätte nicht nach Willisau gehen sollen, so stünde er jetzt nicht vor Gericht. Wegen diesen Flüchen wurde ihm eine Busse von 100 Kronen auferlegt. Das sei zuviel für ihn,

[241] Das Kap Finisterre wurde zum «finstern stern».
[242] StALU, COD 4440, fol. 227v–228v. Vgl. MÜLLER 1942, S. 68. LÜTOLF 1976, S. 448–449.

denn sein kleines Güetli (Gut, Hof) werfe nicht so viel ab, dass er diesen Betrag überhaupt bezahlen könne. Er bitte deshalb die gnädigen Herren ganz untertänig um Gnade. Er wolle solches nie mehr tun. Die versprochene Wallfahrt zum heiligen Jakobus werde er, sobald als möglich, mit der Hilfe Gottes vollbringen.

1.3.21. Jakobuspilger, die über den Durst getrunken hatten, 1576

Eine Pilgergruppe bezog Herberge im Jakobusspital von Luzern. Es waren dies Hans Gupfer von Wil, seine Frau Apolonia Häderlin, Heinrich Gupfer, der Bruder von Hans, ebenfalls aus Wil, mit seiner Frau Barbara Biberstein sowie Sebastian Duchner.[243] Die Gesellschaft hatte über den Durst getrunken und dabei auch noch im Jakobusspital schlimm geflucht. Es gehörte zur Aufgabe des Hausknechts des Jakobusspitals, Leute, die betrunken in den Spital kamen, die fluchten oder schwörten, dem Pfleger des Spitals zu melden. Bei Gotteslästerungen mussten die betreffenden Leute sogar der Obrigkeit gemeldet werden.[244] Die Gruppe wurde am 13. März 1576 ins Gefängnis gesteckt, und man folterte Hans Gupfer. Er sagte, dass er wohl geflucht haben könnte. Er könne sich aber nicht daran erinnern, er sei betrunken gewesen.[245] Heinrich Gupfer, der sich als Jakobusbruder bezeichnete, gab zu, dass er übel geflucht habe, doch auch er habe zuviel Wein getrunken. Die beiden Frauen und Sebastian Duchner waren nicht geständig. Alle mussten Urfehde schwören, also auf Rache verzichten, und man wies sie aus der Stadt.

1.3.22. Ein Jakobusbruder aus dem Luzerner Gebiet, 1578

In der Freiburger Säckelmeisterrechnung von 1578 wird, neben Jakobusbrüdern aus dem Toggenburg und Unterwalden, auch ein solcher aus Luzern erwähnt. Er dürfte einen Zehrpfennig erhalten haben.[246]

1.3.23. Von Bernern belästigte Pilger aus Luzern, 1581

Die Auseinandersetzungen während und nach der Reformation zwischen den Katholiken und Reformierten hatten auch ihre Auswirkungen auf das Wallfahrtswesen. Pilger, die nach Santiago de Compostela zogen oder von da zurückkehrten, wurden auf den reformierten Gebieten belästigt. Ein Brief des Schultheissen und des Rates von Bern vom 18. Juli 1581 befasst sich mit der Belästigung von Santiago-Pilgern durch Berner.[247] Ins Neuhochdeutsche transkribiert, lautet dieser Brief:
«Dem frommen, vorausschauenden, ehrsamen, weisen Schultheissen und Rat der Stadt Luzern, unsern besonders guten Freunden und getreuen lieben alten Eidge-

---

[243] StALU, COD 4450, fol. 4r.
[244] StALU, COD 5145, fol. 214r.
[245] «[...] er sige gar vol wyns gsin».
[246] STÜCKELBERG 1904, S. 62.
[247] StALU, A1 F09, Sch. 1006 (Belästigung von Pilgern, 1581).

nossen entbieten wir freundlich und willig unsern Dienst, dazu alles, was wir ehren, lieben und Gutes tun vermögen, den besonders frommen, vorausschauenden, ehrsamen, weisen und besonders guten Freunden und getreuen, lieben alten Eidgenossen. Wir haben Euch zu berichten, dass vor acht Tagen einige unserer Landsleute in Bern den Wochenmarkt besuchten und dabei «mit wyn sich übernomen». Auf ihrem Heimweg trafen sie einige von Euch an, welche von einer Wallfahrt nach «Sant Jacob» kamen, die sie mit abschätzigen Worten, unnützen und leichtfertigen Fragen angepöbelt haben. Einige wollten sogar Hand an die Pilger legen. Wir haben alles versucht, die Namen und die Heimwesen dieser frevelhaften, mutwilligen Personen zu ermitteln, um sie, entsprechend ihrem Verschulden, zu bestrafen. Wir wollten ihnen damit zeigen, wie sehr es uns missfällt, wenn Leute, besonders Fremde, auf unserem Gebiet auf offener Strasse mit Worten und Taten behelligt und beleidigt werden. Bis heute haben wir erst den Anstifter ermitteln können. Dieser hat ganz und gar versichert, dass er damals vom Wein so betrunken war, dass er nicht mehr wisse, was er getan oder wer bei ihm gewesen sei.[248] Solche unanständige Entschuldigungen können und wollen wir nicht annehmen. Wir haben leider keinen vollständigen Bericht über den Verlauf der Begegnung. Sodann sind uns die Klagen, welche die Pilger vorzubringen haben, nicht bekannt. Deshalb bitten wir Euch ganz freundlich, die Personen, welche in den letzten Tagen von der Pilgerfahrt heimgekehrt sind, zu Euch aufzubieten und sie zu ermahnen, den Vorgang, wie er sich zwischen ihnen und unsern Leuten zugetragen hat, zu schildern und uns den Bericht mit dem Boten zuzustellen, damit wir den Sachverhalt genau kennen und in dieser Sache Vorhaltungen machen können. Wir versichern Euch, dass uns solche Mutwilligkeiten ebenso missfallen, wie wenn sie uns widerfahren wären. Die Strafe, die wir für die Schuldigen aussprechen werden, soll dies bezeugen. Mit der Hilfe Gottes, in dessen Schutz und Schirm wir Euch Empfehlen. 18. Juli 1581, Schultheiss und Rat der Stadt Bern.»

In diesem Schreiben führen die Berner den Zwischenfall auf die Trunkenheit ihrer Landsleute zurück. Damit weichen sie geschickt einer konfessionellen Auseinandersetzung aus. Die Luzerner wurden vermutlich beschimpft, weil sie sich als Santiago-Pilger ausgegeben haben. Der Vorschlag des Rates von Bern, die Pilger in Luzern zu befragen, war ein guter Schachzug, verbunden mit der Hoffnung, dass bald alles versanden werde. Der Ball war damit wieder bei den Luzernern.

1.3.24. Luzerner Pilger auf dem Gebiet von Bern belästigt, 1582

Der nachfolgende Bericht stammt von Stadtschreiber Renward Cysat.[249] Er beschreibt die Belästigungen von Santiago-Pilgern in Morges, an der Sense und in Bern. Cysat protokollierte die Aussagen der Pilger. Der Bericht, ins Neuhochdeutsche übertragen, lautet:

«Bern, Juni 1582. Bericht über Schmähungen und Drohungen, welche vier Jakobusbrüder aus Merenschwand im Luzerner Gebiet, Muri und Mellingen Ende Juni 1582 auf dem Gebiet der Landschaft von Bern in Morges erfahren haben. Auf

---

[248] «[...] das er domalen mit wyn dermaßen beladen gsin, das er nit wüssen möge, was er gethan, noch wer by und mit imme gsin sye».
[249] CYSAT 1969–1977, 2/1, S. 122–123.

dem Heimweg von Sankt Jakob kamen die Pilger nach Morges. Da wurden sie von bernischen Wachtleuten feindselig angefallen und man fragte sie, woher sie kämen. Als sie dies sagten, führte man sie zu einem Amtsmann, der sie als Verräter beschimpfte. Sie beteuerten, dass sie anständige Leute seien und niemanden verraten hätten. Dann wurden sie zu einem andern Mann geführt, der ihnen ebenso drohte, sie schmähte und ausfragte. Dieser habe ihnen vorgeworfen, sie seien Verräter und sie wollten die Berner verraten. Er forderte sie auf, ihm zu sagen, was sie gesündigt hätten. Er sagte, er sei der Papst und verlangte von ihnen, das Pilgerlied zu singen. Dann sei auch noch der Landvogt der betreffenden Vogtei dazugekommen. Der habe mit drohenden Worten gefragt, warum man diese Luren (Schelme) nicht aufhänge. Die Pilger antworteten ihm, dass man anständige Leute nicht hängen dürfe. Sie seien anständig und hätten solches nicht verdient. Darauf redete der Landvogt weiter, dass sie jetzt heimgehen werden zu ihren Herren und Oberen der Fünf Orte, um die Berner zu verraten. Auch ihre Herren und Oberen hätten gegen die Berner als meineidige und ehrlose Leute gehandelt. Er befahl ihnen das, was sie in Morges erlebt hätten, bei ihren Eiden den Herren und Oberen daheim zu melden. Nachdem sie so viel Mutwillen erlitten hatten und weiterziehen durften, wurden sie zwischen der Sense und Bern, auf Berner Gebiet, von fünf Reitern, die sie nicht kannten, angesprochen. Diese Reiter hätten viel Mutwillen mit ihnen getrieben, die Füstlinge (Pistolen) gezogen, ihnen auf die Brust gesetzt und gedroht, sie zu erschiessen. Einer habe den Fäustling neben dem Ohr eines Pilgers abgeschossen. Ein anderer habe einen Pilger erschiessen wollen, aber jemand habe sich vor den Pilger gestellt. Als sie nun diesen Reitern entgangen waren, kamen sie nach Bern. Ein Handwerker unter dem Tor zu Bern habe sie geschmäht und sie Pfaffenfresser und Schelme genannt. Auch wollte er wissen, woher sie kämen. Sonst aber seien sie in Bern nicht beschimpft oder unfreundlich behandelt worden. Vom Wirt in Bern erfuhren sie, dass die Reiter im Walde bei der Sense die Gesellschaft vom jungen Admiral François de Coligni war, dessen Vater in der Bartholomäusnacht von 1572 in Paris umgebracht wurde und der so seinen verdienten Lohn empfangen habe.»

Die Belästigung dieser Pilger in Morges hatte noch ein politisches Nachspiel.[250] Schultheiss Pfyffer von Luzern erläuterte am 21. Juli 1582 vor den Gesandten der katholischen Orte in Solothurn, wie zwei Jakobusbrüder und Pilger von Merenschwand und Muri jüngst in Morges von bernischen Vögten angefallen, ausgefragt und beschimpft worden seien und dass man Bern deswegen zu Rede stellen solle. Landammann Schorno und die Schultheissen von Affry und Ruchti wurden mit dieser Aufgabe betraut.

Die Pilger wurden in Morges belästigt, weil die sechs katholischen Orte Luzern, Uri, Schwyz, Unterwalden, Zug und Freiburg am 25. Februar 1581 das savoyische Bündnis mit Karl Emanuel, dem Sohn des am 30. August 1580 verstorbenen Herzogs Emanuel Philibert von Savoyen, erneuert hatten. Der Herzog von Savoyen hatte es auf Genf und die bernischen Besitzungen in der Waadt abgesehen. Die katholischen Orte sperrten sich gegen die Aufnahme von Genf und Waadt in den Bund der Eidgenossen, weil diese dem neuen Glauben anhingen.[251] So ist es denn auch nicht ver-

[250] KRÜTLI 1861, S. 777, lit. e.
[251] DIERAUER 1967, 3, S. 405–406.

wunderlich, dass der Berner Landvogt in Morges die Herren und Oberen der Pilger als meineidige und ehrlose Leute bezeichnet hat.

1.3.25. Verdächtige Jakobuspilger, 1589

Am 21. April 1589 wurden Klaus Siller aus Mainz, Hans Mütschelli aus Sulz, Rosina Stäger aus Lachen und Magdalena Elsinger, gebürtig aus dem Breisgau, in Luzern aufgegriffen und ins Gefängnis gesteckt. Die beiden Männer seien auf verdächtige Weise mit den Mädchen umhergezogen.[252] Klaus Siller sagte aus, er sei ein Schüler. Er wolle nach Rom und dann nach «Sankt Jacob» gehen. Die beiden Mädchen habe er in Zug getroffen. Zuvor hätten sie sich nie gesehen. Rosina Stäger, ein «gmeins meydlin» sagte aus, dass sie die beiden «knaben» in Zug getroffen habe. Zuvor habe sie diese nie gesehen. Nun wollten sie zusammen nach Sankt Jakob gehen. Hans Mütschelli von Sulz teilte mit, dass er vor zwei Monaten in Rom gewesen sei. Er wolle nochmals dahin und anschliessend nach Sankt Jakob reisen. Er habe die Magdalena «zur ehe genommen». Magdalena Elsinger sagte, dass sie jetzt von Einsiedel komme. Da habe sie dem Hans die Ehe versprochen. Sie sei jetzt acht Tage bei ihm gewesen, und sie wollten zusammen nach Rom und «Sankt Jakob» gehen. Nachdem das Verhör keinen verdächtigen Tatbestand zutage gefördert hatte, mussten die vier Urfehde schwören, und sie wurden, ohne weitere Auflagen, aus dem Gefängnis entlassen.

1.3.26. Pilger im Jakobusspital von Luzern verstorben, 1592

Ein Pilger aus Burgund, mit dem Namen Jakob, verstarb im Jahre 1592 im Jakobusspital zu Luzern. Sein Geld hatte er der Jakobusbruderschaft vermacht. Davon sollten die Beerdigungskosten bezahlt und für den Restbetrag jährlich eine Messe für ihn gelesen werden. Dem Pfleger der Jakobusbruderschaft blieben dazu zwanzig Gulden.[253]

1.3.27. Ein Komtur des Deutschen Ordens auf der Strasse nach Einsiedeln belästigt, 1603

Den Luzernern wurde gemeldet, dass Pilger auf ihrer Fahrt von Frauenfeld nach Einsiedeln auf dem reformierten Gebiet von Zürich von Bauern belästigt worden seien, und sie verlangten vom Landschreiber im Thurgau Auskunft über diesen Vorfall. Der Bericht darüber, vom 1. November 1603, stammt vom Luzerner Landschreiber im Thurgau Hans Ulrich Locher und ist an Schultheiss und Rat der Stadt Luzern gerichtet.[254] Weshalb die Luzerner von diesem Vorfall Kenntnis erhielten, ist nicht bekannt.

---

[252] StALU, COD 4465, fol. 288v.
[253] StALU, SA 4519.
[254] StALU, AKT 13/3361.

Es könnte sein, dass diese Pilger von Einsiedeln nach Luzern oder Hitzkirch[255] weiterreisten und da diese Belästigung erwähnten. Auch wenn es sich hier vielleicht nicht um Santiago-Pilger handelt, ist dieser Bericht sehr aufschlussreich. Er zeigt die Spannungen zwischen Reich und Arm, zwischen Katholiken und Reformierten. Daneben zeigt er auch, dass reiche Leute kaum auf Schusters Rappen pilgerten.

Bei den Pilgern handelte es sich um den ehrwürdigen, edlen und gestrengen Herrn Landeskomtur der Ballei Franken mit seinen Begleitern, also um Mitglieder des Deutschen Ordens. Diese Gruppe wurde von Rudolf Mörikofer begleitet, der den Leuten den Weg zeigen musste. Mörikofer wurde später vom Landschreiber im Thurgau über die Belästigung der Pilger befragt. Er gehörte dem neuen Glauben an, war also reformiert und schildert das Vorkommnis, ins Neuhochdeutsche übersetzt, wie folgt:

«Auf dem Gebiet von Zürich seien sie zu einem Hof oder Dörflein gekommen, das «Lauppen»[256] heisse. Da hätten die Herren ihre Kutsche neben einem Bach auf eine offene Wiese gefahren, die bereits vom Vieh «ußgfrotzt» (abgefressen) war, so dass man niemanden einen Schaden zugefügt habe. Da seien einige Bauern gewesen, die Gräben gezogen hätten. Diese Bauern seien mit Äxten und Stricken auf sie losgegangen, hätten sie geschmäht und mit feindseligen Worten beschimpft und ihnen gesagt, dass sie durch den Bach und nicht durch die Wiesen fahren sollten. Er, Mörikofer, sagte den Bauern, dass man ihnen keinen Schaden zufügen wolle. Zudem seien die Felder jetzt für alle geöffnet.[257] Die Bauern wollten auf ihn losgehen, aber die Diener des Komturs wehrten den Angriff mit der Flinte ab. Die Bauern liessen dann von ihrem Vorhaben ab, und als die Gruppe weiterfuhr, schrien sie den Reisenden viele Schimpfworte nach.»

Die Aufregung der Bauern ist sicher nur teilweise darauf zurück zu führen, dass die Kutsche auf einer Graswiese abgestellt wurde. Der eigentliche Grund, weshalb der Komtur und seine Begleiter angepöbelt wurden war eher der, dass sich hier arme reformierte Bauern einer wohlhabenden katholischen Führungsschicht gegenüber standen.

1.3.28. Eine Dirne, die «Jacobsbrüderin» genannt wurde, 1605

Am 30. Juli 1605 wurde Michel Mucher aus Markdorf am Bodensee in Luzern verhört und gefoltert, damit er seine Taten bekenne und seine Begleiter nenne.[258] Er gestand, dass er zusammen mit Melcher aus Zug und einer Dirne, die «Jacobsbrüderin» genannt werde, im Bernbiet, unweit von Huttwil, auf einem kleinen Hof in einen gemauerten Speicher eingebrochen sei. Er habe den Speicher mit einem Meissel aufgebrochen, den er auf einem benachbarten Hof entwendet habe. Im Speicher hätten sie zwei Frauenröcke, drei Arbeitsröcke, einen Rock und vier Männerhemden ent-

---

255 In Hitzkirch bestand seit 1237 die Kommende des Deutschen Ordens. Nachdem ein Komtur zum neuen Glauben übergetreten war, residierten von 1542–1806 wieder katholische Komture.
256 Laupen, Gemeinde Hinwil, an der Strasse Wald–Uznach, Kanton Zürich.
257 Der Brief des Landschreibers im Thurgau, Hans Ulrich Hofer, ist vom 1. November datiert, also wenn kein Gras mehr wächst.
258 StALU, COD 4495, fol. 130v–131r.

wendet. Die «Jacobsbrüderin» habe zwei Röcke an sich genommen, die andern Sachen habe man verkauft. Die «Jacobsbrüderin» wird weiter nicht mehr erwähnt. Es scheint, dass sie dem Arm des Gesetzes entwischt ist. Sie hat sich als Jakobuspilgerin ausgegeben und so ihren Lebensunterhalt verdient, doch in Santiago de Compostela dürfte sie nie gewesen sein.

1.3.29. Jakobuspilger Kilian Gramman, 1609

Am 8. September 1609 wurde Kilian Gramman, ein gebürtiger Franke, in Luzern gefangengenommen. Er habe schmähliche und lästerliche Worte gegen die seligste Jungfrau Maria, die Heiligen Gottes und die katholische Religion gebraucht.[259] Auf die Vorhaltungen des Ratsrichters gab er folgenden Bescheid:

Seine Heimat sei überall mit der «luthrischen sect befleckt». Auch seine Eltern und Verwandten hätten dazugehört. Er habe vor mehr als vierundzwanzig Jahren als junger Knabe die Schule besucht und sei beim Pfarrherr von Mergentheim katholisch erzogen worden. Bis jetzt sei er bei diesem Glauben geblieben und möchte auch in diesem sterben. Der erwähnte Pfarrherr und andere Leute, denen er gedient habe, könnten dies bestätigen. Leider sei aber Mergentheim sehr weit von Luzern gelegen.

In Ungarn habe er mehr als acht Jahre als Musketier in den Festungen gedient. Da habe er viel Elend und viele Gefahren im Kampf gegen die Türken ausgestanden. Vor der Festung «Canischa» (Kanjiza) sei er von Türken mit einem «Bussekan» (Buzogány)[260] jämmerlich aufs Haupt geschlagen worden. Die Narbe, die er sich dabei zugezogen hatte, zeigte er dem Ratsrichter. Weil er von den schweren Verletzungen geheilt wurde, versprach er die Wallfahrten nach Rom, Loreto und Sankt Jakob. In Rom und Loreto sei er vor zwei Jahren gewesen. Nun sei er auf dem Weg nach Sankt Jakob und hoffe, mit Gottes Hilfe dahin zu gelangen. Nach dieser Wallfahrt werde er sich wieder zu den Grenzbefestigungen nach Ungarn begeben.

Auf die schmählichen und lästerlichen Worte, die man ihm vorhielt, könne sich gar nicht besinnen. Er bezeuge vor Gott dem Allmächtigen, dass er, wegen der Schläge, die ihm ein Türke zugefügt habe, sich an gar nichts mehr erinnern könne, was er gesagt haben soll. Wegen der Schläge des Türken habe er seither «ein söllich blödes haupt». Wenn er nur ganz wenig Wein trinke, «komme er von aller vernunfft unnd verstand». Dies sei auch am vergangenen Tag hier so geschehen. Er habe nur ganz wenig getrunken, weil er, der ganzen Welt überdrüssig, umhergezogen war. Ein Schiffer vor dem Stadttor habe Mitleid mit ihm gehabt, und er durfte bei diesem über Nacht bleiben. Am andern Tag habe er den Wein gespürt. Er habe geglaubt, es könne ihm helfen, wenn er nochmals Wein trinke, und genehmigte sich nüchtern ein halbes Mass. Er wurde sofort «widerumb aller sinnen beroubt». Deshalb sei er in diese missliche Lage geraten. Seine schmählichen Reden seien ihm von ganzem Herzen leid, und er lehne diese ganz ab. Es müsse sich dabei um eine Eingebung und Anfechtung «des bösen vyendt», also des Teufels handeln, denn er verehre die heilige Mutter Gottes als besondere Patronin wie auch die übrigen Heiligen. Er bitte also Gott den Herrn,

259 StALU, COD 4500, fol. 130v–131r.
260 Im Türkischen «Bozdoghân», Griesbeil, das beim Gehen zu Fuss als Stock benutzt wird; vgl. BOEHEIM 1890, S. 370.

die heilige Jungfrau Maria und alle lieben Heiligen «uß gantzem grund synes hertzens», sie mögen ihm dies verzeihen. Er werde sich alle Tage seines Lebens befleissigen, durch andächtiges und häufiges Gebet seine Tat zu büssen und zu sühnen. Er bitte auch die gnädigen Herren von Luzern demütig und untertänig, ihn wegen dieser Fehler, die er sinnlos und unwissend begangen habe, nicht zu bestrafen, sondern ihm mit Gnade und Barmherzigkeit zu verzeihen. So werde er Gott anrufen, dass ihnen, den gnädigen Herren, der Wohlstand erhalten bleibe.

Die mit viel Überzeugungskraft vorgebrachte Unschuldsbeteuerung dürfte auch den gestrengen Ratsrichter überzeugt haben, dass hier Gnade vor Recht ergehen müsse. Es bleibt noch zu hoffen, dass Kilian Gramman tatsächlich nach Sankt Jakob gepilgert ist und dadurch seine faustdicken Lügen wenigstens teilweise abgebüsst hat.

1.3.30. Ausweise für durchreisende Pilger, 1616/27

In Luzern wurden zahlreiche Ausweise (Pilgerbriefe) für Santiago-Pilger ausgestellt, die da auf der Durchreise waren, wie die folgenden Personen: Friedrich Wagner aus Deutschland am 11. Juni 1616 (Abbildung 24);[261] Johannes Pollinger aus Bayern im April 1626;[262] Nikolaus Martin aus Holland, Frau Maria Trochsler und ihre Tochter Theodora Trochsler im Mai 1627.[263]

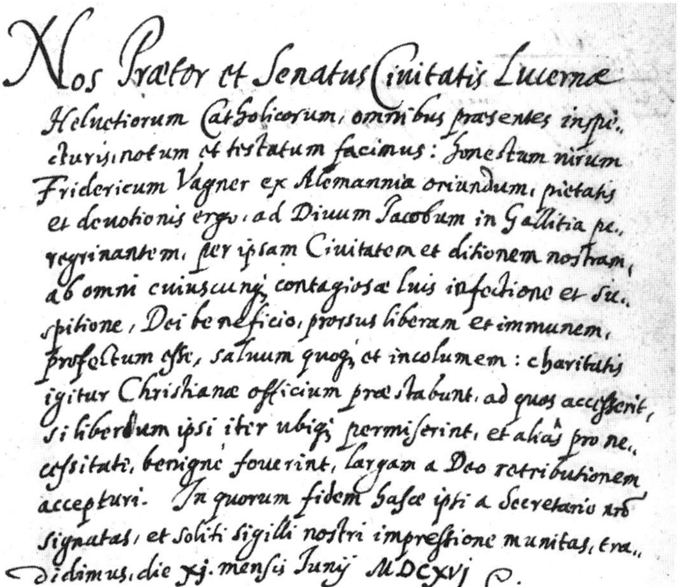

Nos Praetor et Senatus Civitatis Lucernae
Helvetiorum Catholicorum, omnibus praesentes inspi-
cturis, notum et testatum facimus: Honestum virum
Fridericum Vagner ex Alemannia oriundum, pietatis
et devotionis ergo, ad Divum Jacobum in Gallitia pe-
regrinantem, per ipsam Civitatem et ditionem nostram,
ab omni cuiuscunque contagiosae luis infectione et su-
spitione, Dei beneficio, prorsus liberum et immunem,
profectum esse, salvum quoque et incolumem: charitatis
igitur Christianae officium praestabunt, ad quos accesserit,
si liberum ipsi iter ubique permiserint, et alias pro ne-
cessitate, benigne fouerint, largam a Deo retributionem
accepturi. In quorum fidem has ipsi a Secretario nro
signatas, et soliti sigilli nostri impressione munitas, tra-
didimus, die xj. mensis Junij MDCXVJ p.

Abbildung 24: Pilgerbrief für Friedrich Wagner aus Deutschland, 11. Juni 1616.

261 StALU, AKT A1 F9, Sch. 1006 (Pilgerbrief, Wagner, 1616).
262 StALU, AKT A1 F9, Sch. 1006 (Pilgerbrief, Pollinger, 1626).
263 StALU, AKT A1 F9, Sch. 1006 (Pilgerbrief, Martin, 1627).

1.3.31. Peter Müller, Santiago-Pilger, 1627

Am 19. Oktober 1627 wurde eine Reihe von Personen in Luzern aufgegriffen und überprüft.[264] Unter diesen befand sich auch Peter Müller aus Aesch, der angab, eine Wallfahrt nach Sankt Jakob zu machen. Bei ihm konnte nichts beanstandet werden. Vier der überprüften Männer wurden am 26. Oktober 1627 von Stadt und Land verwiesen, und einer von diesen wurde mit dem Brandzeichen «L» gekennzeichnet.

1.3.32. Ausweise für Pilger, 1628 und 1632

Ausweise (Pilgerbriefe) wurden von Luzern für folgende Personen ausgestellt: Johann Gauch aus Luzern im August 1628;[265] Johannes Kaspar Gupfer und seinen Sohn Balthasar Gupfer, Gemeinde Rothenburg, Pfarrei Hochdorf am 24. September 1632;[266] Leonard Schnyder und Anna Maria Schnyder am 10. April 1632.[267]

1.3.33. Auf der Wallfahrt nach Santiago gestorben, 1648 und 1659

Heinrich Herzog aus Wine bei Beromünster ist 1648 auf seiner Wallfahrtsreise nach Santiago de Compostela gestorben.[268] Markus Knüsel von Meierskappel und Jost Keiser von Udligenswil starben 1659 in Frankreich auf ihrer Wallfahrt.[269]

1.3.34. Pilgerbrief für Johann Schneller, 1667

Am 13. Juli 1667 wurde Johann Schneller aus Untermeitingen von der Stadt Luzern ein Pilgerbrief für seine Wallfahrt zum heiligen Jakobus nach Santiago de Compostela ausgestellt.[270]

1.3.35. Jakob Wermelinger, Ruswil, ein fleissiger Santiago-Pilger, vor 1669

Am 17. Wintermonat (November) 1669 wurden in Ruswil neue Kirchenglocken eingeweiht. Am 18. November, also einen Tag später, läuteten die Glocken zum ersten Mal zu einem Begräbnis, und zwar für Jakob Wermelinger. Er war wiederholt nach Santiago de Compostela gepilgert. Nach seiner Rückkehr von der Pilgerfahrt nannte man ihn «Pilgerjoggeli» (Pilgerjakob).[271]

---

264 StALU, COD 4515, fol. 176r–177v.
265 StALU, AKT A1 F9, Sch. 1006 (Pilgerbrief, Gauch, 1628).
266 StALU, AKT A1 F9, Sch. 1006 (Pilgerbrief, Gupfer, 1632).
267 StALU, AKT A1 F9, Sch. 1006 (Pilgerbrief, Schnyder, 1632).
268 HERZOG 1876, S. 345.
269 LÜTOLF 1901, S. 72.
270 StALU, AKT A1 F9, Sch. 1006 (Pilgerbrief, Schneller, 1667).
271 BÖLSTERLI 1871, S. 99. LUSSI 1989, S. 19.

1.3.36. Jakob Effinger auf Pilgerreise gestorben, um 1675

Auf der Rückreise von Santiago de Compostela nach Root starb Jakob Effinger um 1675 in Astorga.[272]

1.3.37. Pilger beraubt und ins Militär gesteckt, 1681

Ende 1680 brachen neun Personen aus dem Amt Ruswil, Luzern, zu einer Wallfahrt nach Santiago de Compostela auf. Sie reisten über Bayonne. Dort wurden sie von eidgenössischen Truppen in französischen Diensten betrunken gemacht, bedroht und beraubt. Einer von ihnen wurde ins Militär gesteckt. Eine zweite Gruppe mit sechs Personen, die etwas später abreiste, traf das gleiche Schicksal in St-Etienne[273], nahe Bayonne. Nach ihrer Rückkehr nach Luzern wollten einige Pilger gegen ihre Belästiger klagen. Der Landvogt untersagte es ihnen. Nach den Aussagen der Pilger war Leutnant Kretz aus Kriens (bei Luzern) an diesen beiden Vorfällen beteiligt. Als dieser 1685 nach Luzern zurückkehrte, klagten die Pilger beim Schultheissen von Luzern gegen ihn. Als Richter amteten Ratsrichter Lorenz Franz von Fleckenstein, Franz Leonti Meyer und Bernhard Leopold Bircher. Aufgrund der Aussagen der Pilger, wie sie in den Gerichtsprotokollen festgehalten sind, konnte der Ablauf des Geschehens gut rekonstruiert werden.[274]

Die Neunergruppe
Diese Gruppe brach am 21. Dezember 1680 in Willisau nach Santiago de Compostela auf und war um den 24. Juni 1681 wieder zurück. Die Teilnehmer, alle aus dem Amt Ruswil, waren: Jakob Keiser, Führer der Gruppe, Burkhart Süess, Sohn des Amtsschreibers, Jost Süess, Jakob und Beat Bucher, Ludwig und Karl Wandeler, Sebastian und Josef Wüest und Jakob Niesper.

Die Gruppe wählte den eher unüblichen Weg über Bayonne, wo sie am 30. oder 31. Januar 1681 eintraf. Kurz vor Bayonne erkundigte sich der Führer der Pilgergruppe, Jakob Keiser, bei einem Marketender[275] nach Hans Kaspar Wotmann, dem er einen Brief überreichen sollte. Der Marketender begleitete sie nach Bayonne und schlug den Pilgern vor, sie sollten in sein Haus kommen, er werde Wotmann schon finden. Kurz darauf kam auch Adam Bussmanns Sohn vom Ostergau (bei Willisau) zu ihnen, der in Bayonne im Dienst stand. Er begrüsste seine Landsleute und meinte, sie sollten über Nacht hier bleiben. Es würde sie nichts kosten. Er liess ihnen ein Mass Wein bringen. Dann kamen Hauptleute, Leutnants, Offiziere und Soldaten daher. Auch diese begrüssten sie und wollten mit den Pilgern zusammen lustig sein. Diese

---

[272] LÜTOLF 1908, S. 44.
[273] Die Schreibweise dieser Ortschaft ist ganz unterschiedlich: St. Lenetin, Seintene, Seintner, Saint Lener, Sinseten. Wie wir noch sehen werden, dürfte es sich um St-Etienne bei Bayonne handeln. Nachfolgend wird dieser Ort als «St-Etienne» bezeichnet.
[274] StALU, AKT A1 F9, Sch. 1006 (Fürtrag, ohne Datum; andere Kundschaft, 25. Januar 1685; erste Kundschaft, 17./27. Januar 1685; Gerichtsverhandlung, 3 Februar 1685; Urteil, 5. Februar 1685).
[275] Wirt und Lebensmittelverkäufer bei den Soldaten im Feld.

wollten jedoch nicht spassen, begehrten die «Ürti»[276] und wünschten die Herberge aufzusuchen, denn sie waren müde und zudem arme Pilger. Man sagte ihnen, dass auch Hauptmann Roll aus Uri hier sei. Dann stiess Leutnant Kaspar Kretz zu ihnen. Er sagte, er sei auch Luzerner, und bat die Pilger, dazubleiben. Es werde ihnen nichts Ungutes geschehen. Alles solle sie nichts kosten. Darauf blieben die Pilger. Sie bekamen gute Speise und Wein. Dann trafen auch noch die Trommler und Pfeifer ein. Diese tanzten und sprangen. Leutnant Kretz brachte den Pilgern zwei Gläser mit Branntwein. Er wollte sie betrunken machen. Als die Pilger dies merkten, baten sie den Marketender freundlich, sie in die Herberge zu führen. Leutnant Kretz versicherte ihnen «mit scharpfen worten», dass der Blitz ihn in tausend Stücke schlagen solle, wenn den Pilgern etwas Schlimmes zustossen sollte. Kretz versprach dem Führer fünfzig Taler, wenn er die Pilger dazu bringe, hierzubleiben. Trotzdem baten die Pilger ihren Führer, sie in die Herberge zu begleiten. Als Leutnant Kretz dies merkte, liess er Jakob Keiser durch Soldaten abführen, damit er den Pilgern nicht mehr beistehen konnte. Die Pilger, die ihrem Führer zu Hilfe kommen wollten, wurden von Kretz und seinen Soldaten bedroht. Die Soldaten nahmen auch den Ranzen von Burkhart Süess mit, in welchem sich zwei Taler befanden. Den Pilgern wurden sodann die Pilgerstäbe weggenommen. Etwas später kam Kretz vom Führer Jakob Keiser zurück und sagte zu den Pilgern, dass sie den faulsten Führer hätten. Er sei der schlimmste Ketzer unter der Sonne. Er habe jetzt schon dreimal Pilger nach St. Jakob geführt. Zweimal habe er sie aufs Meer verkauft. Dies wolle er auch mit dieser Gruppe tun. Er habe deshalb den Führer «dümlen» (mit der Daumenschraube foltern) lassen, worauf dieser alles zugegeben habe. Nun ging es darum, die Pilger für den Militärdienst zu dingen. Ludwig Wandeler und Burkhart Süess wurde das Dinggeld von den Soldaten in die Hosentaschen gestossen. Diese hätten es aber später wieder genommen. Andere Pilger wendeten ihre Hosentaschen nach aussen, damit das Dinggeld nicht hineingestossen werden konnte. Süess schnitt seine Hosentaschen ab und meinte, wenn der «Hosensack» (Hosentasche) gedungen habe, solle der auch dienen (ins Militär eintreten). Spät in der Nacht führte sie der Marketender doch noch in einen Saal, wo sie schlafen konnten.

Am folgenden Morgen mussten sie sich alle in einen Saal begeben. Burkhart Süess und Beat Bucher wurden von einem Einäugigen mit Ketten gefesselt. Befohlen habe dies Leutnant Kretz. Den beiden wurde gesagt, dass sie vier Wochen hierbleiben müssten. Hauptmann Roll schickte einige Soldaten zu den anderen Pilgern mit dem Bescheid, sie dürften weiterziehen. Nachdem sie aber nicht Soldaten werden wollten, müssten sie zuvor ihre Schulden für Speise und Trank bezahlen. Leutnant Kretz nahm den Pilgern für das Essen und Trinken 24 Philipptaler ab, was 48 Gulden entsprach.[277] Beat und Jakob Bucher zahlten 20 Gulden, weil die andern nur wenig Geld bei sich hatten. Darauf nahm Kretz den Pilgern die Pässe ab, drei behielt er, die andern gab er zurück. Von den neun Pilgern mussten drei bleiben und wurden als Soldaten eingeschrieben, und zwar Ludwig Wandeler, Burkhart Süess und Jakob Keiser. Ferner sollten sie noch einen halben Taler zahlen, um den Ranzen von Süess auszulösen. Sie aber hatten kein Geld mehr und mussten ihn zurücklassen, obwohl noch mehr als zwei Taler im Ranzen waren. Kretz habe ihnen immer gute Worte gegeben,

[276] Mahlzeit.
[277] KOTHING/KÄLIN 1882, S. 80–81, lit. a.

verhielt sich jedoch zu ihnen wie ein Schelm. Als die sechs Pilger, die man weiterziehen liess, die Stadt verlassen wollten, drohte ein Soldat, sie zu erstechen. Als ein anderer Soldat dagegen einschritt, liess er jedoch von seinem Vorhaben ab.

Den drei Pilgern, die zurückgehalten wurden, brachte man Soldatenkleider. Sie aber weigerten sich, diese anzuziehen. Sie wollten lieber sterben als Soldaten werden. Befohlen habe immer Leutnant Kretz. Der liess den Führer Jakob Keiser frei. Burkhart Süess und Ludwig Wandeler mussten bleiben. Die beiden wurden in einen Hof geführt und mussten einen Taler, zwei Gulden und zehn Schilling Ablösung bezahlen. Ludwig Wandeler bezahlte drei Taler und durfte dann den andern nachziehen. Insgesamt habe die Gruppe 77 Gulden und 30 Schilling in Bayonne verloren.

Von dieser Gruppe wurden Burkhart Süess, Jakob Niesper und der Führer Jakob Keiser in Luzern nicht einvernommen. Amtsschreiber Süess erwähnt den Tod seines Sohnes Burkhart. Er dürfte also der einzige dieser Gruppe gewesen sein, der ins Militär eingezogen wurde und da umkam. Kretz behauptete, dass er zur Zeit der Ankunft der Pilger gar nicht in Bayonne gewesen sei. Hauptmann Kaspar Rusinger könne dies bestätigen. Das Gericht versuchte vor allem die Frage zu klären, ob jener Leutnant, der die Pilger in Bayonne belästigt hatte, mit Leutnant Kretz identisch sei, der jetzt vor Gericht stand. Dies wurde von den Zeugen bestätigt. Kretz erklärte, man habe ihn vermutlich mit Unterleutnant Bron verwechselt. Dieser habe gelbes, glattes Haar gehabt. Er stammte aus dem welschen «Bernpiet», wurde vor «Chirona»[278] verwundet und starb. Dieser Leutnant habe ihm etwas geglichen, sei etwas grösser gewesen als er und ein sehr fröhlicher Mensch. Übrigens habe ihm dieser Leutnant Bron gesagt, dass er es mit den Pilgern lustig gehabt habe.

Die Sechsergruppe
Diese Gruppe reiste etwas später von der Luzerner Landschaft ab als die Neunergruppe. Mit dabei waren: Adam Büchler von Buholz (Ruswil), Josef Wermelinger, Hans Keller, Hans Wyss, Adam Dula und Leontius Gretler. Der Führer der Gruppe dürfte Leontius Gretler von Rüedikon gewesen sein. Er wurde am 25. Januar 1685 in Schongau von den beiden Untervögten Jakob Keller und Jakob Kottmann einvernommen. Seine Aussagen decken sich gut mit denjenigen von Adam Büchler. Büchler war der einzige dieser Gruppe, der, neben dem Führer, vor dem Gericht ausgesagt hat.

Die Pilgergruppe kam um Lichtmess (2. Februar) 1681, etwa zwei bis drei Tage nach der ersten Gruppe in St-Etienne an. In einem Wirtshaus in diesem Ort trafen sie Hans Wotmann, zu dem auch die vorangehende Neunergruppe hatte Verbindung aufnehmen wollen. Wotmann spendierte den Pilgern ein «pündten» Wein und für einen halben Batzen Brot. Dann bat der Diener der Hauptleute Roll und Caravicin und des Leutnants Kretz, dass die Pilger zu ihnen kommen sollten. Man wolle ihnen einen Zehrpfennig geben. Ein Wachtmeister mit Soldaten führte sie zum Haus des Kommandanten. Im Offizierszimmer waren Roll, Caravicin und Kretz. Sie gaben jedem Pilger ein Glas Weisswein. Als sie wieder fortgehen wollten, bat man sie zu bleiben, weil es schon spät sei. Man gab ihnen etwas zu essen und zu trinken. Dabei waren sie ständig von Soldaten umgeben, so dass sie sich nicht untereinander verständigen

---

278 Vielleicht Gerona, Spanien.

konnten. Schliesslich wurden sie mit Wein und Branntwein betrunken gemacht. Adam Büchler erklärte, dass vier seiner Begleiter betrunken waren. Gegen Abend seien Hauptmann Roll, Leutnant Kretz und die andern Offiziere und Soldaten gekommen. Man riss ihnen die Kleider vom Leib und warf diese unter die Betten. Dabei seien sie «ganz übel tractiert» worden. Sie wurden mit den Degen bedroht, mit Armen und Stecken geprügelt, und man hielt ihnen die Gewehre auf die Brust. Sie sassen da im Saal wie arme Sünder. Der Führer wurde auf die Wache mitgenommen. Sie sahen ihn drei Tage nicht mehr. Ein Soldat schnitt Hans Keller das Geld, das er in den Hosen eingenäht hatte, heraus. Hauptmann Roll sei dabeigewesen und Leutnant Kretz habe den Soldaten geleuchtet.

Am folgenden Tag kam Hauptmann Roll mit einem «Zedeli» auf dem stand, dass Josef Wermelinger, Hans Keller und Hans Wyss gestern gedingt hätten. Roll und Caravicin sagten, dass das Gute das Böse entgelten müsse. Leutnant Kretz habe einmal im Luzerner Gebiet dreizehn Soldaten gedingt, welche aber die Obrigkeit ihm nicht gelassen habe. Deshalb geschehe es diesen Pilgern recht, wenn sie ins Militär gesteckt würden. Die beiden Hauptleute und Leutnant Kretz versuchten Adam Büchler und Adam Dula zu überreden, auch zu dingen. Diese meinten, dass sie lieber am Galgen hängen wollten, als Militärdienst zu leisten.

Roll und Caravicin teilten die Pilger unter sich auf. Caravicin übernahm drei Pilger, Roll die andern. Nach drei Tagen wurden sie alle eingekleidet. An den Musterungen in Bayonne und St-Etienne mussten sie sogar in Pilgerkleidern erscheinen. Adam Büchler erwähnt, dass er unter Hauptmann Roll sechs Wochen diente. Jeder Pilger musste dem Hauptmann, bei dem er diente, sein Geld abgeben. Man wolle es für sie aufbewahren und werde es ihnen wieder zurückgeben. Insgesamt wurden ihnen etwa 300 Gulden abgenommen. Adam Büchler seien seine 25 Gulden wieder gegeben worden, Adam Dula und Josef Wermelinger nur die Hälfte. Vier Pilger habe man reisen lassen; einer musste bei Caravicin, einer bei Roll bleiben. Diese beiden, Hans Keller und Hans Wyss, hätten das Geld nicht zurückerhalten. Nach den Aussagen von Kaspar Keller, dem Vater von Hans Keller, sei sein Sohn nicht mehr heimgekehrt. Jakob Wermelinger betrauerte seinen Schwager Hans Wyss, der ebenfalls nicht mehr heimgekehrt sei. Adam Dula und Josef Wermelinger seien von Kretz abgefangen und nach Bayonne geführt worden. Auch von diesen wisse man nicht, ob sie noch am Leben seien oder nicht.

Leutnant Kretz bestätigte, dass er damals in St-Etienne gewesen sei, als diese Gruppe eintraf. Er bedaure diesen Vorfall. Als Leutnant und Untergebener durfte er sich den Hauptleuten nicht widersetzen, sondern musste schweigen. Es stimme aber nicht, dass er mit dem Licht geleuchtet habe, als die Soldaten das Geld von Hans Keller nahmen. Es stimme auch nicht, dass er dreizehn Soldaten im Luzerner Gebiet gedingt habe. Im Auftrag von Hauptmann Roll und mit Erlaubnis von Landvogt Tanner habe er einmal achtzehn, ein zweites Mal drei Soldaten im Freiamt gedingt. Was das entwendete Geld betreffe, da könne er auch nicht weiterhelfen.

Das Urteil

Am 5. Februar 1685 wurde das Gerichtsurteil eröffnet: Diese Angelegenheit sei dreimal vor den gnädigen Herren behandelt und der Prozess genau und mit viel Aufwand geführt worden. Dabei habe man festgestellt, dass es den beiden Pilgergruppen «sehr übel und hart gangen» war. Leutnant Kretz sei jedoch nicht in Bayonne gewesen, als sich dieser «schlimme Handel» zugetragen habe. Auch in St-Etienne habe er nichts Fehlbares getan. Dies sei durch seine eigenen Aussagen bestätigt worden. Die Aussagen der «guten und armen Pilger» hätten sich widersprochen. Auch beim allerbesten Willen, diesen ehrlichen Leuten zu helfen, müsse man sich an die Gerechtigkeit halten. Kretz müsse als frei und unschuldig erkannt werden. Durch diese Anklage hätten die Pilger die Ehre von Kretz stark geschädigt. Den Pilgern müsse man sagen, dass sie hoch strafwürdig seien, weil sie so «hart geklagt», aber nichts beweisen konnten. Mit Rücksicht auf den Schaden, den sie erlitten, übe man jedoch Nachsicht. Die Unschuld von Kretz solle durch eine Urkunde bestätigt werden. Falls die Pilger von jemandem aufgewiegelt worden seien, gegen Kretz zu klagen, stehe es ihnen frei, auf die Betreffenden zurückzugreifen. Die Pilger müssten die durch den Prozess aufgelaufenen Kosten bezahlen sowie das, was Kretz im Zusammenhang mit diesem Prozess ausgegeben habe.

Kretz solle man die Ordnung über die Dingung von Soldaten von 1683 von Baden eröffnen. Eine solche ist nicht zu finden. Dagegen bestand eine Ordnung über das Anwerben von Soldaten aus dem Jahre 1682. Darin heisst es: «[...] daß den Hauptleuten aus den regierenden Orten, welche mit Vorwissen und Gutheißung ihrer Obrigkeit in verbündeter Fürsten Diensten Compagnien haben und von ihrer natürlichen Obrigkeit eine Bewilligung zur Werbung aufweisen können, von den Landvögten kein Hinderniß in den Weg gelegt, noch ihnen Geld abgefordert, noch, wenn sie mit Pässen versehen, der Durchgang verwehrt oder ein Lösegeld auferlegt werden dürfe, und zwar bei 200 Reichsgulden unerläßlicher Buße.»[279]

Quellenkritik
Von der Neunergruppe sagten fünf Personen vor dem Gericht aus. Die Aussagen der Pilger über das Ereignis, das vier Jahre zurücklag, stimmen gut überein. Lediglich im chronologischen Ablauf sind einige Verschiebungen festzustellen. Die grosse Übereinstimmung der Aussagen könnte darauf zurückzuführen sein, dass sich die Beteiligten untereinander abgesprochen haben. Sie wohnten alle in der gleichen Gegend. Widersprüchliche Aussagen der Pilger, welche das Gericht angeblich festgestellt hat, sind jedoch kaum zu finden. Etwas anders sind die Verhältnisse bei der Sechsergruppe. Hier stammen die meisten Informationen fast nur von einer Person, von Adam Büchler. Diese wurden jedoch vom Angeklagten Kretz, mit zwei Ausnahmen, bestätigt. Die grosse Übereinstimmung der Aussagen der Pilger dürfte deshalb darauf zurückzuführen sein, dass ihnen die gravierenden Vorkommnisse grossen, bleibenden Eindruck gemacht haben. Sicher steht fest, dass von der ersten Gruppe Burkhart Süess und von der zweiten Gruppe Hans Keller, Hans Wyss, Adam Dula und Josef Wermelinger während der Gerichtsverhandlung als tot oder vermisst galten.

Hans Wotmann wird von beiden Pilgergruppen erwähnt, die kurz nacheinander um Lichtmess 1681 in Bayonne, beziehungsweise in St-Etienne eintrafen. Der Neunergruppe, die in Bayonne war, wurde mehrmals versichert, dass Wotman in der Nähe sei und demnächst erscheinen werde. Die Sechsergruppe traf ihn unmittelbar in «St. Lenetin». Dies deutet darauf hin, dass diese beiden Ortschaften nahe beieinan-

---

[279] Zit. nach KOTHING/KÄLIN 1882, S. 1716, Ziff. 81.

der liegen müssen. Bei «St. Lenetin» handelt es sich somit um St-Etienne, das nahe bei Bayonne auf der rechten Seite des Flusses L'Adour liegt. Kretz hat demnach sicher auch Verbindung zur ersten Gruppe gehabt, auch wenn er in St-Etienne einquartiert war. Auch die Aussagen von Adam Büchler, wonach er an den Musterungen von Bayonne und St-Etienne erscheinen musste, deutet darauf hin, dass diese beiden Ortschaften nahe beieinander liegen. Dies stellt auch die Aussagen von Hauptmann Rusinger in Frage, wonach sich Kretz beim Durchzug der Pilger an einem Ort aufgehalten habe, der 16 Meilen von Bayonne entfernt war.

Folgerungen
Obwohl in der Gerichtsverhandlung ausschliesslich die Konfrontation der Pilger mit den eidgenössischen Truppen in französischen Diensten behandelt wurde, lassen sich einige Schlüsse über die Wallfahrt nach Santiago und das Verhalten der Gesellschaft ziehen:
- Wallfahrt in Gruppen: Die Pilgerfahrt wurde in diesen beiden Fällen gruppenweise unternommen. Dies könnte eine häufige Form der Wallfahrt gewesen sein. Die Gruppe wurde vom einem Führer begleitet, der die Wege kannte. Von wem die Anregung zur Pilgerfahrt kam, von den Führern oder von den Teilnehmern, ist nicht bekannt.
- Die gewählte Route: Über die Wege, welche die Pilger gewählt haben, ist nichts bekannt, ausser dass die beiden Orte Bayonne und St-Etienne angegangen wurden. Da man kurz vor Weihnachten abreiste, dürfte kaum der Weg über das Massif Central gewählt worden sein, sondern eher derjenige über Südfrankreich und Toulouse. Die Pilger haben die Route über Bayonne und St-Etienne gewählt anstatt den Weg über den Cisapass. Die Gruppe wusste, dass an diesen Orten eidgenössische Truppen in französischen Diensten stationiert waren. Der Vorschlag für die Routenwahl dürfte von den Führern gekommen sein. Dies könnte ein schlechtes Licht auf sie werfen. Jakob Keiser wurde von Kretz beschuldigt, Menschen aufs Meer verkauft zu haben. Vielleicht aber steckten die Führer mit den Werbern für Soldaten unter einer Decke. Der Weg der Pilger von Bayonne nach Santiago de Compostela ist nirgends erwähnt.
- Tagesleistung der Pilger: Für die Reise von Luzern nach Bayonne benötigten die Pilger etwa 40 Tage. Bei einer Weglänge von etwa 1200 Kilometer legten die Pilger, mitten im Winter, etwa 30 Kilometer pro Tag zurück. Die ganze Pilgerreise der Neunergruppe von der Luzerner Landschaft bis Santiago de Compostela und zurück dauerte 185 Tage. Bei einer Weglänge von etwa 4000 Kilometern ergibt dies eine durchschnittliche Tagesleistung auf der ganzen Pilgerreise von 22 Kilometer, die Ruhetage und den ungewollten Aufenthalt in Bayonne nicht eingerechnet.
- Kosten der Pilgerfahrt: Den sechs Pilgern wurden in St-Etienne, nach ihren eigenen Angaben, etwa 200 Gulden abgenommen. Sie hatten also bis dahin etwa 30 Prozent der gesamten Strecke zurückgelegt und noch 70 Prozent des Weges vor sich. Die 200 Gulden waren vorgesehen für den Rest der Reise, also für 70 Prozent. Sie mussten deshalb gegen 300 Gulden auf die Pilgerreise mitgenommen haben. Dies ergibt pro Pilger einen Betrag von 50 Gulden. Im gleichen Jahr erhielt der Hausknecht des Jakobusspitals von Luzern für die ganzjährige Be-

treuung des Spitals eine Entschädigung von 34 Gulden. Die Aufwendungen für eine Pilgerfahrt nach Santiago de Compostela waren also recht hoch. Jeder Pilger brauchte für seine Wallfahrt das Eineinhalbfache des Jahreseinkommens des Hausknechtes des Jakobusspitals. Die vielfach vertretene Ansicht, dass man auch ohne Geld nach Santiago pilgern konnte, dürfte damit widerlegt sein. An einzelnen Orten wurden Pilger kostenlos beherbergt, wenn sie mittellos oder beraubt worden waren. Dafür wurden viele an andern Orten um so mehr geschröpft. Der Glaube, dass die Pilgerfahrt nach Santiago de Compostela kostenlos sei, ist auch heute noch stark verbreitet, und die Hilfsbereitschaft der Betreiber von «Refugios» wird denn auch manchmal schamlos ausgenützt.

- Geld auf der Pilgerfahrt: Einzelne Pilger hatten ihr Geld, um sich vor Diebstahl und Verlust zu schützen, in einem Band in den Hosen eingenäht. Dies wird auch noch heute, im Zeitalter der Kreditkarten und Reiseschecks, häufig praktiziert.
- Die Pilgerausrüstung: Die Pilger trugen Pilgerkleider, also Pelerinen, und hatten Pilgerstäbe und Pilgerausweise bei sich.
- Das Dingen von Soldaten: Dies wurde durch die Annahme eines Geldstückes besiegelt. Da lag es nahe, Personen, die sich nicht ins Militär dingen lassen wollten, das Geldstück einfach in die Hosentasche zu stossen und nachher zu behaupten, sie hätten sich gedingt. Dies funktionierte bei Betrunkenen besonders gut.
- Soldaten als Befehlsempfänger: Leutnant Kretz verschanzte sich wegen der Vorkommnisse in St-Etienne hinter seinen Vorgesetzten. Er sei nur Befehlsempfänger gewesen und habe nicht gegen seine Vorgesetzten handeln dürfen.
- Die gnädigen Herren und die Wallfahrt: Auf die Wallfahrt nach Santiago de Compostela ist das Gericht mit keinem Wort eingegangen. Die Sympathien des Gerichts waren deutlich auf der Seite von Leutnant Kretz. Es ging hier vor allem darum, die Werbemethoden des Militärs zu schützen um so die Pensionen für die gnädigen Herren zu sichern.

1.3.38. Ein kranker Pilger im Jakobusspital zu Luzern, 1686

Im Jahre 1686 wurde ein kranker Pilger vom Stadtspital in den Jakobusspital Luzern verlegt, wo er gepflegt und medizinisch versorgt wurde. Die Aufwendungen für diesen Pflegefall betrugen 7 Gulden, 38 Schilling und 7 Pfennig.[280]

1.3.39. Santiago-Pilger Peter Horner, 1687

Anlässlich der Überprüfung einer grossen Anzahl von Personen am 3. Juli 1687 in der Stadt Luzern griff man auch Peter Horner aus Freiburg i. Ü. auf.[281] Dieser gab an, nach St. Jakob reisen zu wollen. Ob man ihn nach der Überprüfung freigelassen hat, ist nicht erwähnt. Nachdem der Weg von Freiburg i. Ü. nach Santiago de Compostela nicht über Luzern verläuft, könnte es sich um einen Scheinpilger gehandelt haben.

[280] StALU, SA 4651 (Jakobusspitalrechnung 1660–1687), 1686/1687.
[281] StALU, COD 4590, pag. 68.

1.3.40. Gestorben auf Pilgerreisen in Spanien, 1766

In den Sterbebüchern der Pfarrei Rickenbach, Luzern, ist unter dem Datum vom 4. März 1766 eingetragen, dass Josef Frank auf einer Pilgerreise in Spanien verstorben sei. Ein gleicher Hinweis findet sich unter dem Datum vom 18. März 1766 betreffend Peter Estermann. Es könnte sich dabei um Wallfahrten nach Santiago de Compostela gehandelt haben.[282]

1.3.41. Ein Schatzgräber in Santiago de Compostela, 1835–1839

Der britische Ethnograph George Borrow hat sich 1835–1839 im Auftrag der Britischen Bibelgesellschaft in Spanien aufgehalten.[283] In seinem dreibändigen Werk «The Bible in Spain», London 1843, berichtet er mehrmals über eine Begegnung mit Benedikt Mol aus Luzern in Santiago de Compostela. Der Vater von Mol war Henker von Luzern gewesen. Mol habe in früher Jugend in der päpstlichen Garde gedient, wo er desertierte, um in spanische Dienste einzutreten. Später ging er nach Menorca, wo er heiratete. Nach dem Tod seiner Frau verliess er die Insel und begab sich nach Santiago de Compostela, um in der Wallfahrtskirche einen vergrabenen Schatz zu heben. Die Angaben über den Schatz hatte er von einem verstorbenen Kameraden erhalten. Borrow wollte Mol helfen. Dieser aber lehnte die Hilfe ab, verkam immer mehr und verschwand schliesslich aus Santiago de Compostela.

1.4. Jakobuspilger in Luzerner Sagen

Neben den vielen wirklichen Geschichten über Santiago-Pilger entstanden auf dem Gebiet der Landschaft von Luzern zahlreiche Sagen. Sie zeigen, dass die Wallfahrt nach Santiago de Compostela im Volk sehr bekannt war. Die Geschichten spielen alle in der Landschaft von Luzern, aus der Stadt sind keine bekannt.

1.4.1. Das Gespenst im Wald von Triengen

Diese Sage zeigt eindrücklich, was einem widerfährt, wenn man eine Wallfahrt nach Santiago verspricht, das Versprechen aber nicht hält: «Ein Mann begegnete an einem Abend im Wald von Triengen einem Geist, der einen Schatz hütete. Der Geist bat den Mann, er solle ihn erlösen. Er habe einst eine Wallfahrt nach Santiago de Compostela versprochen, das Gelübde aber nicht gehalten. Der Geist bat den Mann, für ihn eine Wallfahrt nach Santiago de Compostela zu unternehmen. Dazu müsse er ein rauhes Hemd anziehen, das er nicht mehr ausziehen dürfe, bis es am Leib verfault sei. Nach der Wallfahrt würde er Besitzer des Schatzes sein, den er, der Geist, hier bewache.»[284]
Diese Sage zeigt, dass es durchaus üblich war, Stellvertreter auf die Wallfahrt zu

[282] WEY 1952, S. 394.
[283] HENNIG 1955, S. 137.
[284] MÜLLER 1942, S. 33, Nr. 67.

schicken, und zudem, wie mühsam die Wallfahrt nach Santiago war. Sie dauerte so lange, bis das durchgeschwitzte Hemd am Leib verfault war.

1.4.2. Eine Sühnewallfahrt nach Santiago de Compostela

Die nachfolgende Geschichte spielt im Entlebuch, wo ein Adliger für seine Schandtaten büssen musste: «Ein adliger Jüngling machte einem Burgfräulein einen unerlaubten Antrag, dem sie sich standhaft widersetzte. Daraufhin überfiel sie der Jüngling an einem einsamen Ort. Sie wehrte sich und wurde dabei getötet. Der Jüngling versteckte den Leichnam. Weil ihn sein Gewissen sehr quälte, nahm er Pilgerstab und Mantel und pilgerte nach St. Jakob, wo er seine schrecklichen Sünden beichtete. Weil er seine Tat sehr bereute, erhielt er da Lossprechung von seinen Sünden mit der Verpflichtung, schwere Busse zu tun. Nie mehr solle er sich nach der Art und Gewohnheit der Menschen kleiden und nähren, sondern wie ein Tier, zu dem er sich durch seine Sünden erniedrigt habe. Das Ende seiner Busszeit werde ihm dann angezeigt. Der Edelmann nahm die Prüfung auf sich, begab sich in die Fremde und kam so ins Entlebuch. Hier tat er im dichten Wald Busse, wo er dann nach siebenmal sieben Jahren erlöst wurde.»[285] Hier zeigt sich, dass eine Wallfahrt nach Santiago de Compostela, in Verbindung mit Busse, auch schwerste Sünden tilgen konnte. Der Ausschluss von der menschlichen Gesellschaft erscheint hier als die schwerste Sühne. Pilgerstab und Mantel sind auch hier die typischen Kennzeichen der Santiago-Pilger.

1.4.3. Drei fromme Pilger

Die nachfolgende Geschichte spielt in Rain, Luzern, wo heute eine Jakobuskirche steht: «In Rain wurde eine kleine Kapelle gebaut. In dieser war ein Bild, auf dem Jakobus dargestellt war. Drei Männer pilgerten nach Santiago de Compostela, um ihre Andacht beim Apostelgrab zu verrichten. Nach ihrer Rückkehr vergrösserten die drei Pilger die Kapelle. Darin erstrahlte jeweils in der Nacht ein Licht, ohne dass es von jemandem angezündet oder unterhalten worden wäre.»[286]

1.4.4. Der Pimpernussbaum auf Bösegg oder das Galgen- beziehungsweise Hühnerwunder

Bei dieser Sage handelt es sich um das berühmte Galgen- oder Hühnerwunder, das in ganz Europa in vielen Variationen auftritt.[287] Die erste Fassung wird erwähnt in den Mirakeln des Jakobusbuches («Liber Sancti Jacobi»)[288], das um 1110 zusammengestellt wurde. Nach diesem ereignete sich das Wunder in Tolosa (Toulouse), als zwei

---

[285] LÜTOLF 1976, S. 536–537.
[286] ESTERMANN 1891, S. 248.
[287] GRIBL 1978, S. 36–52. KIMPEL 1974, Sp. 24 und 34. KÜNSTLE 1908, S. 5–9 und 18–27. PLÖTZ 1987, S. 119–170. SCHMIDT 1977, S. 89–97.
[288] HERBERS 1984, S. 18–19 und 39.

deutsche Pilger, Vater und Sohn, nach Santiago de Compostela pilgerten. Darin wird nur das Galgenwunder, nicht aber das Hühnerwunder erwähnt. Nun erzählt aber die Luzerner Sage, dass dieses Wunder einem Bauern von Bösegg (bei Willisau), seiner Frau und seinem Sohn auf der Wallfahrt nach Santiago de Compostela zustiess: «Eine gute halbe Stunde südlich von Willisau liegt auf einem Bergrücken der Bauernhof Bösegg. Von hier begaben sich der Bauer samt Frau und Sohn auf die Pilgerfahrt nach St. Jakob. Unterwegs kehrten sie in eine Herberge ein, die einem bösen Wirt gehörte. Der Wirt steckte heimlich einen goldenen Becher in die Reisetasche des Sohnes. Als die Pilger weiterzogen, liess der Wirt ihnen nachsetzen. Der arme Junge wurde als Dieb verurteilt und gehängt. Vater und Mutter aber wollten dennoch ihr Gelübde erfüllen und zogen traurig nach St. Jakob. Dort klagten sie dem lieben Heiligen ihre grosse, schwere Not. Dabei hörten sie eine gar holdselige, tröstliche Stimme, die sagte, dass ihnen ihr Sohn wiedergegeben werde. Er lebe noch am Galgen. Sie sollten sich wieder in jene Stadt zum Bischof begeben und ihm dies erzählen. Als sie wieder in diese Stadt kamen, trafen sie den Bischof beim Mittagsmahl. Man trug ihm zwei gebratene Hühnchen und ein Hähnchen auf. Als der Bischof Vater und Mutter angehört hatte, meinte er, dass ihr Sohn sowenig am Galgen lebe wie die gebratenen Tiere vor ihm. Dabei wurden die drei Tiere lebendig. Als die Eltern zu ihrem Sohn kamen, neigte sich der Galgen und stellte den Sohn sanft auf den Boden. Er war frisch und fröhlich, und alle Welt freute sich. Dann wurde der böse Wirt gehängt. Die Bösegger reisten freudig nach Hause. Die zwei Hühnchen und das Hähnchen wurden in eine Kirche gebracht und da gefüttert. Nach drei Jahren legten die Hühnchen drei Eier, und daraus schlüpften zwei Hühnchen und ein Hähnchen. Die alten aber starben. Seitdem legen die Hühnchen alle zwei Jahre drei Eier, bis auf den heutigen Tag. Auf der Pilgerreise schnitten die Pilger einen Stab von einem Pimpernussbaum (Pistazien), den sie daheim in die Erde steckten. Er wuchs gut, und seine Früchte sind gut gegen Bauchgrimmen.»[289] Als Zeugnis für diese Sage steht beim Hof Bösegg eine Jakobuskapelle (Abbildung 25).

1.5. Die Jakobusverehrung

Die Jakobusverehrung entwickelte sich in der Schweiz und damit auch in Luzern nur langsam. Nachdem die Kunde vom Apostelgrab auch in diese Gegend gedrungen war, brachen auch hier einzelne Pilger nach Santiago de Compostela auf und brachten Geschichten über die Wundertaten des heiligen Jakobus nach Hause. Nach und nach begannen viele, diesen grossen Heiligen zu verehren. Bald war er dem ganzen Volk bekannt, wurde sehr beliebt und hoch verehrt.[290] Viele Kirchen, Kapellen und Altäre weihte man diesem Apostel. Er wurde zum Patron der Pilger. Man versuchte seine Reliquien zu beschaffen, gründete Bruderschaften unter seinem Namen, erzählte sich Wundergeschichten und Legenden und sang Lieder über die Wallfahrt nach Santiago de Compostela. Sein Name wurde ein beliebter Taufname, und der Jakobustag (25.

---

[289] LÜTOLF 1976, S. 367–369.
[290] HOFFMAN/BÄCHTOLD 1927–1942, 4, Sp. 620–629; ZIHLMANN 1980, S. 29–33; SCHMIDT 1977, S. 69–99; HÜFFER 1957, S. 72–82.

Abbildung 25: Kapelle St. Jakob auf Bösegg bei Willisau.

Juli) galt als wichtiger Lostag, von dem man auf das Wetter im Winter oder auf das Gedeihen der Feldfrüchte schliessen konnte. Der Jakobustag war mancherorts auch Termintag, an dem Zinsen fällig und das Gesinde, die Knechte, Mägde oder Hirten gedingt wurden. Um den Jakobustag wurden auch die ersten Kartoffeln ausgegraben. Es war verpönt, vor «Jakobi» das erste Korn zu schneiden, und an diesem Tag wurden auch Alpfeste gefeiert. Der Name «Jakobus» erschien auch in Anzählreimen und Kinderliedern.

1.5.1. Jakobuspatrozinien

Als Kirchenpatrone wurden meistens solche Heilige gewählt, die man besonders verehrte. Die im Volk beliebten Heiligen wurden bevorzugt. Weniger beliebte Heilige ersetzte man manchmal durch beliebtere. Der Wechsel von Patrozinien war aber eher selten.[291] Die Jakobuspatrozinien sind überdurchschnittlich häufig. Dies spricht für die grosse Beliebtheit dieses Heiligen. Im ehemaligen Archidiakonat Aargau der Diözese Konstanz, zu dem auch Luzern gehörte, ist das Jakobuspatrozinium etwa viermal häufiger als der Durchschnitt aller Patrozinien, in den Diözesen Sitten und Lausanne etwa dreimal häufiger.[292] Nachfolgend sind die Jakobuspatrozinien auf dem Gebiet des heutigen Kantons Luzern aufgeführt. Dabei wird unterschieden zwischen Haupt- und Teilpatrozinien. Bei einem Hauptpatrozinium ist Jakobus neben Gott der alleinige Schirmherr eines Gotteshauses oder eines Altars. Bei einem Teilpatrozinium haben neben Jakobus auch noch andere Heilige oder Kirchentitel die Schirm-

---

[291] LThK 1958–1965, 8, Sp. 187–192.
[292] Diese Werte wurden durch Auszählen der Nennungen pro Patron in folgenden Verzeichnissen ermittelt: HECKER 1946. GRUBER 1932. BENZERATH 1914.

Karte 9
Jakobuspatrozinien auf dem Gebiet des heutigen Kantons Luzern
und das Hauptstrassennetz im alten Staat Luzern

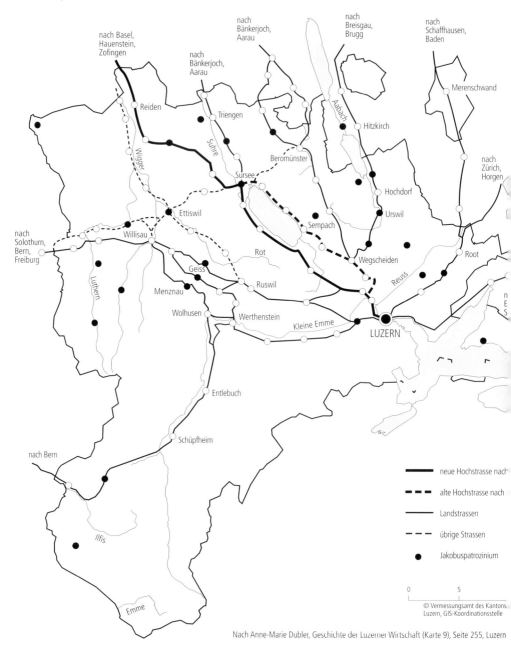

herrschaft inne. Auch wenn ein Gotteshaus neben Jakobus noch andern Heiligen oder Kirchentitel geweiht ist, wird dieses häufig in der Volkssprache trotzdem als Jakobuskirche oder Jakobuskapelle bezeichnet. Oft wird die Meinung vertreten, dass für Kirchen, die an einem «Jakobusweg» liegen, bevorzugt das Jakobuspatrozinium gewählt wurde. Umgekehrt sei man sicher, auf einem «Jakobusweg» zu sein, wenn man von Jakobuskirche zu Jakobuskirche gehe. Überträgt man die Jakobuspatrozinien im heutigen Kanton Luzern auf eine Karte mit dem Hauptstrassennetz des alten Staates Luzern, so zeigt sich deutlich, dass nur wenige Kirchen und Kapellen, die dem heiligen Jakobus geweiht sind, entlang dieser ostwestlichen Verkehrstrassen liegen (Karte 9). Dies bestätigt, dass Kirchen und Kapellen mit Jakobuspatrozinien nicht vorwiegend dort entstanden, wo Pilger auf dem Weg nach Santiago de Compostela durchzogen. Jakobuspatrozinien sind dort entstanden, wo dieser Apostel besonders verehrt wurde. Sie sind im Kanton Luzern zeitlich sehr breit von 1108–1779 gestreut. Eine Häufung ist in der Mitte des 15. Jahrhunderts festzustellen. Die Jakobuspatrozinien von St. Jakob an der Senti und St. Peter, beide in der Stadt Luzern, werden etwas ausführlicher behandelt. An diesen Beispielen zeigt sich, wie sich die Patrozinien im Verlaufe der Geschichte ändern können.

Kirche St. Jakob an der Senti, Luzern

In der Nähe des Sentitores, an der westlichen Grenze der Kleinstadt, befand sich das Siechenhaus oder der Sentispital für Aussätzige und unmittelbar daneben eine Kapelle (Abbildung 26). In der Stadtoffnung (Verlautbarung) von 1291/92 wurde «seintinon» als eine Grenze des äbtischen Bannbezirkes des Wochenmarktes bezeichnet. Zu dieser Zeit könnte der Siechenspital bereits bestanden haben, denn bei diesem Namen dürfte

Abbildung 26: Kirche St. Jakob an der Senti (3) mit Sentitor, Sentiturm und Siechenhaus (4). Ausschnitt aus der Stadtansicht von Martin Martini, 1597.

es sich nicht um einen Flurnamen, sondern um die Bezeichnung für den Sentispital handeln.[293] Der «sentiner», also der Sentispital, ist erstmals im «Ältesten Ratsbüchlein» von Luzern (1315–1321) erwähnt.[294] Im Kustoreirodel (1311–1339) nennt ein Eintrag die Insassen des Sentispitals ausdrücklich «die sentilüte».[295]

Das Patrozinium der Kapelle wird erstmals in einer Urkunde vom 21. September 1387 genannt. Darin erteilt Kardinallegat Philipp von Alençon allen Priestern, die davon Gebrauch machen wollen, die Erlaubnis, jederzeit in der Kapelle zu St. Jakob Gottesdienst für die Siechen zu halten. Alençon tat dies aufgrund der Bitten der Luzerner, die ihn informierten, dass in der seit langem bestehenden Kapelle St. Jakob von dem Leutpriester und seinen Helfern jährlich kaum vier Messen gelesen würden. Der Leutpriester erlaube es jedoch nicht, dass andere Priester zelebrierten.[296] Das Jakobuspatrozinium muss deshalb schon vor 1387 entstanden sein. In einer weiteren Urkunde vom 29. September 1387 ordnete Kardinallegat Philipp von Alençon an, dass der Leutpriester wöchentlich zweimal in der Kapelle des Siechenhauses Messen oder andere Gottesdienste zu halten habe oder halten lassen müsse, und befahl dem Luzerner Leutpriester, diesen Verpflichtungen besser nachzukommen.[297] Weiter wird das Jakobuspatrozinium dieser Kapelle nochmals 1394 im Ratsprotokoll als «Kapelle des heiligen Jakobus bei den Aussätzigen» erwähnt.[298] Am 1. Februar 1421 stiftete Frau Anna von Küssenberg, Bürgerin von Luzern, neben einem kostbaren Messgewand 300 rheinische Gulden, damit der Spitalkaplan in der Sentikapelle jeden Montag, auf ewig, eine heilige Messe lese.[299] 1430 wurde der Nebenaltar in der Sentikirche an Peter Reber geliehen.[300] Es muss deshalb bereits ein zweiter Altar in dieser Kirche errichtet worden sein.

Im Rechnungsbuch des Pflegers des Sentispitals (1434–1501) erwähnt der Sentipfleger Ludwig Kamer[301], dass das Kirchenopfer anlässlich der Kirchweihen dem Spital gehöre. Es seien dies der Sonntag «cantate domino» (4. Sonntag nach Ostern), der Margarethentag (15. Juli) und der Jakobustag (25. Juli), da diese die Patrone in diesem Gotteshaus seien.[302] Inzwischen wurde somit auch die heilige Margaretha zur Kirchen- oder Altarpatronin erhoben. Margaretha gehört zu den vierzehn Nothelfern und ist eine der Heiligen drei Jungfrauen. Der Margarethentag war ebenfalls ein wichtiger Lostag.[303] Das Patrozinium des heiligen Antonius, welches von Lütolf erwähnt wird, bestand zu diesem Zeitpunkt noch nicht.[304] Cysat schreibt, dass die Sentikirche 1584 neu gebaut wurde.[305] Im Gegensatz dazu heisst es im Ratsprotokoll von 1587, dass die Räte beschlossen, die äussere Ringmauer samt Turm und Kirche zu er-

---

293 SCHNELLER 1844, S. 161–163. REINLE 1953, S. 273–298.
294 WANNER 1998, S. 40/16, 42/24 und 57/23.
295 QW 2/3, S. 39.
296 StALU, SA 1.
297 StALU, SA 2.
298 «Capella sancti Jacobi apud leprosos», zit. nach GAROVI 1975, S. 78. StALU, RP 1, fol. 93br.
299 StALU, SA 3; WEBER 1920, S. 118–120.
300 StALU, RP 1, fol. 299v. LÜTOLF 1860, S. 227.
301 StALU, SA 180, fol. 4r.
302 «[...] so send husheren in dem hus send», StALU, SA 180, fol. 11r.
303 SCHAUBER/SCHINDLER 1985, S. 368–369.
304 LÜTOLF 1860, S. 197.
305 CYSAT 1969–1977, 1/1, S. 189.

neuern.[306] Im Ratsprotokoll der Stadt Luzern vom «samstag nach sanct Gallen tag» (19. Oktober 1596) wird erwähnt, dass in der Sentikirche eine Antoniuspfründe errichtet worden sei, aus der das, «was in die kirche gehöre», vom Sentimeister bezahlt werden müsse.[307] Damit wurde auch Antonius der Grosse Patron dieses Gotteshauses, der Schutzherr der Armen und Kranken.[308] Im Stadtplan von 1597 von Martin Martini wird die Sentikirche bereits als «sant Anthonni kirchen an der vorstatt» bezeichnet. Am 27. November 1628 wird auch die St.-Jakobus-Pfründe in der Senti erwähnt.[309] 1659 wurde mit dem Bau einer neuen Kirche an der Senti begonnen[310], die am 30. Juli 1662 geweiht wurde.[311] 1662 wurde beschlossen, die alte Kapelle abzubrechen. An ihrer Stelle entstand ein Friedhof.[312] Am 15. September 1673 begabte Clemens X. am Antoniusaltar auf der Evangelienseite einen Ablass.[313] 1755 wurde durch Ratsbeschluss der alte Hochaltar durch einen «neuen, anständigen» ersetzt.[314] 1819 erhielt die Kirche eine neue Fassade.[315]

Nach Jakobus wurden auch Margaretha und Antonius zu Patronen dieser Kirche. Im Volk ist sie jedoch die Jakobuskirche geblieben. Das Quartier wird immer noch «Sankt Jakob» oder «Joggeli» genannt. Diese Bezeichnung dürfte sich jedoch eher durch den Jakobsspital als durch die Sentikirche ergeben haben.

Peterskapelle, Luzern
Die Peterskapelle oder Kapellkirche (Abbildung 27) ist erstmals am 18. April 1178 erwähnt. Abt Konrad von Eschenbach zu Murbach verzichtete auf die Leutpriesterei zu Luzern und setzte den vom Benediktinerkloster im Hof erwählten Weltgeistlichen Werner von Kriens als Leutpriester ein. Dieses Gotteshaus dürfte aber schon längere Zeit vorher bestanden haben. Sein Patrozinium war St. Peter. Die Kapelle diente, neben den Gottesdiensten, auch als Versammlungsraum für die weltliche Gemeinde und für das Priesterkapitel der Vier Waldstätte.[316] Am 31. März 1259 wurde die Kapelle durch den Bischof Eberhard von Konstanz neu geweiht.[317]

Am 24. Juli 1485, also am Vortag des Jakobsfestes, stifteten Hans Schwendimann und seine Gemahlin Elisabeth am Ort eine St.-Jakobus-Kaplanei auf dem Jakobusaltar in der Mitte der Peterskirche zum Lob und zur Ehre Gottes, auch seiner Gebärerin, der Himmelskönigin Maria, und allen himmlischen Heeren, mit der Gunst, dem Rat und der Bewilligung des Leutpriesters Hans Schlosser und der gnädigen Herren, des Schultheissen und des Rates der Stadt Luzern. Die Kaplaneipfründe für eine ewige Messe sollte einen eigenen Priester haben. Sie war mit einem Haus, der Hof-

---

306 «Uff hüt hanndt Miner gnädigen Herren angesächen die usser ringmuren sampt dem thurm unnd der kilchen an der Senti glegen zuo ernüweren», StALU, RP 40, fol. 347r.
307 StALU, RP 45, fol. 181v. LÜTOLF 1860, S. 226, Fussnote 3.
308 KIRSCHBAUM 1968–1976, 5, S. 207.
309 StALU, RP 62, fol. 93r.
310 StALU, RP 73, fol. 33r.
311 LÜTOLF 1860, S. 219.
312 StALU, RP 74, fol. 26r.
313 StALU, A1 F9, Sch. 1021 (Ablass, 15. September 1673).
314 StALU, RS 3, pag. 365.
315 REINLE 1953, S. 274.
316 REINLE 1953, S. 208–219. WEBER 1945, S. 27–34.
317 QW 1/1, Nr. 849, S. 390.

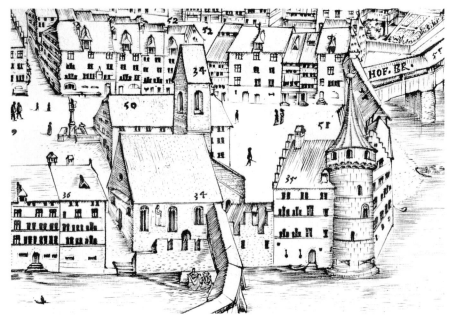

Abbildung 27: Peterskapelle (34). Ausschnitt aus der Stadtansicht von Martin Martini, 1597.

statt und dem Garten beim Brunnen im Hof (beim Stift St. Leodegar) dotiert. Dazu kamen noch vierzig Gulden jährlicher Zins aus den Gülten. Für die Kaplaneipfründe sollten die folgenden Bedingungen gelten:

Der Kaplan durfte das Haus und den Garten nutzen, sollte sie aber in gutem Zustand und in Ehren halten. An allen Sonntagen und gebotenen Feiertagen, an den vier hochzeitlichen Festen sowie an St. Dorothea (6. Februar) sollte er am Jakobusaltar eine Messe lesen, also wenigstens jede Woche eine, dazu jede Woche eine Messe in der Jakobuskapelle an der Senti für die armen Leute. Bei der Messe, der Vesper und der Komplet in der Kirche St. Peter sollte der Kaplan dem Leutpriester und dessen Helfern beistehen und mitsingen. Seine vorgeschriebenen Messen hatten jedoch den Vorrang gegenüber den andern Diensten. Auch sollte er dem Dekan und dem Kapitel gehorsam sein, die Kaplanei persönlich und allein residieren, die Wohnung allein benützen, weder die Pfründe noch das Einkommen oder das Vermögen verändern, es sei denn mit der Zustimmung der Lehensherrn. Diese Stiftung durfte das Opfer und die Pfarrechte des Leutpriesters nicht beschniden. Die Stifter behielten sich die Lehensherrschaft dieser Pfründe vor. Nach ihrem Tod sollte sie an Schultheiss und Rat von Luzern fallen. Ehrbare Priester aus dem Geschlecht der Stifter müssten den Vorzug erhalten bei der Vergabe der Pfründe. Diese sollte an geschickte, ehrbare, gewandte, aufrechte, unbelastete und redliche Laienpriester vergeben werden. Der Kaplan musste schwören, die Bedingungen dieser Stiftung einzuhalten. Bischof Otten von Konstanz bestätigte am 30. Juli 1485 die Stiftung.[318]

---

[318] CYSAT 1969–1977, 2/1, S. 304–305.

Abbildung 28: Inneres der Peterskapelle mit zwei Flügelaltärchen und Sakramentshaus links. Rechts mit Prozessionsfahne, Kruzifix und einem weiteren Flügelaltar. Jakobusaltar in der Mitte verdeckt, 1508. Diebold Schilling Chronik, 1513, fol. 264rA (535).

Nach einem Umbau um 1500 weihte Balthasar Brennwald, Weihbischof vom Predigerorden, am 25. Oktober 1511 die Peterskapelle erneut.[319] Das Innere der Kirche, im Zustand vor der Erneuerung, ist in der Chronik von Diebold Schilling dargestellt (Abbildung 28).[320] Der Jakobusaltar befand sich in der Mitte der Kirche, ist jedoch auf dem Bild nicht sichtbar. Später wurde er als Ablösealtar rechts neben dem Chorbogen angebracht und schliesslich entfernt.[321]

Der Rat von Luzern vergab jeweils die Pfründe und liess sich für diese Vergabe gut entschädigen. So wurde am 6. September 1542 die Pfründe Offrion Wyssenbach zugesprochen. Die 15 Gulden, die er seinem Vorgänger bereits bezahlt hatte, durfte dieser behalten. Wyssenbach musste für seine Pfründe zwei Pfund den «herren ind stuben gen», also den gnädigen Herren bar auf den Tisch legen.[322] Am 19. September 1571 sprach der Leutpriester Johann Hürlimann bei den gnädigen Herren vor. Der «canonirat» (Rat der Kanoniker) habe von ihm verlangt, dass er die Jakobuspfründe in der Kapellkirche aufgebe. Er bat, dass diese Pfründe, deren jährlicher Ertrag nicht mehr als 50 Gulden und 10 Schilling betrage, seinem Sohn Augustin gegeben werde. Dieser studiere zur Zeit in Freiburg im Breisgau und verursache ihm grosse Kosten. Deshalb bat er, dass man Augustin die Pfründe die nächsten zwei Jahre überlassen

[319] WEBER 1945, S. 9.
[320] SCHMID 1981, S. 407, fol. 264rA (535).
[321] NÜSCHELER 1889, S. 40.
[322] StALU, RP 16, fol. 52r.

möge. Er, Hürlimann, werde dann die Kaplanei, nach dem Stiftungszweck und wie es sich gehöre, fleissig versehen. Da Augustin eifrig studiere, seine Zeit nütze, um dann ein gelehrter Mann zu werden, entsprach man dem Gesuch des Leutpriesters. Es wurde jedoch verlangt, dass er die Bedingungen der Pfründe erfülle. Dafür musste er den gnädigen Herren eine Krone auf den Tisch legen. Mit diesem Betrag hat sich der Leutpriester die Pfründe für seinen Sohn gekauft.[323] Am 29. Juli 1575 ging die Jakobuskaplanei in der Kapellkirche an den Chorherrn Mauritz Rossnagel, der dafür den gnädigen Herren «ein kronen ind stuben geben».[324] Die Übertragung der St.-Jakobus-Kaplanei auf einen neuen Bewerber wurde «dem gewohnten brauch nach» vom Kapitel des Stiftes St. Leodegar, gemeinsam mit dem Rat der Stadt Luzern, im grossen Saal der Propstei vorgenommen.[325] 1575 wurde der Jakobusaltar in der Kapellkirche auf Kosten der Jakobusbruderschaft «ernüwert und in zierd gelegt», jedoch ohne das Altargemälde malen zu lassen.[326]

Am 29. Januar 1588 beschlossen die gnädigen Herren, dass der Leutpriester, die Kapläne und Bruderschaften ihre Altäre selbst zu beleuchten hätten. Sie mussten also die Kerzen aus ihren eigenen Mitteln beschaffen. Für allgemeine Gebete, Kreuzgänge oder das grosse allgemeine Gebet würde der Rat weiter aufkommen. Die Beleuchtung der Altäre hätten den Rat jährlich 26 Gulden gekostet.[327] Am 2. Juni 1610 gaben die gnädigen Herren, auf Wunsch von Johannes Müller, Leutpriester im Hof, ihr Einverständnis, dass man dem Vermögen der Jakobusbruderschaft 200 Gulden entnehmen könne. Dieses Geld solle dazu verwendet werden, das alte Altarbild des Jakobusaltars zu bemalen oder ein neues anzufertigen. Dem Leutpriester wurde freigestellt, die beste Variante zu wählen.[328] Dieses Altarbild liess dann die Jakobusbruderschaft 1611 auf ihre Kosten «schön und zierlich» malen.[329] Zwischen 1670 und 1692 wurden alle Altäre neu erstellt. 1673 wurde der Jakobusaltar, der sich ursprünglich in der Mitte, später auf der rechten Seite des Schiffes befand, durch den savoyischen Ambassador Markgraf von Grissy erneuert. 1723 entfernte man die kleinen Nebenaltäre und die kleinen Bilder.[330] Dies dürfte auch das Ende des Jakobusaltars gewesen sein. 1750 arbeiteten im Jakobusspital die Stukkateure am Hochaltar für die Peterskapelle.[331] Die Jakobuspfründe der Peterskapelle könnte noch 1809 bestanden haben. Am 16. Februar erkundigte sich Chorherr J. M. Mohr nach dem Verbleib der Gültbriefe der St.-Jakobus-Pfründe in der Peterskapelle, von denen einige im Rathaus in Verwahrung liegen sollten. Es handelte sich dabei um Gülten aus den Jahren 1662–1685 im Betrage von 1000 Gulden.[332] 1836–1840 wurden sämtliche Nebenaltäre im klassizistischen Stil erneuert. 1942 wurden zwei von ihnen entfernt.[333]

---

[323] StALU, RP 29, fol. 128v.
[324] StALU, RP 33, fol. 235v.
[325] StALU, RS 1, pag. 134.
[326] CYSAT 1969–1977, 2/1, S. 296.
[327] CYSAT 1969–1977, 2/1, S. 298. StALU, SA 5011.
[328] CYSAT 1969–1977, 2/1, S. 298.
[329] CYSAT 1969–1977, 2/1, S. 296.
[330] WEBER 1945, S. 14–16.
[331] StALU, AKT A1 F9, Sch. 1021 (Stukkateure, 12. August 1750).
[332] StALU, AKT 29/163 A (Gülten Jakobuspfründe).
[333] REINLE 1953, S. 213.

Barfüsserkloster, Luzern
Der Altar im Kapitelhaus wurde 1393 von Bischof Heinrich von Termopilai, Generalvikar beim Bischof Burkhard von Konstanz, geweiht zu Ehren Unserer Lieben Frau, der heiligen Drei Könige, des Heiligen Kreuzes, der Heiligen Katharina, Cäcilia, Johannes dem Täufer, Maria Magdalena, Agnes, Tiburtius, Valerianus, Jakobus des Älteren und der zehntausend Ritter.[334]

Kapelle St. Jost, Baldegg
1327 beschlossen Marquard III. und seine Neffen Johann und Albert, zwischen den Burgen zu Baldegg eine Kapelle zu Ehren von St. Katharina, Jost und Martin zu errichten. Diese wurde aber bereits am 8. März 1352 zerstört. Weihbischof Heinrich Zugger weihte am 15. Mai 1401 eine neue Kapelle. Dann gelangte das Schloss an die Herren von Hertenstein. Unter diesen erhielt die Kapelle St. Jost einen Ablass und verschiedene Reliquien. Am 16. November 1511 weihte der Konstanzer Generalvikar die Kirche mit drei Altären ein. Die Patrone des Hochaltars waren Jost, Johannes Täufer, Jakobus der Ältere, Sebastian, Gervasius, Ludwig, Onofrius, Othmar und alle Heiligen. 1830 wurde ein Töchterinstitut errichtet, und mit den Neubauten des Instituts wurden die alte Doppelburg und die Kapelle zerstört. 1865 errichtete man eine neugotische Kapelle, die 1939 durch eine moderne Kirche ersetzt wurde.[335]

Pfarrkirche St. Agatha und Jakobus, Buchrain
Die Pfarrei wurde erstmals am 24. März 1257 erwähnt. Weihbischof Bruder Johannes aus Konstanz weihte am 13. Juli 1455 den rechten Seitenaltar zu Ehren der Heiligen Maria, Jakobus, Anton, Laurenz, Urban, Verena und Katharina. Am 25. Dezember 1460 wurde das Kreuz in der Kirche zu Ehren der Patrone Agatha und Jakobus restauriert, und am 23. August 1644 weihte der Generalvikar Franz Johannes von Konstanz den Hochaltar zu Ehren der Heiligen Maria, Laurentius, Jakobus, Jost, Margaretha und Dorothea.[336]

Beinhauskapelle St. Jakob, Büron
Diese Kapelle mit Altar wird 1632 erstmals erwähnt. 1779 wird sie als «Jakobuskapelle» bezeichnet. Später ist sie eingegangen.[337]

Kapelle Heilige Dreifaltigkeit und Jakobus, Dierikon
Dieses Gotteshaus wird erstmals 1675 erwähnt. Die Kapellengemeinde beschloss einen Neubau, der am 28. April 1852 von der Regierung von Luzern genehmigt wurde. Die Kapelle war 1865 fertig gebaut, und die drei Altäre wurden 1869 eingesegnet. Die Patrone der beiden Seitenaltäre waren Jakobus und die Mutter Gottes. 1907 wurde die Kapelle renoviert.[338]

---

[334] WEBER 1917, S. 42. RIEDER 1913, S. 72, Nr. 7343.
[335] REINLE 1963, S. 157–158. NÜSCHELER/LÜTOLF 1902, S. 118.
[336] MOOS 1946, S. 237–240. NÜSCHELER 1889, S. 30–31.
[337] NÜSCHELER/LÜTOLF 1905, S. 215.
[338] MOOS 1946, S. 240–241. NÜSCHELER 1889, S. 56. LÜTOLF 1908, S. 186.

Abbildung 29: Kapelle St. Jakobus, Ermensee.

Kapelle St. Jakobus der Ältere, Ermensee
Ermensee gehört zur Pfarrei Hitzkirch. Die heutige Kapelle (Abbildung 29) wurde 1605 errichtet und 1608 durch den Konstanzer Weihbischof Johann Jakob Mirgel von Sebaste zu Ehren des gekreuzigten Heilands, seiner jungfräulichen Mutter Maria und des heiligen Apostels Jakobus des Älteren geweiht. In den Jahren 1981/82 erfolgte eine umfangreiche Restauration. Dabei wurden an der Südwand alte Mauerreste entdeckt. Diese Mauerreste und die Glocke der Kapelle aus dem Jahre 1565 weisen auf ein früheres Gotteshaus hin.[339]

Kirche St. Jakobus der Ältere, Eschenbach
In Obereschenbach bestand eine Kirche mit dem Patrozinium St. Jakobus des Älteren, die von Bischof Gebhard III. von Konstanz 1108 geweiht worden ist. Mit der Verlegung des Frauenklosters St. Katharinen um 1308 oder 1309 nach Obereschenbach wurde diese Pfarrkirche zugleich Klosterkirche. Am 3. April 1625 wurde der Grundstein zu einer neuen Kirche gelegt, die dann am 1. August 1627 vom päpstlichen Nuntius geweiht wurde zu Ehren der Heiligen Maria, Jakobus des Älteren, Bernhard von Clairvaux, Augustinus und Katharina.[340]

Beinhauskapelle St. Jakobus, Eschenbach
Das Beinhaus neben der Kirche wurde am 18. April 1556 von Weihbischof Jakob Eliner zu Ehren der Heiligen Jakobus des Älteren, Anna, der vierzehn Nothelfer,

[339] EGLI 1989, S. 12–15. REINLE 1963, S. 40–44. ESTERMANN 1892, S. 50–51.
[340] REINLE 1963, S. 47–49. NÜSCHELER/LÜTOLF 1902, S. 97–98. HECKER 1946, S. 53.

Michael, Oswald, Remigius, Laurentius, Philippus und Pelagius geweiht. Die Kapelle wurde 1869 abgebrochen und 1885 neu gebaut.[341]

Kirche St. Jakobus der Ältere, Escholzmatt
1225 wird die Kirche erstmals erwähnt. Das älteste bekannte Weihedatum ist 1338. 1446 wurde der Hochaltar zu Ehren der Heiligen Jakobus des Älteren, Katharina und Christophorus geweiht. 1665–1667 und 1892–1894 wurde die Kirche neu gebaut.[342]

Sakramentskapelle, Ettiswil
In der ersten Holzkapelle aus dem Jahre 1448 war der Altar dem heiligen Sakrament sowie den Heiligen Johannes dem Täufer, Anna, Petrus, Paulus, Jakobus des Älteren, Pantaleon und Barbara geweiht. Bereits 1450 wurde der Grundstein zu einem Neubau gelegt, der am 6. August 1452 eingeweiht werden konnte. Der Hochaltar wurde den bisherigen Patronen, mit Ausnahme der heiligen Anna, geweiht.[343]

Pfarrkirche St. Jakobus der Ältere, Geiss
Ein Leutpriester wird erstmals 1265 erwähnt. Das Patrozinium des Jakobus ist um 1450 belegt. 1581 weihte der Konstanzer Weihbischof eine neue Kirche mit zwei Altären, den Hochaltar zu Ehren von St. Jakobus des Älteren und den rechten Nebenaltar zu Ehren von Maria. 1644–1646 wurde die Kirche umgebaut und am 22. Juni 1647 durch den Bischof von Konstanz geweiht.[344]

Jakobuskapelle Seehof, Pfarrei Geiss
Über dem Rundbogen des Einganges steht die Jahreszahl 1564. Von diesem kleinen Heiligtum sagt man, dass es aufgrund einer Schlangenplage errichtet worden sei.[345]

Kapelle St. Nikolaus und Anna, Gettnau
Die Kapelle ist erstmals 1453 erwähnt. 1520 wurde der linke Seitenaltar durch den Konstanzer Suffragan den Heiligen Nikolaus, Jakobus dem Älteren, Wendelin, Mauritius und Anna geweiht. 1830 wurde der linke Seitenaltar entfernt, weil eine Sakristei angebaut wurde.[346]

Kapelle Wissmatt, Hergiswil b. Willisau
Diese Kapelle wurde am 28. Dezember 1448 zu Ehren der Heiligen Johannes des Täufers, Anna, Maria, Petrus, Paulus, Jakobus des Älteren, Pantaleon und Barbara geweiht.[347]

---

[341] REINLE 1963, S. 49. NÜSCHELER/LÜTOLF 1902, S. 116. SCHNELLER 1854, S. 100.
[342] HORAT 1987, S. 102–118. NÜSCHELER/LÜTOLF 1905, S. 178–180.
[343] REINLE 1959, S. 81–82 und 87–88. NÜSCHELER/LÜTOLF 1906, S. 251.
[344] REINLE 1959, S. 151–158. QW 1/1, Nr. 962, S. 436. HECKER 1946, S. 54. NÜSCHELER/LÜTOLF 1905, S. 180–182.
[345] LUSSI 1989, S. 30.
[346] REINLE 1959, S. 102–105. NÜSCHELER/LÜTOLF 1906, S. 252.
[347] NÜSCHELER/LÜTOLF 1906, S. 252.

Pfarrkirche St. Theodul, Littau
1460 wurde der linke Seitenaltar zu Ehren der Heiligen Maria, Anna, Jakobus des Älteren, Antonius, Dorothea, Christophorus, Barbara, Katharina und Sebastian geweiht.[348]

Pfarrkirche St. Ulrich, Luthern
Die Pfarrkirche ist bereits 1275 nachgewiesen. 1752 wurde durch den päpstlichen Nuntius eine neue Kirche geweiht, der nördliche Seitenaltar zu Ehren der Heiligen Ulrich und Philipp Neri mit den Nebenpatronen Mauritius, Antonius Eremita, Jakobus der Ältere, Eligius und Beatus.[349]

Pfarrkirche St. Nikolaus, Marbach
Eine Kapelle wird erstmals 1375 genannt. 1584 besass die Kirche zwei Altäre. Der zweite war den Heiligen Bartholomäus und Jakobus dem Älteren geweiht. Beim Neubau, der am 7. Oktober 1601 geweiht wurde, erlosch das Patrozinium von Jakobus.[350]

Pfarrkirche Johannes der Täufer, Menznau
Die Kirche ist 1245 erwähnt. Neben Johannes dem Täufer war Jakobus der Ältere Mitpatron, der dann am 14. März 1628 durch Johannes Evangelist ersetzt wurde.[351]

Pfarrkirche St. Jakobus der Ältere, Rain
Bereits am 22. Dezember 1269 war in Rain eine Kapelle vorhanden. Am 9. Dezember 1482 wurde eine neue Kapelle zu Ehren der Heiligen Jakobus des Älteren, der Jungfrau Maria, Nikolaus, Eustasius und Sebastian geweiht. Am 8. Dezember 1808 wurde Rain Pfarrei. 1853/54 wurde eine neue Kirche gebaut.[352]

Pfarrkirche St. Margaretha, Rickenbach
Erste Erwähnung der Kirche 1231. Am 3. Oktober 1662 wurde ein Neubau geweiht, der zweite Altar, zu Ehren des Heiligen Kreuzes und der Heiligen Jakobus Apostel, Maria Magdalena, Veronika, Maria und Salome. 1957/58 entstand ein Neubau, wobei der Altar entfernt wurde.[353]

Bildstock St. Jakobus, Huwil, Gemeinde Römerswil
Dieser Bildstock mit unbekanntem Baujahr steht an der Strasse nach Hochdorf. Seine Statue wurde ersetzt. Es existieren keine Hinweise mehr auf Jakobus.[354]

---

[348] StALU, KB 400, fol. 46v.
[349] REINLE 1959, S. 128–132. NÜSCHELER/LÜTOLF 1906, S. 230–232.
[350] HORAT 1987, S. 245.
[351] HUNKELER 1908, S. 91–92 und 104.
[352] REINLE 1963, S. 230–232. NÜSCHELER/LÜTOLF 1902, S. 115–116.
[353] REINLE 1956, S. 317–318. SCHMID 1971–1982, 1, S. 360.
[354] NÜSCHELER/LÜTOLF 1902, S. 119.

Schlachtkapelle St. Jakobus der Ältere, Sempach
Am 9. Juli 1386 besiegten die Eidgenossen das Heer von Herzog Leopold von Österreich. Innert Jahresfrist wurde eine Gedächtniskapelle errichtet. Über die Einweihung dieser Kapelle am 5. Juli 1387 heisst es im Jahrzeitenbuch von Sempach: «Im Jahre des Herrn 1387, am ersten Tag nach dem Fest des heiligen Ulrich, Bischof, wurde die kleine Kapelle, genannt ‹an der Schlacht›, geweiht zum Lob und Ruhm des allmächtigen Gottes und zu Ehren der Heiligen Jungfrau Maria, des heiligen Cyrillus, Bischof, an dessen Tag die Schlacht gegen Herzog Leopold von Österreich stattfand, aller Apostel und Evangelisten, der zehntausend Märtyrer, der Elftausend Jungfrauen, der Drei Könige, des heiligen Christophorus und der heiligen Katharina.» Das Jakobuspatrozinium kam erst später dazu. In einem Visitationsbericht von 1632 wird erwähnt, dass diese Kapelle dem Apostel Jakobus geweiht sei. Eine Neuweihe lässt sich 1473 nachweisen. St. Jakobus der Ältere könnte in diesem Jahr erster Patron der Kapelle geworden sein. Die Legende von «Jakobus matamoros» (Maurentöter) dürfte der Grund für die Wahl dieses Patroziniums gewesen sein.[355]

Ehemaliges Zisterzienserkloster, St. Urban
Am 24. Oktober 1231 konsekrierte der Konstanzer Suffragan Heinrich, Bischof von Gross-Troja, den Apostelaltar mit den Patronen Johannes Evangelist, Petrus und Paulus, Andreas, Jakobus dem Älteren, allen Aposteln und Evangelisten.[356]

Obere Beinhauskapelle St. Jakobus, Sursee
Die Kapelle ist erstmals 1349 erwähnt. Im Jahrzeitenbuch der Pfarrei von 1359 wird unter dem 25. Juli als Patron der oberen Kapelle Jakobus der Ältere genannt. Der zweigeschossige Bau wurde 1495–1497 neu errichtet.[357]

Pfarrkirche St. Jakobus der Ältere, Uffikon
Der erste Leutpriester ist 1275 erwähnt. Das Jakobuspatrozinium ist 1465 ausdrücklich genannt. 1869 wurde die mittelalterliche Kirche abgebrochen und durch eine neuromanisch-neugotische ersetzt.[358]

Kapelle Urswil
Die Kapelle wurde um 1564/65 gebaut und am 2. Juni 1565 zu Ehren von Maria, Anna, Jakobus Apostel, den vierzehn Nothelfern und den unschuldigen Kindern geweiht. Nach einem grösseren Umbau wurde die Kapelle 1820 neu eingesegnet.[359]

Beinhauskapelle St. Jakobus, Weggis
Die Kapelle wurde um das Jahr 1560 geweiht. Das Gedächtnisfest war am Tag des heiligen Jakobus. Nach dem Beschluss der Kirchgemeinde vom 4. April 1567 mus-

[355] REINLE 1956, S. 396–402. NÜSCHELER/LÜTOLF 1905, S. 224. BÖLSTERLI 1859, S. 82. BÖLSTERLI 1868, S. 48. RAHN 1886, S. 274–276. HECKER 1946, S. 56 und 130.
[356] REINLE 1959, S. 304.
[357] REINLE 1956, S. 440–443. HECKER 1946, S. 56–57.
[358] REINLE 1959, S. 209–210. NÜSCHELER/LÜTOLF 1906, S. 236–237.
[359] REINLE 1963, S. 156–157. NÜSCHELER/LÜTOLF 1902, S. 119. ESTERMANN 1891, S. 151–153.

Abbildung 30: Jakobuskapelle Weggis neben der Kirche. Lithographie aus dem 19. Jahrhundert.

ste am Freitag vor Pfingsten aus jedem Haus eine Person an der Prozession für die Abwendung von bösen Unwettern teilnehmen. Die Kapelle wurde 1886 beim Neubau der Kirche abgetragen.[360] Auf der Lithographie aus der Mitte des 19. Jahrhunderts ist sie noch sichtbar (Abbildung 30).

Kapelle St. Jakobus auf Bösegg, Willisau
Diese Kapelle liegt an der Westgrenze der Pfarrei Willisau auf einer Anhöhe von 748 m. ü. M. Sie stammt aus dem Jahre 1949 und ersetzt einen schlichten Vorgängerbau. Über diesen wurden keine Aufzeichnungen gefunden. Die Glocke der alten Bösegg-kapelle wird im Pfarrarchiv von Willisau aufbewahrt und trägt die Jahreszahl 1722. Die alte Kapelle wurde deshalb im Jahre 1722 oder vorher errichtet.[361] Sie soll eine Stiftung der Leute des Hofes von Bösegg sein für eine glückliche Rückkehr von einer Pilgerfahrt nach Santiago de Compostela.[362]

---

[360] NÜSCHELER 1889, S. 51. MOOS 1946, S. 521.
[361] ZIHLMANN 1984, S. 84–86. MEYER-SIDLER 1985, S. 35–36. REINLE 1959, S. 265–266. SIDLER 1951, S. 25–38.
[362] ZIHLMANN 1984, S. 84.

Pfarrkirche St. Mariä Himmelfahrt, Winikon
Am 25. August 1504 wurde die Kirche mit den drei Altären geweiht, der Hochaltar zu Ehren der Heiligen Maria, Jakobus des Älteren, Theodul und Wendelin.[363]

1.5.2. Die Jakobusbruderschaften

Die Erscheinungsformen der Bruderschaften im Mittelalter sind mannigfaltig. Das Spektrum reicht von den städtisch-bürgerlichen Bruderschaften über die Elendenbruderschaften bis zu den religiös ausgerichteten Laien- und Frömmigkeitsbruderschaften. Die städtisch-bürgerlichen Bruderschaften waren meistens Handwerks- oder Gesellenbruderschaften. Die Elendenbruderschaften befassten sich mit dem Bau, dem Unterhalt und dem Betrieb von Spitälern oder Pilgerherbergen, während sich die Frömmigkeitsbruderschaften vor allem um das eigene Seelenheil kümmerten. Die Bruderschaften wählten häufig Heilige oder einen Kirchtentitel als Schutzpatrone. Es bestehen zahlreiche Untersuchungen über die Entstehung der Bruderschaften, ihre Ziele und ihr Wirken.[364]

Bruderschaften in der Stadt Luzern
In Luzern schlossen sich viele Personen in zahlreichen Bruderschaften zusammen. Am 16. Februar 1590 hatte der Rat von Luzern die Pfleger (Verwalter) aller Bruderschaften ins Rathaus zitiert. Dabei wurden die Bruderschaften der Stadt von Stadtschreiber Renward Cysat aufgelistet und kurz beschrieben. Von einzelnen sind auch die Gründungsjahre erwähnt. Es sind dies die Bruderschaften der Heiligen oder Kirchentitel Rochus (1563), Katharina von Alexandrien (1580), Eligius (1582) und Anna (1582). Cysat zählte zu den «alten» Bruderschaften die von Jakobus dem Älteren, Sebastian, Heilig Kreuz, von der Krone unseres Herrn, Unsere Liebe Frau, Antonius dem Grossen, Nikolaus von Myra, Maria Mitleiden, ferner die Bruderschaften der Spielleute und der Sackträger. Diese müssen somit vor 1563 gegründet worden sein. Die Barbarabruderschaft sei die älteste. Ihr wurde 1588 die Bruderschaft des allerheiligsten Altarssakraments einverleibt. Nicht aufgeführt wurden die Bruderschaften von Josef, Erasmus und der Heiligen Dreifaltigkeit.[365]

Die Einkünfte der Bruderschaften
Am 16. Februar 1590 stellte man fest, dass die Jakobusbruderschaft ein jährliches Einkommen von 500 Gulden habe. Dazu komme noch das, was von den Brüdern und Schwestern beigesteuert oder vergabt werde. Mit diesem Geld bezahle man die Gottesdienste, gebe man Almosen und unterhalte den Spital «am nidern grund».[366] Die

---

363 REINLE 1956, S. 486–494.
364 DUBLER 1982, S. 65–76. GRASS/SCHREIBER/JASSMEIER 1958, Sp. 719–721. HENGGELER 1955. HENGGELER 1962, S. 283–294. HERGEMÖLLER/WEIGAND 1983, Sp. 738–741. KRAUSE/STUPPERICH 1981, S. 195–207. MILITZER 1991, S. 84–134. REMLING 1986, bes. S. 5–53 und 278–290. TREMP-UTZ 1983, S. 47–93.
365 StALU, COD 5145, fol. 51r–52v. DUBLER 1982, S. 74–75.
366 StALU, COD 5145, fol. 55v.

Jakobusbruderschaft verfügte über die höchsten Einkünfte aller Bruderschaften. So betrugen die Zinseinnahmen der «reichsten» Bruderschaften nach der Rechnung vom 11. Juni 1591[367]:

Jakobusbruderschaft	601 Gulden
Bruderschaft Unsere Liebe Frau	198 Gulden
Bekrönungsbruderschaft	16 Gulden
Bruderschaft St. Barbara	12 Gulden

Die Bruderschaften als Geldquelle
Die gnädigen Herren beschlossen, mit Unterstützung des Grossen Rates, der Seelsorger und der geistlichen Vorstände eine neue Ordnung des städtischen Almosenwesens auszuarbeiten. Weil die Aufwendungen für die Armen immer grösser und die Almosen immer kleiner wurden, musste man sich nach neuen Quellen umsehen.[368] Man fand diese bei einzelnen Bruderschaften. Diese sollten einen allfälligen Überschuss aus ihrer Kasse dem allgemeinen Almosenwesen zukommen lassen.[369] Die Jakobusbruderschaft verfüge über das grösste Einkommen, das nahezu vollständig an das allgemeine Almosenwesen überwiesen werde, wobei man aber die Stiftungszwecke beachte.[370] Die Verwaltung der Vermögen der Bruderschaften wurde dem Hauptpfleger aller Bruderschaften Ludwig Schürpf übertragen.[371] Man stellte fest, dass einzelne Bruderschaften nur über einen geringen finanziellen Ertrag verfügten. Um den Hauptpfleger nicht übermässig zu belasten, sollten diese Bruderschaften nicht dem Hauptpfleger unterstellt werden. Sie sollten weiterhin ihren eigenen Pfleger haben, jedoch musste die Rechnung jedes Jahr dem Hauptpfleger vorgelegt werden, damit er prüfen könne, «wie sy husent» (sparen, haushalten).[372] Ferner wurde beschlossen, einen Ausschuss zu bilden, die «verordneten», der die Geschäfte leite und die Anträge der Generalkongregation, des Dachgremiums, unterbreite. Der Ausschuss traf alle Entscheidungen, wurde vom Rat eingesetzt und gehörte der obersten geistlichen und weltlichen Hierarchie an. In diesem Gremium war alles vertreten, was Rang und Namen hatte, vom Schultheissen über den Säckelmeister und Baumeister bis zum Stadtschreiber. Der Generalkongregation gehörten neben dem Ausschuss auch die Delegierten der einzelnen Bruderschaften an. An der Generalkongregation vom 1. August 1594 nahmen etwa 70 Personen, geistliche und weltliche «brüder», teil. Frauen sind im Protokoll keine erwähnt, obwohl sie von einzelnen Bruderschaften als Mitglieder aufgenommen wurden.[373] Auch in der Sitzung vom 31. Juli 1595 sind unter den aufgelisteten Teilnehmern keine Frauen erwähnt.[374]

---

[367] StALU, SA 4519 (1591).
[368] StALU, COD 5145, fol. 153v.
[369] StALU, COD 5145, fol. 52r.
[370] StALU, COD 5145, fol. 135v.
[371] StALU, COD 5145, fol. 52r.
[372] StALU, COD 5145, fol. 61r.
[373] StALU, SA 4517, fol. 80r–81r.
[374] StALU, SA 4517, fol. 84r.

Jakobusbruderschaften in Stadt und Landschaft
Die Jakobusbruderschaften waren in Stadt und Landschaft Luzern recht häufig vertreten. Die wichtigste Bruderschaft fand sich in der Stadt Luzern. Diese finanzierte den Jakobusspital für Santiago-Pilger. Daneben gab es auch noch Bruderschaften an folgenden Orten: Ermensee (Gründung 1605), Geiss (18. Jahrhundert)[375], Eschenbach (1501), Hochdorf (1501), Hohenrain (1501), Luthern (1582), Schüpfheim (1654), Willisau Stadt (1477)[376], Rain (1563)[377], Uffikon (1539)[378].

Die Gründung der Jakobusbruderschaften
Die Jakobusbruderschaft Luzern wurde am 16. Februar 1590 als «alte» bezeichnet.[379] Ihre Gründungsurkunde ist nicht auffindbar. Wie wir noch sehen werden, bestand bereits im Jahre 1514 eine Ordnung des Jakobusspitals. Da dieser Spital von der Jakobusbruderschaft finanziert wurde, muss sie 1514 oder früher gegründet worden sein. Wie eine solche Gründung abgelaufen ist, ergibt sich am Beispiel der Bruderschaft und Kaplanei Unsere Liebe Frau, auch «Maria End» genannt. Diese wurden von Stefan von Dellsperg, Goldschmied, Hans Etterlin, öffentlicher Notar, und Benedikt Lübegker, Bartscherer, Bürger von Luzern, im Stift St. Leodegar im Hof errichtet und durch den Bischof Burkhard von Konstanz am 17. März 1464 bestätigt.[380] Die gemeinsame Jakobusbruderschaft der drei Pfarreien Hochdorf, Hohenrain und Eschenbach wurde durch Santiago-Pilger gegründet. 1501 hatten sich Heinrich Sticher von Nunwil und Ulrich Budmiger von Isenringen (Gemeinde Eschenbach) mit andern Personen aus den umliegenden Gemeinden «auff die gefährliche straß nach Compostell in Galitia begeben», damit sie am Grab und an den Reliquien «deß glorwürtigen Apostelß Jacobi deß Grösseren», welcher da beigesetzt ist, den Herrn und seinen heiligen Apostel preisen konnten. Nach Hause zurückgekehrt, gründeten sie auf den Rat der Pfarrherren der drei Pfarreien hin eine Jakobusbruderschaft zu Ehren Gottes des Allmächtigen, seiner jungfräulichen Mutter Maria und seines treuen Dieners und Apostels Jakobus, um mit ihm einen treuen und wirksamen Fürbitter vor dem Throne Gottes zu haben. Heinrich Sticher stiftete den Betrag von zehn Gulden. Die Bruderschaft wurde 1686 erneuert (Abbildung 31).[381]

Zweck der Luzerner Bruderschaften
Da die Statuten dieser Bruderschaft fehlen, sollen solche anderer Bruderschaften zum Vergleich herangezogen werden. Die Statuten der Bruderschaft des Heiligen Kreuzes, 1568 gegründet, umschreiben ihren Zweck, ins Neuhochdeutsche transkribiert, wie folgt: «Die löbliche Gesellschaft der Niederwässerer [Schiffahrer auf der Reuss] haben sich zu einer Bruderschaft zusammengeschlossen zu Lob und Ehre Gottes des Allmächtigen und des heiligen Kreuzes unseres Heilands Jesu Christi, der lebenden und toten Brüder und Schwestern zum Trost ihrer Seelen und zur Besserung ihres

[375] GÖSSI 1976, S. 39 und 50.
[376] HENGGELER 1955, S. 97. GÖSSI 1976, S. 55 und 72. BICKEL 1982, 15/1, S. 330–332.
[377] REINLE 1963, S. 230.
[378] HENGGELER 1955, S. 272.
[379] StALU, COD 5145, fol. 52r.
[380] SCHNELLER 1872, S. 135–136.
[381] StALU, FA 29/101 (Pfarrarchiv Hochdorf, Buch IV/A/2, 122/1686).

Abbildung 31: Rodel der Jakobusbruderschaft Hochdorf, 1686.

Lebens.»[382] Diese Bruderschaft war also eine religiöse Vereinigung. Die Zweckbestimmung der Jakobusbruderschaft könnte ähnlich gelautet haben, mit den Zusätzen, dass sie den Jakobusspital unterhalte und die durchreisenden Pilger beherberge und verpflege. Auch die Bruderschaft des heiligen Michael von 1643, eine Bruderschaft für weltliche und geistliche Herren, Wachtmeister und Wächter hatte einen ähnlichen Zweck, nämlich den heiligen Erzengel Michael «als ihren Schutzpatron zu verehren, damit sie einst in ihrer Sterbestunde vor Gottes Richterstuhl einen Fürbitter und Beistand haben und so der ewigen Seligkeit teilhaftig werden».[383]

[382] «Item zů wüßen aller mencklich. dz nachernempte lobliche gselschafft der niderwäßeren ein brůderschafft angenommen, vorab zů lob und ehr Gott dem almechtigen und dem heligen krütz unsers Heylands Jesu Christi, lebendigen und todten brůdern und schwestern zů trost ihr seelen und beßerung ires lebens uff nachfolgende ordnung», StALU, KH 330, fol. 1r.

[383] StALU, AKT 29/163 A (Michaelsbruderschaft), S. 2.

Neben den religiösen Zielsetzungen hatte die Jakobusbruderschaft auch gesellschaftliche Aufgaben. Damit die Bruderschaften erhalten blieben, schlug man an der Generalkongregation vom 1. August 1594 vor, dass an dem Tag, an dem die Jakobusbruderschaft die Seelenmesse halte, sich die Generalkongregation der Bruderschaften zu einer gemeinsamen Mahlzeit treffen solle. Dabei habe jedes Mitglied der Bruderschaft seine Zeche selbst zu bezahlen, es sei denn, der Pfleger verfüge über einen Überschuss und die betreffende Bruderschaft wäre in der Lage, etwas an den Imbiss beizusteuern.[384] Dieses gemeinsame Mahl sollte die Zusammengehörigkeit der Mitglieder der Bruderschaften fördern.

Die Organisation der Bruderschaften
Die Strukturen und die Tätigkeiten der auf Frömmigkeit ausgerichteten Bruderschaften waren einander ziemlich ähnlich. Von der Jakobusbruderschaft der Stadt Luzern, die uns am meisten interessiert, sind keine Statuten bekannt. Dagegen finden sich in verschiedenen Dokumenten einzelne Hinweise auf diese Bruderschaft. Diese liefern aber kein genaues Bild über die Jakobusbruderschaft. Um sie besser beschreiben zu können, müssen deshalb auch Dokumente über andere Bruderschaften zum Vergleich herangezogen werden, damit das Wirken der Brüder und Schwestern der Jakobusbruderschaft beschrieben werden kann. Einbezogen werden deshalb auch Jakobusbruderschaften, die nicht auf dem Gebiet des heutigen Kantons Luzern liegen, jedoch in der näheren Umgebung von Luzern. Die Organisation der Bruderschaft soll am Beispiel der Bruderschaft des Heiligen Kreuzes für Niederwässerer[385] erläutert werden. Diese Bruderschaft hatte sowohl einen weltlichen wie auch einen geistlichen Pfleger.[386] Dies dürfte auch bei den meisten andern Bruderschaften, also auch bei der Jakobusbruderschaft, der Fall gewesen sein. Der weltliche Pfleger führte die Rechnung und überwachte den Betrieb des Jakobusspitals. Er entschied über die Aufnahme oder Abweisung der Pilger. Ihm zur Seite stand der Hausknecht des Jakobusspitals, der den Betrieb des Spitals leitete.[387] Über die geistlichen Pfleger dieser Bruderschaft liegen keine Angaben vor. In der Regel organisierten und hielten sie die Seelenmessen, vermittelten die Priester und veranlassten die Verkündigung der Jahrzeit.

Die Aufnahme in die Bruderschaft
Man legte grossen Wert darauf, gut beleumdete, ehrliche Personen in die Bruderschaft aufzunehmen. Häufig wurden auch Frauen aufgenommen. Die Frauen erscheinen jedoch nicht in den Protokollen der Sitzungen, waren also nicht in leitenden Funktionen in der Bruderschaft tätig.[388] Mit der Aufnahme in die Bruderschaft wurde manchmal ein Eintrittsgeld fällig. Die 1582 gegründete Jakobusbruderschaft von Luthern nahm sowohl Brüder wie auch Schwestern auf. Die jährlichen Beiträge an die Bruderschaft waren nirgendwo festgelegt. Es hiess, dass jeder Bruder und jede

---

[384] StALU, SA 4517, fol. 80r.
[385] Niederwässerer sind Schiffsleute, die auf Reuss, Aare und Rhein fahren; vgl. GLAUSER 1987, S. 5.
[386] StALU, KH 330, fol. 1v.
[387] StALU, COD 5145, fol. 212v–214v.
[388] StALU, KH 330, fol. 2r.

Schwester soviel an Eintrittsgeld geben möge, wie sie sich nach ihrem guten Willen leisten könnten.[389] In die gemeinsame Jakobusbruderschaft der drei Gemeinden Hochdorf, Hohenrain und Eschenbach wurden alle Christgläubige in und ausserhalb der drei Pfarreien aufgenommen, die ein entsprechendes Gesuch stellten, sich einschreiben liessen und eine Abgabe entrichteten, deren Höhe freigestellt war.[390] In den Statuten der Jakobusbruderschaft Cham von 1519 wird ausdrücklich erwähnt, dass Brüder und Schwestern aufgenommen würden. Die Aufnahmegebühr betrug drei Schilling.[391] Dieser Betrag entsprach 1527 in Konstanz einem Wert von etwa 28 Broten.[392] Bei verschiedenen Bruderschaften richtete sich die Eintrittsgebühr danach, ob die Person in Santiago gewesen war oder nicht. Bei der Jakobusbruderschaft in Sins (1569) mussten die Santiago-Pilger «minder nicht als 20 Batzen» bezahlen, während man von Personen, die diese Wallfahrt nicht gemacht hatten, mindestens zehn Batzen verlangte.[393] Auch die Jakobusbruderschaft Sachseln (1560) hatte eine ähnliche Bestimmung. Jeder Santiago-Pilger, der in die Bruderschaft eintreten wollte, musste einen Gulden bezahlen. Alle, die nicht in Santiago waren, sollten einen Pfennig geben oder was sie sonst für richtig hielten.[394] Bei der St.-Jakobus-Bruderschaft Luzern war keine Aufnahmegebühr vorgesehen, denn in den Rechnungen der Bruderschaft erscheinen keine solchen Einnahmen.

Die Seelenmesse oder die Jahrzeit
Die Seelenmesse für die verstorbenen Mitglieder spielte eine wichtige Rolle im Leben einer Bruderschaft. Auch die Jakobusbruderschaft von Luzern hielt jährlich einmal eine Seelenmesse, wie anlässlich der Generalkongregation der Bruderschaften der Stadt am 1. August 1594 erwähnt wird.[395] Unterlagen über den Verlauf der Seelenmesse der Jakobusbruderschaft liegen nicht vor. Dagegen wird die Jahrzeit der Bruderschaft des Heiligen Kreuzes der Niederwässerer ausführlich geschildert. Diese Bruderschaft wurde 1568 gegründet. Die Statuten stammen aus dem Jahr 1594.[396] Die Jahrzeit wurde am Kreuztag im Herbst (14. September) begangen. Der geistliche Pfleger dieser Bruderschaft musste am Sonntag vor diesem Tag dem Leutpriester einen Zettel zukommen lassen, damit die Jahrzeit der Bruderschaft des Heiligen Kreuzes in der Kirche verkündet werde. Voraussetzung für die Durchführung war, dass die Meister der Niederwässerer mit dem Termin einverstanden waren. Für die Jahrzeit musste auch das grosse Geläut bestellt werden, «damit abents und morgents zuo dem ampt herrlich gelüet werd». Der geistliche Pfleger hatte auch rechtzeitig die nötige Anzahl von Priestern aufzubieten. Diese sollten für die Bruderschaft in der Stiftskirche St. Leodegar im Hof die Messen lesen. Am Vorabend der Jahrzeit hatten die Mitglieder die Vesper zu besuchen, besonders jene, die in der Stadt wohnten. Die Frau des weltlichen Pflegers und eine weitere Meistersfrau sollten sich während der Vesper

389 «und mag ein jeder bruoder und schwöster in solche geben nach seinem vermögen und guettem willen», StALU, FA 29/127 (Pfarrarchiv Luthern, Buch Nr. 8).
390 StALU, FA 29/101 (Pfarrarchiv Hochdorf, Buch IV/A/2, 122/1686).
391 PFARRARCHIV CHAM, Fraternitas S. Jacobi maioris apostoli, 1519.
392 DIRLMEIER 1978, S. 382.
393 PFARRARCHIV SINS, Jakobusbruderschaft, 1569.
394 STÜCKELBERG 1904, S. 61–62. FLÜE 1999, S. 164.
395 StALU, SA 4517, fol. 80r.
396 StiA HOF, Nr. 330, fol. 1r–4v.

«beim grab und bei den kreuzen» auf dem Friedhof aufhalten. Am nächsten Tag mussten alle Brüder und Schwestern «fleissig und gehorsam» die Kirche besuchen, da beten und opfern, vor dem Kreuz im Chor die Sünden bekennen und andächtig ausharren. Der weltliche Pfleger hatte dafür besorgt zu sein, dass die Kerzen für die Jahrzeit abgegeben wurden und dass auch die Lettner- und Leuchterkerzen für das ganze Jahr zur Verfügung standen. An der Jahrzeit sollte der Leutpriester oder sein Stellvertreter den Rodel der Bruderschaft des Heiligen Kreuzes verlesen, mit den Namen aller verstorbenen und lebenden Brüder und Schwestern. Danach sollte das Messamt «de sancta cruce» beim Kreuzaltar gehalten und gesungen werden, mit Ministranten und Orgel, bis zur Präfation. Der Küster hatte drei «stark heiltumb» (wichtige Reliquien) auf den Altar zu stellen. Den Brüdern und Schwestern sollte über den Tod gepredigt und gelesen werden. Dann hatte das Seelenamt am Seelenaltar zu beginnen und kurz darauf das Choramt. Ferner sollte auch noch das Amt «pro salute vivorum» durch den geistlichen Pfleger selbst gelesen werden oder durch einen von ihm bestimmten Priester. Nach dem Gottesdienst wurden die Geistlichen zu einem Imbiss eingeladen, oder man überreichte ihnen eine anständige Gabe.

Die 1643 gegründete Michaelsbruderschaft der Wachtmeister und Wächter feierte jährlich fünf Messen, wie aus den revidierten Statuten von 1840 hervorgeht. An jedem Fronfasten-Freitag[397] wurde ein Seelenamt für die verstorbenen Mitglieder begangen und zusätzlich, am Tag des heiligen Michael, ein Lobamt gehalten.[398] Ganz ähnlich feierte auch die Bruderschaft Unsere Liebe Frau (Maria End) die Seelenmessen. An jedem Fronfasten wurde eine Jahrzeit mit Vigil (Wachen mit nächtlichem Gebet), Seelenmesse und Grabbesuch begangen.[399] Die Bruderschaften legten grossen Wert auf das Gebet. Die Brüder und Schwestern der Jakobusbruderschaft Cham sollten jährlich je 90 Vaterunser und Ave-Maria und dreimal das Glaubensbekenntnis für eine gute Sterbestunde der Lebenden und für das Heil der verstorbenen Brüder und Schwestern beten.[400]

Die Seelenmessen der 1501 gegründeten Jakobusbruderschaft der Gemeinden Hochdorf, Hohenrain und Eschenbach fand am Fest des heiligen Apostels Jakobus des Älteren (25. Juli) statt. Diese wurden abwechselnd in den Kirchen der drei Pfarreien gehalten. Der Pfleger der Bruderschaft sollte acht Tage vor dem Gedächtnis mit dem Pfarrherrn der Pfarrei Verbindung aufnehmen, die an der Reihe war. Dieser hatte sich darum zu kümmern, dass an diesem Tag etwa acht Priester anwesend waren. Der Pfleger gab dem betreffenden Pfarrherrn die Namen und Vornamen der Mitglieder bekannt, die im vergangenen Jahr verstorben waren, damit die Namen in der Kirche verkündet werden konnten. Zum Heil der Gestorbenen wurden die Messen gelesen, und man betete für sie. Der Sigrist (Küster) wurde angehalten, für die im laufenden Jahr aus dem Leben Geschiedenen mit allen Glocken zu läuten. An der Jahresversammlung wurde Rechenschaft über die Einnahmen und Ausgaben abgelegt. Überschüsse sollten für die «andächtigen und Gott gefelligen werkhen» verwendet werden. Vom Zins der zehn Gulden, die Heinrich Sticher 1501 gestiftet hatte, sollte Brot für arme Leute gekauft werden. Der Pfleger hatte dieses zu beschaffen. Aus dieser

[397] In den Quatemberwochen; vgl. GROTEFEND 1982, S. 16.
[398] StALU, AKT 29/163 A (Michaelsbruderschaft), S. 3–4.
[399] SCHNELLER 1872, S. 135–136.
[400] PFARRARCHIV CHAM, Fraternitas S. Jacobi maioris apostoli, 1519.

Bruderschaft durfte niemand ausgeschlossen werden. Für seine Mühewaltung wurde der Pfleger entschädigt.[401]

Die Jakobusbruderschaft zu Luthern (1582) feierte zweimal im Jahr eine Seelenmesse, und zwar am Tag der beiden Apostel Philippus und Jakobus und am Tag des Apostels Jakobus des Älteren mit einem Hochamt.[402] Weshalb neben dem Tag von Jakobus dem Älteren auch der Tag von Philippus und Jakobus gewählt wurde, ist nicht verständlich. Der Name «Jakobus» hat im Verlaufe der Kirchengeschichte schon recht viel Verwirrung gestiftet. Besonders die lateinische Kirche hatte Mühe mit den verschiedenen Jakobi. Das Fest der beiden Apostel Philippus und Jakobus wurde seit dem 6. Jahrhundert am 1. Mai gefeiert. Im Jahre 1955 wurde es auf den 11. Mai verlegt und nach der Neuordnung des Vaticanums II auf den 3. Mai.[403] Dabei setzte die lateinische Kirche Jakobus, Sohn des Alphäus, und Jakobus, Bruder Christi (erster Bischof von Jerusalem), einander gleich. Diese Gleichsetzung wurde bereits um 380 vom Kirchenvater Hieronymus in seiner Schrift «Gegen Helvidius» vertreten.[404] Nach den heutigen Forschungen handelt es sich aber um zwei verschiedene Personen. Diese Meinung hat sich auch in der griechischen Kirche durchgesetzt. Diese feiert das Gedächtnis des Apostels Jakobus, Sohn des Alphäus, am 9. Oktober und das des Herrenbruders Jakobus am 25. Oktober.[405]

Die Ablässe
Die Bruderschaften waren bemüht, sich neben den Seelenmessen auch andere geistliche Güter, wie Ablassprivilegien, zu sichern. Die Abgeordneten der verschiedenen Bruderschaften der Stadt stellten am 1. September 1594 fest, dass der Ablass der Bruderschaften im April 1595 enden werde. Der Stadtschreiber Renward Cysat wurde beauftragt, in Rom die Verlängerung dieses Ablasses zu beantragen.[406]
Die St.-Anna-und-Jakobus-Bruderschaft von Weggis, die am 25. Juni 1569 im Jahrzeitenbuch eingetragen ist, war vor allem um das Seelenheil ihrer Mitglieder besorgt. Die Bruderschaft wurde gegründet zur Erlangung einer glückseligen Sterbestunde und zum Trost der Armenseelen. Clemens XI. gewährte 1706 der Bruderschaft die gewöhnlichen Ablässe. Diese Stiftung ist im alten Jahrzeitenbuch am 26. Juli eingetragen.[407]

Das Begräbnis
Das Mitwirken der Bruderschaften bei der Beerdigung ihrer Mitglieder war eine wichtige Aufgabe. Auch die Jakobusbruderschaft gab ihren Mitgliedern ein letztes Geleit, wie dies aus dem Protokoll der Generalkongregation vom 1. August 1594 hervorgeht.[408] An diesem Anlass wurde besprochen, wie die verstorbenen Mitglieder zu Grabe getragen werden sollten, welche Kreuze, Kerzen und Kerzenstangen man mit-

---

[401] StALU, FA 29/101 (Pfarrarchiv Hochdorf, Buch IV/A/2, 122/1686).
[402] StALU, FA 29/127 (Pfarrarchiv Luthern, Buch Nr. 8).
[403] RITENKONGREGATION 1969, S. 60 und 183.
[404] HIERONYMUS 1914, 1, S. 253–292, bes. 277–278.
[405] WIKENHAUSER/SCHMID 1973, S. 573–574.
[406] StALU, SA 4517, fol. 82r.
[407] HENGGELER 1955, S. 273.
[408] StALU, SA 4517, fol. 80r.

Abbildung 32: Kerzenstange mit Jakobus, Kirche St. Jakobus, Geiss.

tragen müsse, welche Litaneien zu beten seien, welches «geseg»[409] offeriert werde und wie die Bestattung ablaufen sollte.[410] Bei den Kerzenstangen (Abbildung 32) handelt es sich um sieben bis acht Fuss hohe Stäbe mit Bildschnitzereien, Vergoldungen und Malereien, mit einer Statuette, einem Heiligenbild oder dem Bruderschaftsschild.[411] Der Leutpriester Johann Müller wurde durch die Generalkongregation beauftragt, an der nächsten Versammlung entsprechende Vorschläge über den Ablauf der Begräbnisse zu unterbreiten. Bei der nächsten Generalkongregation vom 31. Juli 1595 wurde er nochmals an diesen Auftrag erinnert.[412] Der Ablauf einer solchen Beerdigung geht aus den Statuten der Bruderschaft des heiligen Erzengels Michael von 1843 hervor. Starb ein Mitglied der Bruderschaft, so mussten die sechs jüngsten Mitglieder den Leichnam zur Beerdigung tragen. Alle Mitglieder hatten den Leichenzug zu begleiten und mussten dem Kassier zehn Schilling entrichten. Von diesem Geld wurde dann ein Begräbnis dritter Klasse bezahlt, nämlich für das Zurücktragen des grossen Kreuzes, die Abholung der Leiche durch den Stift, das Läuten von drei Glocken, das Tragen der Kerzenstöcke (Stangen), die Bezahlung des Sigristen (Küster) und des Weisers (der den Trauerzug anführte), die Errichtung des Grabgerüstes und die Einsegnung der Leiche. Dazu wurden vier weisse Kerzen zu je einem halben Pfund und zehn heilige Messen bezahlt. Zudem sollte jedes Mitglied ein Vaterunser, ein Ave Maria und das Glaubensbekenntnis für den Verstorbenen beten.[413]

[409] Weihwasser, Glocken, Fahnen und dergleichen; vgl. SI, 7, Sp. 444.
[410] StALU, SA 4517, fol. 80r.
[411] SI, 11, Sp. 1088. HERZOG 1984, S. 2–75.
[412] StALU, SA 4517, fol. 85v.
[413] StALU, AKT 29/163 A, S. 4 (Michaelsbruderschaft).

Die Werke der Barmherzigkeit

Die Werke der Barmherzigkeit spielten bei der Jakobusbruderschaft eine wichtige Rolle. Es galt jene guten Werke zu vollbringen, welche Jesus bei seiner Voraussage des Weltgerichtes erwähnt hat (Mt 25,35–36). Danach entschieden allein die Werke der Barmherzigkeit über die Zuteilung zu den Gerechten oder Verdammten. Im Jakobusspital beherbergte man die Fremden, gab den Hungernden zu essen und den Durstigen zu trinken. Am 1. August 1594 wurde besprochen, welche Aufgaben von den Bruderschaften weiter übernommen werden sollten, wie der Besuch von armen Kranken, von Gefangenen oder zum Tode Verurteilten.[414] Aber auch fremde Tote wurden von der Bruderschaft begraben, wie der erwähnte Pilger Jakob aus Burgund.[415] Auch wurden Hungernde verpflegt. Die Jakobusbruderschaft von Hochdorf, Hohenrain und Eschenbach verteilte, wie erwähnt, am Bruderschaftstag Brot an die armen Leute.[416]

Das Almosen

Etwa 70 Prozent der Einnahmen der Jakobusbruderschaften flossen als Almosen in die städtische Armenkasse. Zudem wurde die Pflege von kranken Pilgern bezahlt, und Mittellose erhielten einen Zehrpfennig. Weitere Almosen gingen an Klosterinsassen. Aber auch bei den Beerdigungen dachte man an die Armen. So wurde von der Heilig-Kreuz-Bruderschaft festgelegt, dass man vom Bussgeld für das Fluchen «den armen by dem grab oder aber den armenschulen zehn Schilling» oder auch mehr geben solle, wobei die Höhe des Betrages dem Pfleger überlassen sei.[417]

Die Umgänge

Die Bruderschaften traten vor allem bei Umgängen und Prozessionen öffentlich in Erscheinung, wie etwa an Fronleichnam oder am Musegger Umgang in Luzern. Am Musegger Umgang wurden in der Regel zwei Stangen pro Bruderschaft mitgetragen. 1785 wurde ein Verzeichnis darüber geführt, welche Weinmenge man pro Stangenträger nach der Prozession abzugeben habe. Dabei wurden sechs Bruderschaften aufgeführt, wobei die Jakobusbruderschaft nicht erwähnt ist. Diese dürfte zu diesem Zeitpunkt nicht mehr existiert haben, denn das Vermögen des Jakobusspitals war neunzehn Jahre zuvor an den Heilig-Geist-Spital übergegangen.[418] Die Bruderschaft Unserer Lieben Frau war öfter in der Öffentlichkeit präsent. So sollten die Stangen zu den Kerzen an den Umgängen an Mariä Verkündigung (25. März) und an Fronleichnam mitgetragen werden und jeden ersten Sonntag des Monats «zu der solemniter» (Festgottesdienst) in der Peterskapelle vor den Altar gestellt werden. Dazu wurden jeweils zwei Mitglieder der Bruderschaft für ein Jahr verpflichtet. Diese erhielten für ihre Mühe am Bruderschaftstag eine Mahlzeit.[419]

---

[414] StALU, SA 4517, fol. 80r–v.
[415] StALU, SA 4519 (1592).
[416] StALU, FA 29/101 (Pfarrarchiv Hochdorf, Buch IV/A/2, 122/1686), fol. 11.
[417] StiA HOF, Nr. 330, fol. 2v–3r.
[418] StALU, AKT A1 F9, Sch. 1006 (Musegger Umgang).
[419] StALU, SA 4517, fol. 85r.

Bussen, Strafen und Abgaben
Um die brüderliche Treue und Liebe zu erhalten, vereinbarte die Bruderschaft des Heiligen Kreuzes (1580), ins Neuhochdeutsche transkribiert, folgendes: «Wenn jemand auf dem Wasser fährt oder auf der Heimfahrt ist und mutwillig beim Kreuz Christi und beim Leiden seiner heiligen Wunden und seinem Sterben flucht oder schwört, der soll zehn Schilling bezahlen, wobei einer den andern anzeigen soll. Wenn einer, nach mehreren Warnungen und Strafen, nicht mit dem Fluchen und Schwören aufhört, soll er aus der Bruderschaft ausgeschlossen und weder auf dem Wasser noch auf dem Land beschäftigt werden. Ferner soll man ihn bei der Obrigkeit anzeigen, damit er die Folgen seines Fluchens, Schwörens, Gotteslästerns an Leib und Seele erfährt. Wer einen Bruder oder eine Schwester der Lüge oder etwas noch Schlimmeren bezichtigt, wird mit einer Busse von zehn Schilling bestraft, damit das Böse abgeschafft und das Gute gefördert werde. Das Bussgeld soll an der Jahrzeit der Bruderschaft armen Leuten, besonders aber armen Schulen gespendet werden. Wer am Tag der Jahrzeit spielt, soll mit einem Pfund Wachs gebüsst werden. Von jedem Schiff, das flussabwärts fährt, soll man zwei Schilling verlangen für den Unterhalt der Lettnerkerzen, damit Gott und das Heilige Kreuz die Personen und das Schiff vor Schaden und Unfällen bewahren.»[420] Für die Mitglieder der Bruderschaft des Heiligen Kreuzes der «niederwässerer», die auf der Reuss fuhren, galt also ein recht hoher Bussentarif. In ihrem Beruf waren sie grossen Gefahren ausgesetzt, und die schwierigen Arbeiten dürften sie oft zum Fluchen verleitet haben.

Die Bussenpraxis bei den Bruderschaften wurde noch sehr lange beibehalten. So sind in den Statuten der Bruderschaft des Erzengels Michael noch 1843 verschiedene Bussen aufgeführt. Jedes Mitglied, das dem Seelenamt an den Fronfastentagen nicht beiwohnte, musste fünf Rappen bezahlen. Das Fernbleiben am Gottesdienst am Tag des heiligen Michael kostete das Doppelte, nämlich einen Batzen. Wer am Begräbnis eines Mitgliedes nicht erschien, zahlte einen Batzen und sechs Rappen. Bei Krankheit oder Aufenthalt in einer andern Gemeinde wegen Arbeit musste keine Busse bezahlt werden. Das Nichterscheinen bei der jährlichen Rechnungsablage kostete fünf Batzen. Ausgenommen von dieser Busse waren Kranke, Altersschwache und Gehörlose.[421] Die Jakobusbruderschaft Sins (1569) kannte nur eine Busse. Das Fernbleiben vom Gottesdienst am Jakobustag kostete zehn Batzen.[422] Auch bei der Jakobusbruderschaft Cham (1519) galt eine ähnliche Busse. Wenn die eingeschriebenen Brüder und Schwestern ohne einen triftigen Grund nicht zum Gottesdienst der Bruderschaft erschienen, mussten sie drei Schilling bezahlen, während die anwesenden Mitglieder nur einen Schilling an die Kerzen zu opfern hatten.[423]

Mitwirkung bei den Osterspielen
Am 1. August 1594 bat der Stadtschreiber Renward Cysat die Bruderschaften, bei den gnädigen Herren vorzubringen, dass in der Stadt die Osterspiele wieder durchgeführt werden sollten. Seit den letzten Osterspielen seien elf Jahre vergangen. Die Abge-

---

[420] StiA HOF, Nr. 330, fol. 2r–3r.
[421] StALU, AKT 29/163 A (Michaelsbruderschaft), S. 4–5.
[422] PFARRARCHIV SINS, Jakobusbruderschaft, 1569.
[423] PFARRARCHIV CHAM, Fraternitas S. Jacobi maioris apostoli, 1519.

ordneten der Generalkongregation der Bruderschaften sollten dem Rat Vorschläge über Zeit, Inhalt, Kosten, Örtlichkeiten, Ausrüstung und Bekleidung unterbreiten.[424] Cysat nützte also den Einfluss der Bruderschaften aus um «seine» Osterspiele bei den gnädigen Herren durchzubringen.

Spenden der Bruderschaften an Kirchen
Wie wir gesehen haben, trug die Jakobusbruderschaft von Luzern manchmal auch etwas zu Verschönerung von Kirchen bei. Sie stiftete, wie erwähnt, das Altarbild am Jakobusaltar in der Peterskapelle.[425] An den Bau der Jesuitenkirche leistete sie den grossen Betrag von tausend Gulden, wie wir noch sehen werden.[426] Nicht immer waren die Bruderschaften bereit, mit ihrem Einkommen andern unter die Arme zu greifen. Wilhelm Keiser stiftete achtzig Gulden für ein ewiges Licht am Altar Unserer Lieben Frau im Hof. Der Ertrag dieser Stiftung betrug nur vier Gulden pro Jahr. Dieser Betrag reichte nicht aus, das ewige Licht zu unterhalten. Keiser war der Ansicht, dass die Bruderschaft den fehlenden Betrag übernehmen sollte. Die Generalkongregation der Bruderschaften vom 31. Juli 1595 fand, dass Keiser während langer Zeit Pfleger der Bruderschaft gewesen sei und dass man ihn für dieses Amt auch entschädigt habe. Zudem sei er ein reicher Mann und solle deshalb etwas dazuzahlen. Wenn er dies nicht tue, werde man das ewige Licht nicht mehr weiter brennen lassen.[427]

Bezahlungen für Dienste an den Bruderschaften
Bei den Seelenmessen und bei den Begräbnissen mussten die Bruderschaften für Dienste von Dritten bezahlen. Die Zahl der Leute, die eine Entschädigung erwarteten, war sehr gross. Dies geht aus den Statuten der Bruderschaft des Heiligen Kreuzes von 1580 hervor. So wurden an den Seelenmessen folgende Personen entschädigt: die Chorherren, Kapläne, Leutpriester und ihre Helfer, die Ministranten, der Organist, der Orgeltreter, der Vorleser des Bruderschaftsrodels (Verzeichnis), der Schulmeister, der beim Amt sang, der Provisor (Hilfslehrer), der Sigrist (Küster, für die Kerzen), der Wyser (Ordner), die Läuterer (welche die Glocken geläutet haben), der Schüler «so der Bruderschafft umseyt» (ankündigt).[428]

Die Auflösung der Jakobusbruderschaft von Luzern
Über die Auflösung der Jakobusbruderschaft liegen keine Angaben vor. Nach der Übernahme der Rechnung durch den Hauptpfleger aller Bruderschaften am 16. Februar 1590 wurde die Rechnung des Jakobusspitals durch diesen weitergeführt. 1620 wurde das Vermögen des Jakobusspitals gemeinsam mit dem der Bruderschaft Unserer Lieben Frau verwaltet. Dabei wurden die Zinseinnahmen des Jakobusspitals zwar ausgewiesen, die Ausgaben jedoch nur gemeinsam mit denen der Bruderschaft Unserer Lieben Frau. Die Jakobusbruderschaft wird dabei noch erwähnt.[429]

[424] StALU, SA 4517, fol. 80v.
[425] CYSAT 1969–1977, 2/1, S. 296.
[426] StALU, SA 1846 (1748).
[427] StALU, SA 4517, fol. 84v.
[428] StiA HOF, Nr. 330, fol. 4r–v.
[429] StALU, SA 1832.

1687–1688 wurde aus der Kasse des Jakobusspitals dem Sigristen (Küster) der Peterskirche für alle Fronfasten zehn Schilling bezahlt. Zudem wurde vom Rat der Stadt Luzern verordnet, dass dem Sigristen der Peterskapelle jedes Jahr an Weihnachten fünf Gulden aus der Kasse des Jakobusspitals zu bezahlen seien. Dies könnte darauf hinweisen, dass regelmässig in der Peterskapelle eine gestiftete Jahrzeit für eine Bruderschaft gehalten wurde. Ob dies aber die Jakobusbruderschaft war, ist eher fraglich, denn zu dieser Zeit dürfte sie kaum mehr bestanden haben.[430] Im Verzeichnis der Kirchen, Kapellen und Bruderschaften des Kantons Luzern von 1848 ist die Jakobusbruderschaft nicht mehr aufgeführt.[431] Ähnlich gelagert war auch die Jakobusbruderschaft von Willisau. Sie gehörte zu den ältesten Bruderschaften dieser Stadt und wurde im Jahrzeitenbuch von 1477 erstmals zwischen 1499 und 1507 erwähnt: «25. Juli fraternitas Sancti Jacobi erit in octava Sancti Jacobi». Sie hielt ihre Jahrzeit in der Oktav von St. Jakobus in der Kapelle zum Heiligen Blut. In dieser Bruderschaft waren die Krämer zusammengeschlossen. In einer Aufstellung der Bruderschaften von 1500 steht sie an zweiter Stelle, 1609 an vierter Stelle, und 1754 fehlt sie bereits. Sie war also eingegangen und lebte nur noch in der von ihr gestifteten Jahrzeit weiter. 1695 wurde Jost Amstein zum Pfleger der St.-Jakobus-Bruderschaft gewählt. Die Bruderschaft muss deshalb zwischen 1695 und 1754 erloschen sein. Ihr Vermögen bestand auch ohne sie weiter. Die Jakobusbruderschaft spendete, zusammen mit der St.-Anna-Bruderschaft, an den Kirchenbau von 1690 den Betrag von 245 Gulden, und für den Kirchenbau von 1803 entnahm man ihrem Vermögen 350 Gulden.[432]

Zusammenfassung
Die Jakobusbruderschaften in Stadt und Landschaft Luzern waren religiös ausgerichtet und meistens Laienvereinigungen. Martin Luther hat 1519 die Bruderschaften in seinem «Sermon von hochwürdigen Sakrament des heiligen wahren Leichnams Christi und von den Bruderschaften» hart kritisiert.[433] Sie hätten «eyn register, eyn meß, eynerley gutwerck, eyn zeyt, eyn gelt, und als nu geht, eyn bier, eyn fressen und eyn sauffen». Diese Kritik trifft jedoch die Luzerner Jakobusbruderschaften nicht. Luther sagt, wenn man Bruderschaft halten wolle, so solle man an einem oder zwei Tischen arme Leute speisen, tags zuvor fasten, an Feiertagen nüchtern bleiben und andere gute Werke tun.

Die Jakobusbruderschaft in Luzern hat sich genau in dieser Richtung bewegt und die Werke der Barmherzigkeit geübt: Fremde beherbergt, Hungrige verpflegt, Durstigen zu trinken gegeben, die Toten begraben, die Gefangenen besucht und gemeinsam für die Lebenden und Toten gebetet. Die Bruderschaft zahlte auch an das allgemeine Almosenwesen, aber auch an Ordensgemeinschaften, Kirchenbauten und Kirchenausstattungen. Bei den Bruderschaften auf der Landschaft ging es etwas einfacher zu. Grosse Festlichkeiten wurden von der Jakobusbruderschaft sicher nicht gefeiert, denn in den Rechnungsbüchern sind keine entsprechenden Ausgaben vermerkt. Festlichkeiten, oder wie Luther sagt: «fressen, saufen, unnutz gelt vorthun,

---

[430] StALU, KH 270, fol. 59r.
[431] StALU, AKT 39/18 B.
[432] SIDLER 1951, S. 31. BICKEL 1982, 15/1, S. 330–332.
[433] LUTHER 1884, S. 754–758.

plerren, schreyen, schwetzen, tantzen und zeyt vorlyren», waren also nicht angezeigt und dürften eher bei den Bruderschaften von Berufsleuten gefeiert worden sein.[434]

1.5.3. Die Reliquien des heiligen Jakobus des Älteren im Kanton Luzern

Im Jakobusbuch, dem «Liber Sancti Jacobi», das zwischen 1140 und 1150 abgeschlossen wurde[435], ist deutlich festgehalten, dass nur in Santiago de Compostela Reliquien des Apostels Jakobus zu finden seien: «Mögen daher die Neider jenseits der Berge vor Scham erröten, die da behaupten, sie besässen Reliquien oder Teile des Leichnams. Denn der Leichnam des Apostels ist hier vollständig vorhanden; er leuchtet herrlich von paradiesischen Karfunkelsteinen, und ohne Unterlass wird er durch göttliche Düfte verehrt; vom himmlischen Kerzenglanz wird er geschmückt, und Engel feiern ihn durch ihre Gunstbezeugungen.»[436] Trotzdem finden sich heute Reliquien auf dem Gebiet des Kantons Luzern, von denen behauptet wird, vom Apostel Jakobus dem Älteren zu stammen.

Stiftskirche St. Michael, Beromünster
Die bekannteste Reliquie des Apostels Jakobus des Älteren befindet sich im grossen Prozessionskreuz des Stiftsschatzes von Beromünster. Das Kreuz dürfte um 1290 entstanden sein.[437] In diesem Kreuz sind auch noch die Reliquien von Lukas, Johannes dem Täufer, Stephanus, Placidus, Martin, Arbogast, Theodor, Maria Magdalena, Agatha, Verena sowie vom Felsen des heiligen Michael (Gargano) eingearbeitet.

Pfarrkirche St. Martin, Hochdorf
In einem kleinen silbernen Kreuz von 1496 befanden sich, neben den Reliquien von Jakobus dem Älteren, auch solche von Paulus, Fabian, Urban, Clemens und Dorothea. Dieses Kreuz wurde 1584 gestohlen.[438]

Pfarrkirche St. Jakobus, Escholzmatt
Auch diese Pfarrkirche könnte im Besitz einer Reliquie von Jakobus dem Älteren gewesen sein. Anlässlich der Kirchenrenovation von 1598–1600 wurden auch Heiligenreliquien und Heiligenstatuen neugefasst. Im Jahrzeitenbuch vom Beginn des 16. Jahrhunderts heisst es, ins Neuhochdeutsche übertragen: «Im Jahre 1598 nach Christi Geburt wurden die Reliquien im Gotteshaus Escholzmatt auf dem Hauptaltar im Chor erneuert, und zwar die des Hauptes des Johannes des Täufers und das Bild von Jakobus [...]»[439]

---

[434] DUBLER 1982, S. 69–76.
[435] HERBERS 1984, S. 47.
[436] Zit. nach HERBERS 1986, S. 150–151.
[437] REINLE 1956, S. 80–87. STÜCKELBERG 1902, S. 60, Nr. 285.
[438] REINLE 1963, S. 152. STÜCKELBERG 1902, S. 80, Nr. 406.
[439] «Als man zalt nach Christ Geburt 1598 ist das Heltum in dem Gotthsus Eschlismatt uff dem Chor Alttar widerum ernüweret worden, namlich S. Jo[ann]is Bapt. Hobt, S. Jacobs Bild [...]», zit. nach HORAT 1987, S. 102 und 142, Fussnote 202.

Unbekannte Kirche
In einer Urkunde vom 2. Juli 1558 bestätigt Christoph de Cruce, von den Nonnen zu St. Ursula in Köln neben andern auch eine Jakobusreliquie erhalten zu haben. Die verschiedenen Reliquien seien für Altdorf, Luzern und Unterwalden bestimmt gewesen. Es könnte sich also eine weitere Jakobusreliquie in Luzern oder Umgebung befinden.[440]

1.5.4. Das Fest des Apostels Jakobus als Feiertag (25. Juli)

Die Art und Weise, wie das Fest eines Heiligen gefeiert wird, gibt Auskunft über seine Verehrung, seine Volkstümlichkeit und seine Bedeutung im kirchlichen Leben. Die Einführung des Feiertages eines Heiligen ging von ganz verschiedenen Stellen aus, von Päpsten, Kaisern, provinzialen Konzilien, Bischöfen oder einzelnen lokalen Gruppen. Mit dem Aufkommen der Wallfahrt nach Santiago de Compostela dürfte auch das Fest des Jakobus mehr und mehr feierlich begangen worden sein, bis es schliesslich als Feiertag vorgeschrieben wurde. Bereits um 1330 war das Fest von Jakobus dem Älteren im Stift Beromünster ein gebotener Feiertag.[441] Zwischen den gebotenen Feiertagen in diesem Stift und den Reliquien im grossen Prozessionskreuz besteht ein Zusammenhang, gelten doch die Feste der Heiligen, deren Reliquien im grossen Prozessionskreuz sind, mit vier Ausnahmen, als gebotene Feiertage.[442] Aus einem Eintrag von 1521 im Jahrzeitenbuch der Pfarrei Eich geht hervor, dass das Fest des Apostels Jakobus auch da ein gebotener Feiertag war.[443]

Landammann und Rat von Nidwalden beschwerten sich beim Schultheissen und Rat von Luzern darüber, dass die Luzerner an Muttergottestagen Sand und Holz aus Nidwalden wegführten. Weil die Luzerner die Nidwaldner nicht ärgern wollten, verlangten sie von ihnen das Verzeichnis der Feiertage von Nidwalden, worauf «landamman und rat zu Unterwalden nitt dem Kernwald» dieses den Luzernern am 18. August 1557 zustellten.[444] In diesem Brief wurden die «zwölfbotten tage» (Aposteltage) als Feiertage aufgeführt, das heisst, das Jakobusfest war ein gebotener Feiertag.[445]

Auch in der Verordnung des Rates von Luzern vom 1. Juli 1601 sind alle Apostelfeste als «gebannte» (gebotene) Feiertage aufgeführt.[446]

1612 und 1617 wurde der St.-Jakobus-Tag «uß geboot der heiligen christlichen kilchen unnd des Bistumbs Constanz» als gebotener Feiertag erklärt.[447] Am 22. Mai 1723 wurde vom Bistum Konstanz nochmals bestimmt, dass alle Aposteltage Feiertage seien, an denen keine Arbeit erlaubt sei.[448] Am 19. Januar 1756 erlaubte Benedikt XIV. die knechtliche Arbeit am Fest des heiligen Jakobus, jedoch mit dem Vorbehalt,

---

[440] STÜCKELBERG 1902, S. 100, Nr. 503.
[441] BÖLSTERLI 1877, S. 226.
[442] Vgl. REINLE 1956, S. 85–86, mit BÖLSTERLI 1877, S. 226.
[443] BÖLSTERLI 1877, S. 227–228.
[444] BÖLSTERLI 1877, S. 228.
[445] StALU, AKT A1 F09, Sch. 1006 (Feiertage in Nidwalden).
[446] StALU, AKT A1 F09, Sch. 1006 (Feiertage 1601).
[447] StALU, AKT A1 F09, Sch. 1006 (Feiertage 1612 und 1617).
[448] StALU, AKT A1 F09, Sch. 1006 (Feiertage 1723).

dass das Volk zuvor mit aller Andacht einer heiligen Messe beiwohne.[449] Dies bestätigte auch Frantz Conrad, Bischof von Konstanz, in seinem Rundschreiben vom 30. April 1763, wonach «knechtliche Arbeit» am Tag des heiligen Apostels Jakobus erlaubt sei. Er verlangte jedoch, dass an diesem Tag das christliche Volk dem unblutigen Opfer der heiligen Messe mit um so grösserem Eifer und Andacht beiwohnen müsse.[450] 1778 gelang es dem Rat von Luzern, die Befreiung vom Messbesuch an dispensierten Feiertagen, also auch am Fest des Apostels Jakobus des Älteren, zu erhalten.[451] Damit war der früher so sehr gefeierte Jakobustag praktisch aufgehoben, und die Verehrung von Jakobus ging auf andere Heilige über.

1.5.5. Kunstwerke als Hinweise auf die Jakobusverehrung

Patrozinien, Bruderschaften oder Reliquien sind ein Massstab für die Verehrung, welche die Heiligen im Volk und in der Kirche erfahren. Das gleiche gilt auch für Kunstwerke in Kirchen, wie Bauplastiken, Wand- und Glasmalereien sowie für Gegenstände der Kirchenausstattung[452] (Altäre, Plastiken, Kult- und Andachtsbilder, Prozessionskreuze, Reliquiare, Bücher, Glocken), aber auch für Gegenstände aus dem profanen Bereich, wie öffentliche Bilder oder Fahnen. Nachfolgend sind die wichtigsten Kunstgegenstände auf dem Gebiet des heutigen Kantons Luzern aufgeführt, die einen Bezug zum Apostel Jakobus dem Älteren haben. Wenn der Name «Jakobus» erwähnt wird, handelt es sich dabei immer um Jakobus den Älteren. Diese Zusammenstellung erhebt keinen Anspruch auf Vollständigkeit. Die meisten Gegenstände sind in der Reihe der «Kunstdenkmäler des Kantons Luzern» aufgeführt.[453]

Luzern, Stiftskirche St. Leodegar und Mauritius im Hof
Plastiken von Jakobus und den andern Aposteln in den Nischen über den Archivolten des Langhauses und des Chores, in Weiss, Gold und Inkarnat gefasst, Niklaus Geisler, 1637/38, H. 2,2 m. – Jakobusstatue, Nebenfigur auf dem Salvatoraltar im Oratorium über der südlichen Sakristei, 1641. – Erinnerungsbild an den Kirchenbau. Architekt Jakob Kurrer S. J. mit dem Gnadenbild Maria zum Schnee, Jakobus und Ignatius, von Kaspar Meglinger, an der Westwand im südlichen Seitenschiff, 1644. – Barockkelch, Fuss mit Medaillon von Jakobus, Silber, vergoldet, mit Glasflüssen, Beschauzeichen Beromünster, Meistermarke Schlee, um 1670, H. 26,3 cm.[454] – Ölberggruppe mit den schlafenden Aposteln Petrus, Jakobus und Johannes, Sandstein,

[449] BÖLSTERLI 1877, S. 242.
[450] «[...] an disen tagen das christliche volck jedannoch dem unblutigen opffer der heiligen meß und zwar mit desto grösserem eifer und andacht beyzuwohnen [...] gehalten seyn», StALU, AKT A1 F09, Sch. 1006 (Feiertage 1763).
[451] BÖLSTERLI 1877, S. 244.
[452] REINLE 1988.
[453] MOOS 1946. REINLE 1953, 1954, 1956, 1959, 1963. HORAT 1957. Auf Quellenangaben, welche sich auf diese Reihe beziehen, wird verzichtet. Die Bände sind nach Region und die politischen Gemeinden darin alphabetisch geordnet. Die Quellen lassen sich also leicht finden. In diesem Verzeichnis wird die Stadt Luzern vorangestellt. Die vom Verfasser gefundenen Gegenstände haben ebenfalls keine Quellenangaben.
[454] RITTMEYER 1941, S. 101–102.

spätgotisch, um 1512–1516, in der Nische des Nordturmes. Jakobus gehörte zu dieser Gruppe der bevorzugten Apostel.[455]

Luzern, Franziskanerkirche (St. Maria in der Au)
Gemälde über dem Chorbogen mit Jakobus (mit Muschel), zweites Viertel des 15. Jahrhundert. – Kopie einer burgundischen Kompaniefahne mit Jakobus, Abzeichen des Ordens vom Goldenen Vlies und Devise, Beutestück von Murten 1476, an der nördlichen Hochwand des Mittelschiffes, 1622. – Jakobus als Kind mit seinem Vater Zebedäus, der Mutter Salome und seinem Bruder Johannes, Stuckfigur, Vorhalle des Marienchörleins, 1626. – Jakobus, bekrönende Statue, linker Seitenaltar, nördlich vom Chorbogen, weiss gefasst, 1735. – Jakobusskulptur, Chorgestühl Nordseite, Figur fast lebensgross, von Hans Ulrich Räber, 1647–1651. – Barockkelch, am Fuss mit Jakobus, Silber, vergoldet, Beschauzeichen Zug, Meistermarke Carl Martin Keiser, 1703, H. 27,3 cm.

Luzern, Peterskapelle
Ölberggruppe mit den schlafenden Aposteln Petrus, Jakobus und Johannes, Relief, Solnhoferstein, am Ostende der Südfassade, um 1514, 160×115 cm.[456]

Luzern, Sentikirche St. Jakobus
Statue von Jakobus, weiss und golden gefasst, in der Nische über dem Chorbogen. – Monstranz, sonnenförmig, mit Statuette von Jakobus, Silber, teilvergoldet, Beschaumarke Luzern, Meistermarke Beat Josef Schumacher, 1721 oder 1727, H. 86 cm.[457]

Luzern, Kloster Gerlisberg
Gefangennahme Christi, zwischen Jakobus und Katharina, Glasgemälde im Kreuzgang, von Jakob Wägmann, 1619. – Christi Himmelfahrt, zwischen Jakobus und Jodokus, Glasgemälde im Kreuzgang, von Jakob Wägmann, 1651.

Luzern, Kapelle des Heilig-Geist-Spitals (1788 abgebrochen)
Jakobus und Jodokus auf einem Altarflügel, um 1510, 136×61 cm. Seit 1992 im Historischen Museum Luzern.[458]

Luzern, Kapelle im Wesemlinwald
Statuette von Jakobus, in Nische an Seitenwand, Kapelle aus dem Anfang des 18. Jahrhunderts.

Luzern, Hofbrücke (1854 abgebrochen)
Enthauptung des Jakobus, dreieckiges Tafelbild, 1571, Historisches Museum Luzern, HMLU 2974.

---

[455] BAUM 1965, Abbildung 215–216, WK 149.
[456] BAUM 1965, Abbildung 214, WK 148.
[457] RITTMEYER 1941, S. 190–191.
[458] BERGMANN 1997, S. 53–66.

Abbildung 33: Jakobus der Ältere, Relief-Figur auf der Michaelsglocke, 1585, Stiftskirche St. Michael, Beromünster.

Luzern, Haus zur Gilgen
Wandgemälde von Jakobus in der Turmkapelle, links vom Altar, um 1525.

Beromünster, Stiftskirche St. Michael
Grosses Prozessionskreuz, oberrheinische Werkstätte, mit Reliquie von Jakobus, um 1290, 70×52 cm. – Kelch, barock, am durchbrochenen Korb Medaillon von Jakobus oder Jost, Silber, vergoldet, H. 27,5 cm. – Platte mit Kännchen, Rokoko, mit getriebenem Jakobus und Wappen der Familie Zelger, vier Kartuschen (schildförmige Ornamente); Kännchen gedreht mit schnabelförmigen Ausguss, vergoldet; Beschaumarke Zug, Meistermarke Franz Michael Spillmann, Rokoko. – Dritte Glocke, im Turm, Durchmesser 130 cm, mit Relieffigur von Jakobus, 1457. – Michaelsglocke, vor der Propstei, mit Relieffigur von Jakobus, Durchmesser 109 cm, 1585 (Abbildung 33). – Glocke St. Anna, Placidus, Sigebert, vor der Propstei, mit Relieffigur von Jakobus, Durchmesser 80 cm, 1585.

Beromünster, Galluskapelle
Thomasaltar, Epistelseite, Oberblatt mit Jakobus, Stil von Kaspar Meglinger, gestiftet 1641 durch Chorherr Wilhelm Krepsinger.

Beromünster, Stiftsbibliothek
Graduale de Sanctis, Ms. C4, Pergament, 47,5×48 cm mit figürlicher Darstellung von Jakobus, fol. 80r, 1568.

Abbildung 34: Jakobus der Ältere, Holzskulptur, H. 98 cm, letztes Drittel 15. Jh., Sammlung Dr. Edmund Müller, Beromünster, Inv. Nr. 1527.

Beromünster, Sammlung Dr. Edmund Müller
Holzskulptur Jakobus, gefasst, H. 98 cm, Inv. Nr. 1527 (Abbildung 34). – Holzskulptur Jakobus, gefasst, H. 69 cm, Inv. Nr. 584.

Buchrain, Pfarrkirche St. Agatha und Jakobus
Nebenaltar, Epistelseite, Altarbild Jakobus, von Paul Deschwanden, 1851. – Kelch, Silber, vergoldet, mit Medaillon, Brustbild von Jakobus am Fuss, Beschaumarke Luzern, Meistermarke Johann Georg Krauer, um 1670, H. 27,5 cm.

Emmen, Wegkapelle Riffig, an der Landstrasse nach Neuenkirch
Steinplastik von Jakobus, gefasst, zweite Hälfte 17. Jahrhundert, H. 65 cm, Kapelle von 1584.

Ermensee, Kapelle St. Jakob
Galgen- und Hühnerwunder von Jakobus, Reliefschnitzerei, Holz, gefasst, um 1600. – Freskenzyklus, Aussendung der zwölf Apostel mit Jakobus, Südseite des Kirchenschiffs, 1614.[459] – Kirchenfahne mit Jakobus, Seide, Ölgemälde, um 1890. – Kirchenfahne mit Jakobus, Seide, von Bruder Xaver Ruckstuhl, um 1960. – Glocke, 35 cm Durchmesser, Inschrift: «sant iacob bit fuer uns o heliger, 1565», mit einem Relief, Jakobus als Pilger.[460]

[459] EGLI 1989, S. 12.
[460] EGLI 1989, S. 14, Fussnote 3.

Abbildung 35: Jakobus der Ältere, in rundem Email am Nodus des hochgotischen Stifterkelchs, um 1340–1350, Zisterzienserinnenkloster Eschenbach.

Ermensee, St.-Jakobs-Bildstock, Höchweid
In Sandstein gehauener Bildstock von 1685, mit Statuette von Jakobus dem Älteren, 20. Jahrhundert.[461]

Eschenbach, Zisterzienserinnenkloster
Prozessions-Halbfigur, Jakobus, Holzskulptur, Inkarnat und Gold, mit Reliquien, um 1630, H. 77 cm. – Statuette von Jakobus, neu gefasst, 17./18. Jahrhundert. – Stifterkelch mit Miniaturen in transluzidem Email, am Nodus Darstellung von Jakobus, 1340–1350, H. 22,5 cm (Abbildung 35).

Eschenbach, Pfarrkirche (ursprünglich St. Jakobus)
Nebenaltar, Epistelseite, frühbarocke Statue von Jakobus, um 1755, fast lebensgross. – Apostelbilder mit Jakobus im Kirchenschiff, um 1912. – Kelch, Fuss Ende 16. Jahrhundert, Nodus und Cupa zweite Hälfte 17. Jahrhundert, sechspassförmiger Fuss mit getriebenem Jakobus, Beschaumarke Luzern, Silber, vergoldet, H. 27 cm. – Vortragskreuz mit Jakobus, Silber, 1688, 48×38 cm.

Eschenbach, Siebenschläferkapelle, südlich des Dorfes
Statue Jakobus, barock, zweite Hälfte 17. Jahrhundert.

---

[461] EGLI 1989, S. 30.

Abbildung 36: Jakobus der Ältere, Statuette der Sakramentsmonstranz, 1612, Pfarrkirche St. Jakobus Geiss.

Escholzmatt
Kompaniefahne von Escholzmatt, Jakobus als Pilger, 18. Jahrhundert, Historisches Museum Luzern, HMLU 603.

Escholzmatt, Pfarrkirche St. Jakobus
Im Hauptgeschoss des Hochaltars rechts Statue von Jakobus, polychrom gefasst, 1895. – Kirchenfahne, roter Seidendamast mit Rosenmotiven, auf einer Seite Ölgemälde von Jakobus in einer Landschaft, Ende 19. Jahrhundert. – Dritte Glocke mit Relief von Jakobus, 1894.

Escholzmatt, Kapelle Michlischwand
Holzstatue von Jakobus mit Pilgerstab und Buch, aus dem Umkreis von Kaspar Roth, zweite Hälfte 17. Jahrhundert, nur durch Foto überliefert, Standort unbekannt.

Ettiswil, Sakramentskapelle
Wandkritzeleien in Kirchenschiff und Chor mit Rötelstift, unter anderem mit Pilgerstab, 15./16. Jahrhundert, könnten eventuell von durchreisenden Santiago-Pilgern stammen.

Geiss, Pfarrkirche St. Jakob, Gemeinde Menznau
Seitenaltar, Epistelseite mit Statue von Jakobus, neu gefasst, mehrfarbig, H. 130 cm. – Jakobusstatue an der Wand im Kirchenschiff, Epistelseite. – Kerzenstange der Ja-

Abbildung 37: Die Enthauptung Jakobus des Älteren, Altargemälde, 1762, Kapelle St. Jakobus, Seehof, Pfarrei Geiss, Gemeinde Menznau.

kobusbruderschaft mit Jakobus, erste Hälfte 18. Jahrhundert, H. 73 cm.[462] – Sakramentsmonstranz mit Statuette von Jakobus, vergoldet, 1612, H. 68 cm (Abbildung 36). – Rokokomonstranz in Sonnenform mit Jakobus, vergoldet, Stifter Leonz Fischer, 1752, H. 53 cm. – Erste Glocke, Durchmesser 95 cm, mit Darstellung von Jakobus, von Heinrich und Samuel Sutermeister, Zofingen, 1797. – Dorfbrunnen mit Jakobus-Relief von Robert Rösli, 1988.

Geiss, Kapelle St. Jakob, Seehof, Gemeinde Menznau
Altar mit der Enthauptung von Jakobus (Abbildung 37), gestiftet von Kandid Fischer, 1762, Kapelle von 1564.[463] – Jakobusstatue, polychrom gefasst, an der linken Seitenwand aus der Entstehungszeit der Kapelle.

Hasle, Pfarrhaus
Reliquienschrein, vergoldetes Holz mit bemalten Figurennischen, Bild von Jakobus, Mitte 17. Jahrhundert.

Hildisrieden, Kapelle Gundelingen
Statue Jakobus, Lindenholz, alte Fassung, um 1480, H. 64 cm, ging 1942 an die Sammlung E. Kofler-Truniger, Luzern.[464]

[462] HERZOG 1984, S. 48.
[463] LUSSI 1989, S. 30.
[464] BAUM 1965, Abbildung 424, WK 330.

Hitzkirch, Pfarrkirche St. Pankratius
Auf dem Sockel des Retabels des Seitenaltars, Epistelseite, innen, Bild von Jakobus, erste Hälfte 19. Jahrhundert. – An den Hochwänden des Kirchenschiffs Jakobus mit den Aposteln, in Weiss, Gold und Inkarnat gefasst, lebensgross, um 1680.

Hohenrain, Kapelle Maria zum Schnee, Ibenmoos
Stark verwitterte Holzskulptur von Jakobus, um 1450, H. 103 cm, Schweizerisches Landesmuseum Zürich, LM-10.531. – Brunnenfigur Jakobus, von Rolf Brem, Bronze, 1991, H. 77 cm.

Horw, Kapelle zu den Heiligen Drei Königen, im Winkel
Holzstatue von Jakobus, Mitte 17. Jahrhundert, H. 55 cm.

Huwil, Bildstock, Gemeinde Römerswil
In diesem Bildstock stand ursprünglich eine Skulptur, die als Jakobus bezeichnet wurde. Im aufgeschlagenen Buch dieses Heiligen stand «Jacob». Die Krone zu den Füssen weist aber darauf hin, dass es sich um Jodokus handelt, Lindenholz, um 1500, H. 47 cm[465], Standort unbekannt.

Kottwil, Siebenschläferkapelle, Weg nach Seewagen
Holzskulptur von Jakobus, Hans Ulrich Räber zugeschrieben, 17. Jahrhundert, H. 86 cm. Figur in der Gemeindekanzlei, nicht mehr in der Kapelle. – Malerei im Innern des Heiligenhäuschens, Jakobus mit Petrus und Paulus, 17. Jahrhundert.

Littau, Pfarrkirche St. Theodul, Theodulskapelle
Holzskulptur von Jakobus, Lindenholz, neu gefasst, um 1500, H. 108 cm.[466]

Luthern, Pfarrkirche St. Ulrich
Im Oberblatt des nördlichen Seitenaltars Jakobus und die andern Nebenpatrone, um 1752. – Sakramentsmonstranz in Rokokoform mit Jakobus, Kupfer, vergoldet, ohne Marken, wohl Augsburg, H. 72 cm.

Luthern, Pfarrhof
Statue Jakobus (nicht Jodokus), Lindenholz, gehöhlt, um 1550, H. 51 cm.[467]

Malters, unbestimmte Kapelle
Skulptur von Jakobus, Lindenholz, 1500–1550, H. 63 cm. 1911 durch das Schweizerische Landesmuseum, Zürich, aus einer Kapelle bei Malters erworben, LM-12.094.[468]

---

[465] BAUM 1965, Abbildung 428, WK 335.
[466] BAUM 1965, Abbildung 425, WK 331–332.
[467] BAUM 1965, Abbildung 595, WK 490.
[468] BAIER-FUTTERER 1936, S. 129.

Abbildung 38: Jakobus matamoros (Maurentöter) als Schlachtenhelfer, Kompaniefahne Reiden, 18. Jh., Historisches Museum Luzern, HMLU 610.

Menznau, Pfarrkirche St. Johannes der Täufer
Hölzerner Reliquienschrein, neben dem Seitenaltar Epistelseite, vergoldet, in Muschelnische Statuette von Jakobus, um 1630.

Neuenkirch, Pfarrkirche St. Ulrich
Grosse Rokokomonstranz mit Jakobus, Kupfer vergoldet und versilbert, ohne Marken, 1774, H. 95 cm.

Ohmstal, Kapelle Mariä Opferung und St. Philomena, Einsiedelei
Statuette von Jakobus oder Jost, 1841. Nicht mehr vorhanden.

Rain, Pfarrkirche St. Jakobus der Ältere
Statue von Jakobus in der linken Nische über der Vorhalle, in Gold und Tonfarbe, 1853/54. – Statue von Jakobus auf dem Hauptaltar, weiss und golden gefasst, lebensgross. – Kelch, frühbarock, mit Medaillon von Jakobus, Silber, vergoldet, H. 26 cm.

Reiden
Kompaniefahne mit Jakobus als Matamoros (Maurentöter), 18. Jahrhundert, Historisches Museum Luzern, HMLU 610 (Abbildung 38).

Richenthal, Pfarrkirche St. Cäcilia
Monstranz in Sonnenform, mit Statuette von Jakobus, Silber, teilvergoldet, Beschaumarke Beromünster, Meistermarke Ferdinand Schlee, Anfang 18. Jahrhundert, H. 80 cm.

Rickenbach, Pfarrkirche St. Margaretha
Kelch, frühbarock, mit getriebenem Medaillon von Jakobus im Fuss, Beschaumarke nicht bestimmt, Meistermarke einer der Schlee, H. 24 cm.

Romoos, Pfarrkirche St. Maria Magdalena
Dritte Glocke, Durchmesser 84 cm, mit Relief von Jakobus, 1832.

Rothenburg, Kirche St. Maria, Bertiswil
Hochaltar, auf seitlicher Konsole, neben Säulenpaar, Statue von Jakobus. – Fresken im Chor mit Jakobus, zwischen 1520 und Mitte des 16. Jahrhundert.[469]

Rothenburg, Pfarrkirche St. Barbara und Pelagius
Hochaltar mit Statue von Jakobus auf dem Hauptgebälk, Altar 1933 zerstört. – Gemälde einer Gruppe von Heiligen mit Jakobus, aus der Zeit nach dem Kirchenumbau von 1730, 170×120 cm.

Ruswil, Kapelle St. Ulrich
Nikolausaltar auf der Epistelseite, Skulptur von Jakobus, auf dem Hauptgesims, Nebenfigur, Lindenholz, neue Fassung, um 1500, H. 45 cm.

Ruswil, Bauernhaus Im Moos, Nähe Landstrasse
Holztafel mit Mariä Krönung zwischen zwei knienden Stifterpatronen, Jakobus und Maria. Die Inschrift nennt Amtsschreiber Jakob Meier und seine Frau Maria Wibler, 18. Jahrhundert.

Sempach, Kirche St. Martin, Kirchbühl
Fresko der Apostelgruppe im Chor in den Schildbögen mit Jakobus, 1583 (Abbildung 39). – Altarflügel mit Jakobus, Stiftung von Christina Marbach, 1582.

Sempach, Kirche St. Martin, Kirchbühl, Beinhaus
Altar an der Ostwand, Predella, Öl auf Holz, Jesus mit den Aposteln, Muschel von Jakobus auf dem Hut bei der Restauration übermalt, 1582. – Pilgerkritzeleien, vielleicht von durchreisenden Santiago-Pilgern.

Sempach, Schlachtkapelle St. Jakob
Eingangswand, Bild von Jakobus, der Strahlenmadonna, dem Stifter (Sempacher Leutpriester Heinrich Ulrich) und Bischof Cyrillus, 1576/77. – Altar auf der Evangelienseite, Predella, Bild der Enthauptung von Jakobus, irrtümlich als Enthauptung

---

[469] GÖSSI 1996, S. 34–36.

Abbildung 39: Jakobus der Ältere, Malerei in den Schildbögen des Chores, 1583, mit den (falschen!) deutschen Sätzen des «von ihm mitverfassten Kredos», Kirche St. Martin, Kirchbühl, Sempach.

von Johannes dem Täufer bezeichnet. – Auf der Mensa des Altars auf der Evangelienseite Statue von Jakobus, Ende 16. Jahrhundert, H. 70 cm. – Altar Epistelseite, Nebenbildchen mit Jakobus, Ende 16. Jahrhundert.

St. Urban, ehemaliges Zisterzienserkloster
Skulptur von Jakobus, mit den andern Aposteln, auf der Bekrönung des Chorgestühls, Urs Füeg zugeschrieben, 1701–1707, H. 110 cm.

Sursee, Beinhauskapelle St. Martin
Holzskulptur von Jakobus in der oberen Kapelle, auf dem Altar, von Hans Wilhelm Tüfel, Sursee, 1673–1675, H. 100 cm.

Sursee, Wallfahrtskapelle Mariazell
Auf dem Gesims des Hauptaltars rechts, Statue von Jakobus, frühbarock, von Hans Wilhelm Tüfel, Sursee, um 1666.

Uffikon, Pfarrkirche St. Jakobus
Prozessionsbüste von Jakobus, zweite Hälfte 17. Jahrhundert. – Medaillon im Kirchenfenster mit Jakobus, dürfte aus der Zeit der Errichtung der Kirche von 1869 stammen.

Uffikon, Gemeinde
Gemeindewappen mit zwei Jakobusmuscheln und Schlangenfibel.[470]

Weggis, Pfarrkirche Himmelskönigin Maria
Dritte Glocke (Betglocke), 100 cm Durchmesser, mit Reliefbild von Jakobus, 1765.

Werthenstein, Wallfahrtskirche Unserer Lieben Frau
Statue von Jakobus auf dem linken Seitenaltar, auf dem Hauptgebälk, von Bartholomäus Cades, Baden, 1620–1630.

Werthenstein, Kapelle Heilig Kreuz, Wolhusen Markt
Kleinere Glocke mit Relief von Jakobus, 1579, jedoch 1870 neu gegossen.

Wilihof, Kapelle Bursthof, Strasse von Winikon nach Knutwil
Ölbild auf Holz von Jakobus und andern Heiligen, Stifter Mathias Huber, Untervogt, Jakob und Ulrich Kaufmann, 1672.

Willisau Stadt, Pfarrkirche St. Peter und Paul
Lebensgrosse Holzplastik von Jakobus an der Chorwand auf der Evangelienseite, weiss gefasst, um 1689.

Willisau Stadt, Kapelle St. Jakob auf Bösegg
Statue von Jakobus, aus Ton gebrannt, um 1700 oder im 19. Jahrhundert von einer barocken Figur abgeformt, neu bemalt, H. 70 cm. – Jakobusfigur 16. Jahrhundert. – Galgen- und Hühnerlegende, Wunder des Jakobus, volkstümlich-primitives Gemälde, 18. Jahrhundert.

Winikon, Pfarrkirche St. Mariä Himmelfahrt
Zyklus von Wappenscheiben, Nordseite des Schiffes, Wappen Johann Jakob von Hertenstein mit Madonna zwischen Jakobus und Barbara, 1704, 47×39 cm. – Dritte Glocke, im Freien, 75 cm Durchmesser, mit Jakobus, 1693.

Wolhusen, Pfarrkirche St. Andreas
Hochaltar, im Oberstück links, Jakobus neben St. Andreas, 1664.

1.5.6. Das Galgen- oder Hühnerwunder im Kanton Luzern

Zahlreiche Legenden berichten über den Apostel Jakobus den Älteren, über sein Leben und Sterben und vor allem über die von ihm bewirkten Wunder. Das Galgen- oder Hühnerwunder ist wohl das bekannteste, das ihm zugeschrieben wird. Dabei wird ein unschuldig gehängter Pilger durch Jakobus am Galgen gerettet. In späteren Fassungen dieses Wunders werden auch noch gebratene Hühner zum Leben erweckt. Zeugnisse über dieses Wunder wie Berichte, Drucke, Bilder und Plastiken sind über

---

[470] BLASER 1949, Anhang.

ganz Europa verbreitet. So schreibt Nicolaus Bertrandus in seiner «Tolosanorum Gesta» aus dem Jahre 1515, dass in einigen dem Apostel Jakobus geweihten Kirchen und Kapellen Darstellungen dieses Wunders zu finden seien.[471] Die starke Verbreitung dieser Legende hängt mit der grossen Verehrung des Apostels Jakobus des Älteren im Mittelalter zusammen. In der Schweiz sind oder waren neun Darstellungen dieses Wunders vorhanden, nämlich in Basel (Kapelle St. Jakob an der Birs, Wandbilder zerstört), Bösegg bei Willisau (Kapelle St. Jakob), Breil/Brigels (Kapelle St. Jakob), Ermensee (Kapelle St. Jakobus), Mels (Heiligkreuzkapelle), Nuvilly (Jakobuskirche), Rüti bei Büren (Kirche St. Mauritius), Tafers (Jakobuskapelle) und Zürich (Augustinerkirche). In Bern (Antonierkirche) ist nicht das Galgenwunder des Jakobus, sondern ein Antoniuswunder dargestellt. Auf dem Gebiet des heutigen Kantons Luzern befinden sich Darstellungen in Ermensee und auf Bösegg bei Willisau.

Das Galgen- oder Hühnerwunder wurde im Verlaufe der Geschichte stark verändert. Über seine Entwicklung, Verbreitung und Darstellungen besteht eine umfangreiche Literatur.[472] Die älteste Schilderung dieses Wunders findet sich, wie erwähnt, im Jakobusbuch[473] und lautet in gekürzter Fassung wie folgt: «Ein reicher Mann pilgert mit seinem Sohn im Jahre 1090 zum Apostelgrab. In der Stadt Toulouse kehren die beiden bei einem habgierigen Wirt ein, der sie betrunken macht. Während sie schlafen, steckt der Wirt einen silbernen Becher in ihre Reisetasche. Am andern Tag überführt er sie des Diebstahls, um dadurch in den Besitz ihrer Habe zu kommen. Der Richter spricht den einen Pilger frei, verurteilt aber den andern zum Tode. Dabei opfert sich der Sohn für den Vater und wird gehängt. Der Vater pilgert nun zum Apostelgrab. Auf dem Heimweg kommt er, nach 36 Tagen, wieder am Galgen vorbei und findet seinen Sohn noch am Leben. Der Sohn erzählt, Jakobus habe ihn mit seinen Händen angehoben. Der Vater eilt in die Stadt, ruft alles Volk zusammen und berichtet über das Wunder, das Gott bewirkt habe. Dann wird der Wirt verurteilt und gehängt.

In der «Wunderliteratur» werden häufig Gehängte durch Christus, Maria, Engel oder Heilige gerettet. Die Liste der Heiligen umfasst über dreissig Namen.[474]

Kapelle St. Jakobus der Ältere, Ermensee
Der Zyklus des Galgen- oder Hühnerwunders besteht aus acht rechteckigen, bemalten Relieftafeln von 42×54 Zentimetern, die in zwei Vierergruppen zusammengefasst sind (Abbildung 40). Dies dürfte die einzige noch erhaltene geschnitzte Darstellung dieses Wunders in der Schweiz sein. Vor der Restaurierung der Kapelle von 1981/82 befanden sich die Bildtafeln an der Nordwand. Da die Seitenflügel des Altars verschollen sind, setzte man diese Tafeln an die Stelle der Altarflügel.[475] Dieser Zyklus entstand um 1600 und dürfte also zur Ausstattung der 1608 geweihten Kapelle gehört haben.[476]

[471] ACTA SANCTORUM 1729, Juli 6, S. 46–47.
[472] PLÖTZ 1987, S. 119–170. GRIBL 1978, S. 36–52. KIMPEL 1974, Sp. 24 und 34. KÜNSTLE 1908, S. 5–9 und 18–27. SCHMIDT 1977, S. 69–99.
[473] HERBERS 1997, S. 79–80.
[474] GAIFFIER 1967, S. 194–232.
[475] MÜLLER 1983, S. 25.
[476] REINLE 1963, S. 43–44.

Abbildung 40: Galgen- und Hühnerwunder in Ermensee.

Die Wunderdarstellung entspricht inhaltlich fast genau dem «Passional» eines anonymen Autors[477], das um 1300 entstanden ist. Das Hühnerwunder ereignet sich bei dieser Darstellung beim Wirt, im «Passional» dagegen beim Richter. Das Hühnerwunder beim Wirt tritt erstmals im «Heiligenleben» des Hermann von Fritslar[478] auf, das zwischen 1343 und 1349 niedergeschrieben wurde. Die Darstellung der Legende in Ermensee entspricht inhaltlich einer Mischform, wie sie 250 Jahre vor der Entstehung des Werkes schriftlich verbreitet wurde. Santiago-Pilger aus Ermensee sind nicht bekannt. Dagegen wurde 1605 in dieser Jakobuskapelle für die Wohltäter eine Jahrzeit gestiftet, die noch heute als «Bruderschaftsjahrzeit» bezeichnet wird.[479]

Kapelle St. Jakob auf Bösegg, Willisau
In dieser Kapelle ist über dem Eingang auf drei Bildtafeln das Galgen- oder Hühnerwunder dargestellt (Abbildung 41). Es ist ein volkstümlich-primitives Werk des 18. Jahrhunderts.[480] Die Bildfolge verläuft von rechts nach links, und die Bildlegenden lauten: «Ein Wirth verfolgt drey fromme unschuldige St.-Jakobs-Pilger wegen vermeinten Diebstal.» – «Der eine unschuldige Pilger wird gehängt, lebt aber 32 Tage am Galgen, frisch und gesund ohne menschliche Speis und Trank. Die zwei übrigen Pilger verrichten ihre Andacht bei St. Jakob. Die gebratene Hüner des Richters fliegen davon.» – «Die drey frommen St. Jakobspilger kommen in ihre Heim[a]th frisch und gesund, glücklich wiederum an.»

[477] HAHN 1845, S. 223–225, Verse 38–85. GRIBL 1978, S. 36–37. Zur Datierung vgl. DÜNNINGER 1973, S. 238. ROSENFELD 1972, S. 60.
[478] PFEIFFER 1845, S. 168–169.
[479] HENGGELER 1955, S. 97.
[480] REINLE 1959, S. 266.

Abbildung 41: Galgen- und Hühnerwunder auf Bösegg.

Bei dieser Darstellung führt der Maler die Verurteilung des Gehängten auf die Bösartigkeit des Wirtes zurück und nicht, wie es um diese Zeit üblich war, auf die Rache der Tochter des Wirtes für die unerwiderte Liebe. Die Bosheit des Wirtes als Tatmotiv wird letztmals in der Mitte des 14. Jahrhunderts im «Der grosse Seelentrost»[481] erwähnt und erscheint nun, etwa vierhundert Jahre später, wieder auf den Bildern von Bösegg. Der Gehängte bleibt 32 Tage am Galgen, und die Pilgergruppe besteht aus drei frommen Pilgern. Der angeblich gestohlene Gegenstand wird nicht gezeigt oder erwähnt. Interessant ist der Vergleich der Bildinhalte mit der Sage «Der Pimpernussbaum auf Bösegg», die Lütolf 1862 veröffentlicht hat.[482] Da Sage und Bilder der gleichen Region entstammen, könnten sie voneinander abhängen. Bildinhalte und Sage unterscheiden sich jedoch mehrfach. Während auf den Bildern drei männliche Pilger dargestellt sind, besteht die Pilgergruppe in der Sage aus Vater, Mutter und Sohn. Auf den Bildern ereignet sich das Hühnerwunder beim Richter, in der Erzählung jedoch beim Bischof. Während der angeblich gestohlene Gegenstand auf den Bildern nicht dargestellt ist, wird er in der Sage als goldener Becher beschrieben. Weil in Willisau eine Jakobusbruderschaft bestand, kann angenommen werden, dass Personen von da nach Santiago de Compostela gepilgert sind. Vielleicht war tatsächlich der Bauer auf Bösegg mit seinen Angehörigen in Santiago de Compostela. Sein Bericht über das Galgen- und Hühnerwunder könnte dem Maler Informationen für seine Bilder geliefert haben. Dieser Bericht hat sich vielleicht später zur Sage vom «Pimpernussbaum auf Bösegg» gewandelt.

[481] SCHMITT 1959, S. 138–139.
[482] LÜTOLF 1976, S. 367–369.

2. Der Jakobusspital in Luzern

2.1. Gastfreundschaft und Beherbergung

Auf dem Weg zum Wallfahrtsort war der Pilger auf Gastfreundschaft angewiesen. Er musste sich verpflegen können und benötigte, vor allem in der kalten Jahreszeit, eine Unterkunft. Gastfreundschaft und bezahlte Gastlichkeit ermöglichten ihm, das Pilgerziel zu erreichen. Die Formen der Gastlichkeit haben sich im Verlaufe der Zeit stark verändert. Über die Entwicklung der Beherbergung von Fremden und Reisenden, zu denen auch die Pilger zählen, besteht eine umfangreiche Literatur.[483] Wie Einhard schrieb, verlangte schon Karl der Grosse, dass man den Pilgern im ganzen Land freundlich begegne. Man solle ihnen wenigstens Obdach gewähren, eine Stelle am Herd, um sich zu wärmen, und Wasser, um den Durst zu löschen. Wer mehr gebe, sei nur zu loben und habe Anspruch auf ewigen Lohn. Niemand solle wagen, den Pilgern durch Betrug oder Raub ein Unrecht zuzufügen, denn der Kaiser sei, nächst Gott und dessen Heiligen, ihr besonderer Beschützer und Verteidiger.[484]

Die Gastfreundschaft gegenüber dem Fremden, seine Beherbergung, seine Versorgung mit Speise und Trank und sein Schutz waren von der Antike bis ins hohe Mittelalter eine allgemeine Pflicht, der sich niemand entziehen konnte.[485] In den ersten zwei Jahrhunderten des Christentums waren einzelne Mitglieder der christlichen Gemeinden unterwegs, um an heiligen Stätten zu beten. Auftrieb erhielt die Wallfahrtsbewegung nach Jerusalem durch den Besuch des Kaiserhauses, als Helena und Konstantin diese heiligen Stätten aufsuchten. Wie aus dem Reisebericht des Pilgers von Bordeaux hervorgeht, hatte man sich um 333 in Jerusalem bereits auf das Wallfahrtswesen eingestellt.[486] Die Gastfreundschaft einzelner Christen oder Gemeinden genügte für die Aufnahme der Pilger und Reisenden.[487]

Im Christentum spielt die Gastfreundschaft eine wichtige Rolle. Christus wurde immer wieder eingeladen und konnte als Gast seine frohe Botschaft verkünden. Für Christen wird die Gastfreundschaft zur Liebe zu Christus.[488] Im Fremden begegnen sie Christus selbst und nehmen ihn in ihr Haus auf. Beim Weltgericht wird der Menschensohn zu den Gerechten auf seiner Rechten sagen: «Denn ich war hungrig, und ihr habt mir zu essen gegeben; ich war durstig, und ihr habt mir zu trinken gegeben; ich war fremd und obdachlos, und ihr habt mich aufgenommen [...]» (Mt 25,35). Ferner heisst es: «Was ihr für einen meiner geringsten Brüder getan habt, das habt ihr mir getan» (Mt 25,40).

---

[483] BRÜLISAUER 1978. GÖTTLER 1999. KÖTTING 1950. LASOTTA 1984. OHLER 1994, bes. S. 123–154. PEYER 1983. PEYER 1987 (mit ausführlichen Literaturhinweisen). REICKE 1932.
[484] ZETTINGER 1900, S. 91–92. FRANZ 1909, S. 274.
[485] LASSOTTA 1984, S. 128.
[486] JEDIN 1985, 2/1, S. 339.
[487] KÖTTING 1950, S. 373.
[488] GRÜN 1983, S. 13.

Die Armen, Hilfsbedürftigen und Pilger sollten nicht um ihres menschlichen Antlitzes willen beherbergt werden, sondern weil sie als Bittende die Züge Christi tragen.[489] Das Gebot der Gastfreundschaft wird an vielen Stellen im Neuen Testament erwähnt: «Helft den Heiligen[490], wenn sie in Not sind; gewährt jederzeit Gastfreundschaft!» (Röm 12,13). «Seid untereinander gastfreundlich, ohne zu murren» (1 Petr 4,9). «Vergesst die Gastfreundschaft nicht; denn durch sie haben einige, ohne es zu ahnen, Engel beherbergt» (Hebr 13,2).

Gastfreundschaft gilt als eine der Voraussetzungen für das Amt eines Bischofs. Dies ist in den Pastoralbriefen (1 Tim 3,2; Tit 1,8) festgehalten. Auch Hieronymus äusserte sich, dass das Gebot der Gastfreundschaft den Bischof verpflichte, allen Aufnahme zu gewähren. Pilger, die im dritten und im Anfang des vierten Jahrhunderts eine grosse Wallfahrt unternahmen, baten deshalb beim Bischof um Herberge. Die Wohnung des Bischofs wurde so in den ersten Jahrhunderten des Pilgerwesens zur Pilgerherberge für christliche Wallfahrer.[491]

Die Zahl der Pilger wuchs von Jahr zu Jahr, so dass die Wohnungen der Bischöfe nicht mehr ausreichten, um die Pilger aufzunehmen. Es entstanden kirchliche Xenodochien (Unterkunftshäuser), in denen neben den Pilgern auch Arme, Kranke und Asylsuchende aufgenommen wurden. In Kleinasien errichteten die Bischöfe solche Xenodochien in allen grösseren Städten. Aber auch die kaiserliche Administration bemühte sich unter Kaiser Julian Apostata (332–363) ihre Menschenfreundlichkeit zu beweisen und liess ebenfalls Xenodochien für die Fremden errichten.[492] Die kirchlichen Xenodochien verlockten, unter dem Vorwand einer Pilgerschaft zum Pilgerstab zu greifen und so sich von den Gaben der Kirche zu ernähren. Dies beklagte schon die Synode von Nîmes (394). Deshalb wurde bereits im 4. Jahrhundert ein Pilgerpass gefordert, der sich dann später als Geleitbrief für Pilger überall einbürgerte. Im Verlaufe des 4. Jahrhunderts entwickelten sich Klöster zu Herbergsstationen für Pilger nach grösseren Wallfahrtsorten. Aber auch Klöster selbst wurden zu Wallfahrtszielen.[493]

Verschiedene Ordensregeln befassen sich ebenfalls mit der Gastfreundschaft. Die Grossen Regeln des heiligen Basilius (330–379) lauten unter dem Titel Bewirtung: «Vor allem müssen wir bei Tisch darauf bedacht sein, die Grenzen des notwendigen Bedarfs nicht zu überschreiten. Die Gastfreundschaft erfordert jedoch, dass wir jedem, der einkehrt, nach seinem Bedürfnis geben, denn es heisst: diese Welt gebrauchend, doch nicht missbrauchend» (1 Kor 7,31).[494] Die Klosterregeln des heiligen Benedikt von Nursia (480–547/553), des Vaters des abendländischen Mönchtums, äussern sich über die Aufnahme der Gäste wie folgt: «Alle Gäste, die zum Kloster kommen, werden wie Christus aufgenommen; denn er wird einst sprechen: ‹Ich war fremd, und ihr habt mich beherbergt› (Mt 25,35). Allen erweise man die ihnen gebührende Ehre, besonders den Glaubensgenossen und den Pilgern.»[495]

[489] KÖTTING 1950, S. 373.
[490] Mitglieder der christlichen Gemeinden.
[491] KÖTTING 1950, S. 374–375.
[492] KÖTTING 1950, S. 376–377.
[493] KÖTTING 1950, S. 378–379.
[494] BALTHASAR 1961, S. 96.
[495] FAESSLER/HUNKELER 1961, S. 238–239.

Die Quellen über das deutsche Spitalwesen setzen erst im 9. Jahrhundert ein, in einem Zeitpunkt, da der Verfall der Xenodochien altkirchlichen Stils begonnen hatte.[496] Unter Karl dem Grossen setzten die Versuche zur Wiederbelebung der kirchlichen Wohlfahrtspflege ein. Insbesondere legten die Aachener Beschlüsse von 816 und 817, unter Ludwig dem Frommen, die Grundlage für die Wiederbelebung des Spitalwesens in Deutschland, und zwar im Zusammenhang mit der Reform der Klöster und des Klerus an den Stiftskirchen. Unter dem Einfluss von Benedikt von Aniane (751–821) wurden am 10. Juli 817 die Rechtssätze der klösterlichen Gastfreundschaft formuliert. Ebenso wurden Spitäler an Stiftskirchen gebunden. Daraus sollte der klösterliche und stiftische Spital entstehen.[497]

Der Pilgerstrom nach Santiago de Compostela ist jedoch erst viel später und zudem langsam angewachsen. Die ersten namentlich bekannten Pilger besuchten das Apostelgrab in der Mitte des 10. Jahrhunderts. Diese konnten noch bei Privaten oder in Klöstern unterkommen. Die Wallfahrt nach Santiago war im westlichen Europa zur Jahrtausendwende zwar nicht unbekannt, blieb aber vorwiegend eine nordspanische Angelegenheit. Erst später erweiterte sich der Einflussbereich der Santiago-Wallfahrt über die Pyrenäen hinaus.[498] Erst im 11. Jahrhundert nahm die Zahl der Pilger, deren Namen uns überliefert sind, langsam zu, um dann im 12. Jahrhundert stärker anzusteigen.[499] Mit dem Aufkommen der Wallfahrt nach Santiago wurden Spitäler notwendig, weil die private Gastlichkeit nicht mehr genügte. Aber auch die allgemeine Mobilität nahm zu. Für zahlungskräftige Gäste standen Tavernen und Gasthäuser zur Verfügung. Dort erhielten sie Essen und Nachtquartier und, wenn nötig, auch einen Stall und Futter für ihre Pferde.[500]

Von der Schweiz aus sind zahlreiche Personen nach Santiago gepilgert, von denen wir die Reisedaten kennen. Aufgrund dieser Daten hat sich diese Wallfahrt erst etwa im 13. Jahrhundert entwickelt. Die durch die Schweiz reisenden Pilger dürften in den bestehenden Spitälern, aber auch in Gasthäusern und bei Privaten Herberge gefunden haben. Brülisauer hat in der deutschen Schweiz bis zum Jahr 1300 sechzehn Spitäler nachgewiesen. Die Zahl der Spitäler von Klöstern und Stiften ist eher klein. Nur wenige Spitäler wurden durch die Niederlassungen der Ritterorden (Johanniter, Deutschherren, Heilig-Geist-Orden) betrieben. Die meisten Spitäler waren herrschaftliche oder städtische Gründungen. Wo bereits ein kirchlicher Spital bestand, bemühte sich die Bürgerschaft seit dem 13. Jahrhundert und vermehrt noch im 14. Jahrhundert, die Kontrolle über die Spitäler zu erhalten. Wenn dies nicht möglich war, schritt man zu Neugründungen. Die ältesten Spitäler befanden sich an den bedeutendsten Verkehrsadern, die natürlich auch von den Santiago-Pilgern vorzugsweise benutzt wurden. Die wichtigste Aufgabe dieser Spitäler war die Aufnahme der Pilger und Fremden.[501]

Nach und nach verschoben sich die Aufgabenbereiche der Spitäler. Neben den einmal übernachtenden Fremden und Pilgern wurden im Spital auch Arme beherbergt,

---

[496] REICKE 1932, S. 6.
[497] REICKE 1932, S. 9–13.
[498] ENGELS 1980, S. 153.
[499] VAZQUEZ DE PARGA/LACARRA/URIA RIU 1993, 1, S. 41–45 und 47–69.
[500] LASSOTTA 1984, S. 128–129.
[501] BRÜLISAUER 1978, S. 151–153.

Abbildung 42: Chorherrenstift St. Leodegar, Nachfolger des Benediktinerklosters im Hof, Luzern. Ausschnitt aus der Stadtansicht von Martin Martini, 1597.

Kranke vorübergehend gepflegt und Pfründner betreut.[502] Einheimische, vor allem Pfründner, belegten die Spitäler, so dass es für die Pilger keinen Platz mehr gab. Man begann daher Spitäler zu bauen, die nur für Pilger bestimmt waren: die Pilgerhospize, Pilgerspitäler oder Jakobusspitäler. Die ältesten Jakobusspitäler in der Schweiz, nämlich Roche (1177) und St-Maurice (1178)[503], dürften kaum der Pilgerfahrt nach Santiago de Compostela gedient haben, sondern der Wallfahrt zum heiligen Mauritius. Erst spätere Gründungen dürften im Zusammenhang mit der Jakobuswallfahrt entstanden sein, wie zum Beispiel Bern (1395/96)[504], Freiburg (1417), Genf (1359–1361)[505]. Diese Orte befinden sich auf dem Strassennetz, auf welchem die Santiago-Pilger durch die Schweiz zum Apostelgrab zogen. Auch in Luzern entstand ein Jakobusspital. Er diente hauptsächlich der Wallfahrt nach Santiago de Compostela. Vor seiner Gründung fanden die Pilger zunächst Unterkunft im Benediktinerkloster im Hof und später dann im Heilig-Geist-Spital.

Das um 736 gegründete Benediktinerkloster im Hof zu Luzern (Abbildung 42) wurde der erste kirchliche Mittelpunkt der Zentralschweiz.[506] In diesem Kloster dürften die durchreisenden Pilger, wie es die Regeln des heiligen Benedikt von Nursia verlangen, beherbergt worden sein.[507] Dies könnte bis ins 13. Jahrhundert der Fall gewesen sein, als man sich in Luzern entschloss, wegen der vielen durchreisenden

[502] BRÜLISAUER 1978, S. 159.
[503] GRUBER 1932, S. 105 und 219.
[504] MORGENTHALER 1945, S. 31–32.
[505] TREMP-UTZ 1983, S. 55–56.
[506] GÖSSI/SCHNYDER 1986, S. 832 und 837. GLAUSER 1991 (Luzern), S. 4.
[507] FAESSLER/HUNKELER 1961, S. 238–240.

Abbildung 43: Heiliggeistspital und Spitalkirche (27, im Vordergrund). Ausschnitt aus der Stadtansicht von Martin Martini, 1597.

Fremden ein Spital zu bauen.[508] Im Zeitraum von der Klostergründung bis zum Bau dieses Spitals wurden nicht viele Santiago-Pilger im Kloster beherbergt. Aus dem Gebiet der heutigen Schweiz sind nur wenige Namen von Personen bekannt, die bis zum 13. Jahrhundert nach Santiago gepilgert sind.[509] Zwischen 917 und 1135 wurde die Abtei eine vom Kloster Murbach abhängige Propstei und 1456 ein weltliches Kollegiatsstift.[510]

Im ausgehenden 13. Jahrhundert stieg das Volumen des Fernhandels zwischen Nord- und Südeuropa über den Gotthardpass an, nachdem der Weg durch die Schöllenenschlucht zwischen Göschenen und Andermatt erschlossen wurde.[511] In Luzern, das an diesem Weg lag, mussten alle Güter auf oder von Schiffen umgeladen werden, weil durchgehend begehbare Uferwege am Vierwaldstättersee fehlten.[512] Dies brachte Luzern einen regen Güterumschlag und Personenverkehr. Das Kloster war nicht mehr in der Lage, die durchreisenden Fremden zu beherbergen. Die Stadtbürger und das Kloster entschlossen sich im 13. Jahrhundert, den erwähnte Heilig-Geist-Spital zu bauen.[513] Dieser Spital entstand an einem günstigen Standort, in der Nähe der Verzweigung der Wege nach Basel und Bern, beim Brückenkopf der Reussbrücke, nahe der Anlegestelle der Schiffe (Abbildung 43). In diesem Spital wurden neben den Pilgern die durchziehenden Fremden, Armen, Kranken, Bettler, Kindbetterinnen,

[508] BRÜLISAUER 1978, S. 152–153.
[509] Unveröffentlichte Studie des Verfassers.
[510] GÖSSI/SCHNYDER 1986, S. 832 und 837.
[511] GLAUSER 1987, S. 19. SCHULTE 1966, S. 170–173. BÜTTNER 1965, S. 109–110. PAULI 1980, S. 221. STEIGER 1991, S. 6–8.
[512] GLAUSER 1968, S. 178.
[513] BRÜLISAUER 1978, S. 152–154.

Schulmeister, Provisoren, Studenten, Schüler, Schreiber, jedoch nur wenige Handwerksgesellen, Geistliche und Ordensleute beherbergt. Auch hier ergaben sich Engpässe, so dass man sich entschloss, eine besondere Herberge für Pilger zu errichten.[514] Noch im Jahre 1417 wurden die Pilger im Heilig-Geist-Spital beherbergt.[515]

In den Anfängen des Heilig-Geist-Spitals, also im 13. Jahrhundert, dürften darin kaum Santiago-Pilger beherbergt worden sein. Auch in dieser Zeit sind nur wenige Santiago-Pilger aus dem Gebiet der heutigen Schweiz bekannt. Die Zahl der namentlich bekannten Santiago-Pilger stieg erst im 15. Jahrhundert an, um im 16. Jahrhundert einen Höchstwert zu erreichen.[516] Dies bestätigt, dass der anwachsende Pilgerverkehr nach Santiago de Compostela den Bau eines Spitals für Pilger notwendig machte.

Es fragt sich nun, unter welchen Bedingungen die Pilger im Heilig-Geist-Spital beherbergt wurden. Angaben darüber sind keine zu finden. Es sind wohl eingehende Vorschriften über die Beherbergung von Pilgern und andern sozialen Gruppen vorhanden, die aber alle aus einer Zeit stammen, in der neben dem Heilig-Geist-Spital bereits auch der Jakobusspital bestand und die Pilger in diesem beherbergt wurden.[517]

Die Organisation des Heilig-Geist-Spitals ist in der «Spittals ordnung zu Lucern [1554 et] 1590» festgelegt.[518] Der Spitalmeister, auch «Meister», «Pfleger» oder «Schaffner» genannt, leitete den Spital. Ihm zur Seite stand der «Spitalkeller», der Ökonom des Hauses. Der Brudermeister betreute die Spitalinsassen, und der Bettelvogt befasste sich mit der Beherbergung der Bettler im Spital. Im Spital waren zahlreiche Dienstboten tätig. Dem Spital stand der Spitalscherer zur Verfügung, ein Arzt niedrigen Ranges oder Wundarzt.

Im Spital gab es 33 Betten. Da meistens zwei Personen im gleichen Bett schliefen, konnten etwa 60 Personen in diesem Spital beherbergt werden (Abbildung 44). Um Aussagen über die Bedeutung dieses Spitals machen zu können, drängt sich ein Vergleich mit dem Pilgerspital von Einsiedeln auf. An diesem Wallfahrtsort wurde am 10. August 1353 ein Pilgerspital gegründet. 1564 hatte er in elf Kammern 42 Betten, eine Kammer für arme Priester, eine für Studenten und eine «Schwyzerkammer».[519] Einsiedeln wurde, wie wir gesehen haben, vor allem am Fest der Engelweihe von vielen Pilgern besucht. Für die grosse Zahl von Pilgern war der Spital von Einsiedeln eher klein. Der Heilig-Geist-Spital von Luzern hatte, verglichen mit dem Pilgerspital von Einsiedeln, eine recht beachtliche Grösse.

Die durch die Stadt ziehenden Armen erhielten im Spital Unterkunft sowie morgens und abends «mûs» (Getreidebrei) und Brot. Das Brot durfte nicht weniger als 16 Lot (ca. 235 g) sein. Die Aufenthaltsdauer war auf einen Tag beschränkt, und die betreffenden Leute durften innert Monatsfrist nicht mehr in die Stadt zurückkehren. Für Personen, die nicht gehfähig waren, wurde die Aufenthaltsdauer verlängert. Der Empfang und das Abschieben der Fremden waren genau geregelt.[520] Für die Pilger

---

[514] WEBER 1916, S. 37.
[515] SCHNELLER 1851, S. 89–90, Nr. 56.
[516] Unveröffentlichte Studie des Verfassers.
[517] GÖTTLER 1999, S. 161–199.
[518] StALU, COD 2535.
[519] RINGHOLZ 1896, S. 263–264.
[520] StALU, COD 2535, fol. 43r–44r.

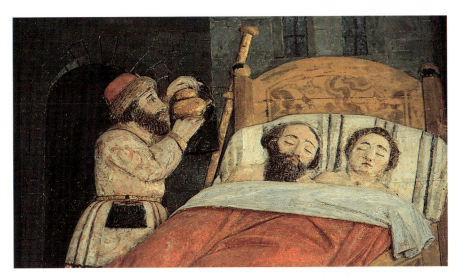

Abbildung 44: Zwei Santiago-Pilger in einem Bett. Ausschnitt aus der Darstellung des Galgen- oder Hühnerwunders in der Kapelle St. Jakobus d. Ä., Ermensee, Luzern, um 1600.

dürften vor dem Bestehen des Jakobusspitals etwa die gleichen Bedingungen wie für Arme gegolten haben.

Die Kirche des Heilig-Geist-Spitals diente der geistlichen Betreuung der Spitalinsassen. Dies besorgte ursprünglich der Leutpriester der Stadt. Er musste vor allem die Sterbenden begleiten und Messen lesen. Später wurden Kaplaneistiftungen errichtet, die letzte 1519. Der Spital bildete aber auch ein kirchliches Zentrum.[521] 1469 übernahmen die Brüder vom benachbarten Barfüsserkloster die Aufgabe, die erste Frühmesse in der Spitalkirche zu lesen.[522] Das Geläut zeigte den Stadtwächtern das Ende ihres Nachtdienstes an und rief die Pfister zur Arbeit.[523]

2.2. Der Jakobusspital

Der Bau des Jakobusspitals wurde notwendig, weil immer mehr Einheimische den Heilig-Geist-Spital belegten und durchreisende Pilger keinen Platz mehr darin fanden.

2.2.1. Die Geschichte des Jakobusspitals

Wann der Jakobusspital gebaut wurde, steht nicht fest. Nach Weber bestand das «sant Jakobshus», auch «Elendenherberge» genannt, seit mindestens 1456.[524] Leider werden die Quellen nicht genannt. Im Jahre 1471 wird im «Weissbuch» der Stadt Luzern

[521] BRÜLISAUER 1978, S. 159.
[522] GLAUSER 1989, S. 61.
[523] BRÜLISAUER 1978, S. 159.
[524] WEBER 1932, S. 640.

Abbildung 45: Senti, auch Sentivorstadt, Nieder Grund, Minder Stadt, Sankt Jakobsvorstadt oder Vorstadt genannt. 3 Sentikirche, 4 Sentispital, 6 Jakobusspital, 12 Judenturm, 64 Spreuerbrücke. Ausschnitt aus der Stadtansicht von Martin Martini, 1597.

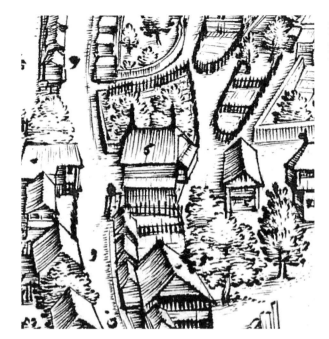

Abbildung 46: Jakobusspital Luzern (6). Ausschnitt aus der Stadtansicht von Martin Martini, 1597.

erwähnt, dass im Jakobushaus die fremden Brüder (Jakobusbrüder, Pilger) bei hoher, harter Strafe nicht mehr als eine Nacht beherbergt werden dürften. Nachts soll man sie nicht auf die Gassen lassen, es sei denn, der Schultheiss erlaube dies.[525] Der Jakobusspital bestand deshalb sicher seit 1471. In der Säckelmeisterrechnung von 1495 sind bereits Arbeiten des Stadtbaumeisters an den Kaminen und Feuerstellen im Jakobusspital erwähnt.[526] Im Jahre 1417 bestand der Jakobusspital noch nicht, denn in einer Urkunde vom 11. Juli 1417 wird darauf hingewiesen, dass es dem Stadtspital am nötigen Vermögen mangle, um Reisende, Wallfahrer und verlassene Arme, Schwache und Kranke zu beherbergen.[527] Zu diesem Zeitpunkt wurden also die Pilger noch im Heilig-Geist-Spital beherbergt. Der Jakobusspital dürfte deshalb zwischen 1417 und 1471 gebaut worden sein.

Der Spital befand sich in der Senti (Abbildung 45), ausserhalb der Stadtmauern. Von da hatte man nachts keinen Zugang zur Stadt.[528] Die älteste Darstellung des Jakobusspitals von Martin Martini aus dem Jahre 1597 zeigt ein Holzhaus mit einem Garten (Abbildung 46). Wer den Jakobusspital bauen liess, ist nicht bekannt. Sicher wurde es nicht von der Stadt selber gebaut. Dies geht aus dem «Ordnungsbüchlein des Baumeisteramtes der Stadt Luzern» hervor, wo unter dem Jahr 1577 alle Gebäude verzeichnet sind, die von der Stadt unterhalten werden müssen. Darin ist der Jakobusspital nicht verzeichnet. In der Senti, wo der Jakobusspital stand, wurden lediglich die Sentikirche mit ihrem Turm und der Turm in der Stadtmauer durch die Stadt

---

[525] WEBER 1916, S. 37.
[526] StALU, COD 6865, pag. 24–25.
[527] SCHNELLER 1851, S. 89, Nr. 56.
[528] StALU, COD 5145, fol. 214r.

unterhalten.[529] In der Ordnung des Jakobusspitals von 1591, die sich mit dem Betrieb des Spitals befasst, heisst es, dass die Jakobusbruderschaft diesen betreibe.[530] Sie verwaltete das Vermögen des Spitals und hatte ihn vermutlich auch gebaut. Ihr jährliches Einkommen von etwa 500 Gulden entsprach einem Vermögen von etwa 10'000 Gulden. Die Jakobusbruderschaft besass das mit Abstand grösste Vermögen aller Bruderschaften.[531] Die Jakobusbruderschaft dürfte viele Zuwendungen erhalten haben und war deshalb in der Lage, den Pilgerspital zu bauen.

Obwohl die Jakobusbruderschaft das Spitalvermögen verwaltete, hatte sie nur wenig mitzureden. Der Herr des Spitals war der Rat der Stadt Luzern. Er bestimmte die Almosnerherren, die, zusammen mit dem Stadtschreiber Renward Cysat (1545–1614), die Ordnung des Jakobusspitals ausarbeiteten. Der Rat ernannte auch den Pfleger (Verwalter) des Spitals[532] und veranlasste ihn, grössere und kleinere Geldbeträge an Dritte zu bezahlen, die nichts mit der Beherbergung der Pilger oder dem Unterhalt des Jakobusspitals zu tun hatten. Regelmässig bezahlte der Pfleger des Jakobusspitals Beiträge an das städtische Almosen.

Dieser Spital für Santiago-Pilger sollte bald auch andern Zwecken dienen. Zwischen 1573 und 1654 sind in den Turmbüchern (Verhörprotokolle) der Stadt Luzern 16 Fälle aufgezeichnet, in denen Frauen, vornehmlich der Hexerei verdächtigt, im Jakobusspital gefangengehalten wurden. Weshalb sie dahin kamen und wie sie in diesem Haus beherbergt wurden, wird später behandelt.

1590 wurden, neben den Pilgern, auch Gefangene im Jakobusspital untergebracht. Die Stadt setzte sich über die ursprüngliche Zweckbestimmung des Jakobusspitals hinweg und benützte diesen für ihre Bedürfnisse. Am 4. September 1590 beschwerte sich der Hausknecht des Jakobusspitals darüber, dass der Stadtknecht einen Lohn erhalte, wenn er Gefangene in den Jakobusspital bringe oder sie abhole. Er aber erhalte nichts. Dieses Geld sollte eigentlich ihm zukommen, da er die Gefangenen verpflegen müsse.[533] Am 30. August 1591 verlangte der Hausknecht nochmals, dass er für das Betreuen der «armen Gefangenen» zusätzlich entschädigt werden sollte. Er habe ein Anrecht auf die gleiche Entlöhnung wie der Weibel, der für seine Entschädigung überhaupt nichts tun müsse.[534]

Das Gefängnis im Jakobusspital wird 1595 nochmals erwähnt. Der Stadtschreiber Renward Cysat schreibt, dass die Stadt im Jakobusspital «ettliche cämmerlin oder gemächlin» zu Gefängnissen umbauen liess für «unsinnige» Leute und Bürger, die sich «liederlich, unnütz und ungehorsam» gegen die Obrigkeit verhalten. Da sei auch noch ein schweres Gefängnis, «Löwengrube» genannt, für wütende Leute, die man nicht beruhigen könne und die deshalb eine so schwere Gefangenschaft verdient hätten.[535] Der Name «Löwengrube» hat sich noch lange erhalten. Unmittelbar neben dem Jakobusspital befand sich das Gasthaus «Zur Löwengrube». Dieses wurde um 1973, beim Bau des Autobahnanschlusses, abgebrochen.[536]

[529] StALU, COD 9825, pag. 91 und 97.
[530] StALU, COD 5145, fol. 212v.
[531] StALU, COD 5145, fol. 55v.
[532] StALU, RP 80, pag. 456.
[533] StALU, COD 5145, fol. 161v.
[534] StALU, COD 5175, fol. 104v.
[535] CYSAT 1969–1977, 1, T. 2, S. 1075.
[536] INSA 1984–1992, 6, S. 476.

DER JAKOBUSSPITAL IN LUZERN

Abbildung 47: Jakobusspital Luzern (1). Ausschnitt aus der Stadtansicht von David Herrliberger, 1758.

Um Veränderungen am Jakobusspital feststellen zu können, sollen spätere Stadtansichten mit der von Martin Martini (Abbildung 46) verglichen werden. Die Ansicht von Matthaeus Merian[537] aus dem Jahre 1642 ist im Bereich der Senti oder des Jakobusspitals lediglich eine Kopie des Stadtplanes von Martini und bringt keine neuen Erkenntnisse. Die nächste Darstellung des Jakobusspitals aus dem Jahre 1758 stammt von David Herrliberger.[538] Diese zeigt, neben dem ursprünglichen Jakobusspital, einen winkelförmigen Anbau (Abbildung 47). Es stellt sich die Frage, wann dieser Anbau erstellt wurde. Dessen Baujahr lässt sich zunächst zwischen 1597 (Martini-Plan) und 1758 (Herrliberger-Plan) eingrenzen. Die Rechnungen des Jakobusspitals sind für die Jahre 1641 bis 1765 vorhanden.[539] Aus diesen geht hervor, dass in den Jahren 1675 bis 1678[540] und 1687 bis 1688[541] grössere bauliche Arbeiten am Jakobusspital vorgenommen wurden. Die Kosten für diese Arbeiten beliefen sich auf etwa 220 Gulden. Es fragt sich, ob dieser Betrag gereicht hat, um einen solchen Anbau zu erstellen. Dazu ein Vergleich aus dem Jahre 1525: Zu dieser Zeit reichte ein Jahreseinkommen von 15–30 Gulden für ein sparsames Leben. Der Kauf eines Hauses kostete etwa 200–300 Gulden.[542] Der Hausknecht des Jakobusspitals bezog um 1674 eine Entschädigung von 34 Gulden im Jahr. Nimmt man an, dass diese Verhältnisse etwa gleich geblieben sind, so wäre es durchaus möglich, dass zwischen 1675 und 1688 mit 220 Gulden der winkelförmigen Erweiterungsbau des Jakobusspitals erstellt

---

537 MERIAN 1926, S. 36–37.
538 HERRLIBERGER 1928, 2, S. 182–183, Abbildung 167.
539 StALU, SA 1833–1849.
540 StALU, SA 1835 (1669–1687), bes. 1675–1678.
541 StALU, SA 1836 (1687–1691), bes. 1687–1688.
542 UFFER, 1982, S. 14.

werden konnte. Anlässlich des Abbruchs dieses Hauses im Jahre 1973 wurde sein Alter auf etwa 300 Jahre geschätzt.[543] Der Anbau des Jakobusspitals dürfte deshalb zwischen 1675 und 1688 erstellt worden sein. Wie wir noch sehen werden, begann in diesem Zeitraum die Zahl der Beherbergungen im Jakobusspital anzusteigen.

Unter dem Bauherr Jost Leonz Pfyffer von Wyher wurde 1705 beschlossen, vor dem Baslertor gegen die Senti eine einheitliche Vorstadt aufzubauen. Deshalb mussten einige dort stehende Häuser abgebrochen werden. Ihre Bewohner wurden unterdessen im Jakobusspital einlogiert.[544] Zu dieser Zeit wurden weniger als hundert Pilger pro Jahr im Jakobusspital beherbergt.

Im Jahre 1720 begann sich der Rat für das Vermögen des Jakobusspitals zu interessieren, zu einer Zeit, da Luzern am Boden lag. Am 25. Juli 1712 waren die Luzerner, in der blutigsten Schlacht der eidgenössischen Religionskriege, von den Reformierten bei Villmergen besiegt worden.[545] Der Staatssäckel der Luzerner war leer und ihr Selbstbewusstsein auf dem Nullpunkt. In Luzern bestanden drei Stiftungen der folgenden Spitäler: Heilig-Geist-Spital, Sentispital für die «Sondersiechen» und Jakobusspital. Die Stadt suchte nach einem Ausweg aus der finanziellen Misere und wollte die drei Stiftungen zusammenlegen. Der Jakobusspital sollte jedoch wie bis anhin weitergeführt werden. Der Rat hatte aber nicht den Mut, dies von sich aus zu veranlassen, sondern wandte sich an den Papst, an den «Allerheiligsten Vatter». Das Gesuch wurde am 7. Dezember 1720 dem Nuntius zugeleitet.[546] Darin erklärte der Rat von Luzern, dass der Heilig-Geist-Spital wegen schlimmer Jahre, unglücklicher Fehler und wegen des grossen Zustroms von fremden und einheimischen Armen in finanzielle Bedrängnis geraten sei. Der Spital sei zu Ausgaben verpflichtet worden, die eigentlich nicht zu seinen Aufgaben gehörten. So führe er seit Jahren einen Zug mit vier Pferden für den Unterhalt der Landstrassen. Seit zwei Jahren müsse er auch noch etwa 600 Gulden für die armen Leute leisten, die als «Schellenwerker» (Gefangene) arbeiten würden. Der Vermögensertrag reiche nicht mehr aus, die auflaufenden Kosten zu tragen, so dass auf das Kapital gegriffen werden müsse. Wenn dies so weitergehe, werde der Spital zugrunde gehen. Dieser Spital war 1654–1660 neu errichtet worden.[547] Nun seien aber verschiedene Fonds mit grossen Einkünften vorhanden, die aber nicht mehr für ihre Zwecke benötigt würden, wie zum Beispiel der Fonds für «Sondersiechen». Die Überschüsse würden immer wieder zum Kapital geschlagen. Ferner sei auch noch der Jakobusspital vorhanden für Pilger, die nach Sankt Jakob in Galicien pilgerten, wobei «deren nun keine oder wenig mehr» durch die Stadt reisen würden. Auch dieser gestiftete Fonds diene nicht mehr dem ursprünglichen Zweck. Tatsächlich sank die Zahl der Übernachtungen im Jakobusspital im Jahre 1720 auf den Tiefstwert von etwa 90 Personen[548], dies nachdem 1720 die Grenzen der Eidgenossenschaft wegen des Vordringens der Pest geschlossen wurden.[549] Im Jahre 1715

---

[543] LUZERNER TAGBLATT, 29. Mai 1973, Nr. 124.
[544] REINLE 1954, S. 247.
[545] SCHÜTT 1987, S. 288–289.
[546] StALU, AKT A1 F07, Sch. 896 (Grosses Spital, 7. Dezember 1720).
[547] REINLE 1953, S. 269.
[548] StALU, SA 1841 (1719–1724), bes. 1720. Die Zahl der Beherbergungen wurde aufgrund der abgegebenen Brote ermittelt, wie wir noch sehen werden.
[549] SCHÜTT 1987, S. 290.

wurden noch etwa 1100 Pilger im Jakobusspital beherbergt.[550] Dieses Gesuch wurde vom Nuntius gar nicht beantwortet, oder die Antwort ging verloren. Die drei Vermögen wurden nicht zusammengelegt, es blieb alles beim alten.

Ein neuer Abschnitt in der Geschichte des Jakobusspitals begann 1728, als der Rat anordnete, dass die sogenannte «Löwengrube» und der Jakobusspital geräumt und zur Behausung und Beherbergung der Schellenwerker eingerichtet werden sollen.[551] Die Schellenwerker waren Sträflinge, denen man in der kalten Jahreszeit einen heizbaren Raum zur Verfügung stellen musste. Auf diese Gruppe werden wir noch zurückkommen.

Der nächste Anlauf zur Zweckentfremdung des Vermögens des Jakobusspitals erfolgte 1729, als man sich in Luzern mit dem Gedanken befasste, ein Gymnasium zu bauen.[552] Man richtete deshalb am 30. März 1729 ein Gesuch an den bischöflichen Kommissar Rüttimann, um von der Stiftung des Jakobusspitals 4000 Gulden abzweigen zu können. Doch auch daraus wurde vorläufig nichts.

1739 zog eine ganz andere Schar von Gästen in den Jakobusspital ein: die Waisenkinder. Obwohl zu dieser Zeit immer noch Santiago-Pilger im Jakobusspital beherbergt wurden, richtete man darin eine Tuchfabrik ein, in der die Waisenkinder beschäftigt wurden.[553] 1743 wurde dann die Tuchfabrik weiterverkauft.[554] Im Jahre 1757 benutzte man dann den Jakobusspital als Unterrichtsraum für Waisenkinder.[555]

1750 verlangten die Stukkateure, welche am Hochaltar für die Peterskirche arbeiteten, dass ihnen ein «anständiges Zimmer» zur Verfügung gestellt werde, das im Winter heizbar sei. Man wies ihnen die grosse Stube im Jakobusspital zu[556], obwohl dort im gleichen Jahr gegen 600 Pilger beherbergt wurden.

Die Verwaltung und Rechnungsführung des Jakobusspitals wurden am 25. Mai 1753 dem Spitalherrn des Heilig-Geist-Spitals übergeben. Die Rechnung musste jeweils von den Stadtrechnern überprüft werden. Die Frage, was mit dem Jakobusspital geschehen solle, wurde auf spätere Sitzungen verschoben.[557] Erst 1766 wurden das Vermögen und das Bargeld des Jakobusspitals auf Antrag des Spitalherrn Felix Balthasar dem Heilig-Geist-Spital einverleibt[558], wobei der Hauptspital die Verpflichtungen des Jakobusspitals übernehmen musste. Das übernommene Vermögen erscheint denn auch in der Rechnung 1765/66 des Heilig-Geist-Spitals.[559] Es stimmt also nicht, wie Liebenau schreibt, dass der Jakobusspital keinen eigenen Fonds besass und mit dem Sentispital (Siechenhaus) verschmolzen wurde.[560] Damit endete die etwa dreihundertjährige Geschichte des Jakobusspitals. Die wenigen Pilger wurden wieder, wie vor der Errichtung des Jakobusspitals, im Heilig-Geist-Spital beherbergt,

---

[550] StALU, SA 1840 (1713–1718), bes. 1715.
[551] StALU, RP 94, fol. 328r.
[552] StALU, RS 1, pag. 372.
[553] StALU, RT 1(1), pag. 130–133.
[554] StALU, RS 2, pag. 435–436.
[555] StALU, RS 3, pag. 447.
[556] StALU, AKT A1 F9, Sch. 1021 (12. August 1750).
[557] StALU, RS 3, pag. 298.
[558] StALU, RS 4, pag. 361.
[559] StALU, COD 3460 (1765–1766).
[560] LIEBENAU 1937, S. 18.

Abbildung 48: Jakobusspital Luzern, Ausschnitt aus der Stadtansicht von Franz Xaver Schumacher, 1792. Ursprünglicher Bau (1), winkelförmiger Anbau (2).

das zwischen 1654 und 1660 im Obergrund gebaut worden war. Hier standen den Pilgern zwei Zimmer mit je vier Betten zur Verfügung.[561]

Der Schumacher-Plan aus dem Jahre 1792 zeigt nochmals den ursprünglichen Jakobusspital mit dem winkelförmigen Anbau vollständig (Abbildung 48). Zwischen 1808 und 1811 wurde neben dem Jakobusspital das Waisenhaus gebaut.[562] Aus Platzgründen musste der alte Jakobusspital abgerissen werden.[563] Während auf dem Schumacher-Plan von 1792 der alte Jakobusspital noch eingezeichnet ist, fehlt es auf dem Plan der Stadt Luzern von Segesser aus dem Jahre 1848.

Wie erwähnt, wurde neben dem Jakobusspital 1808–1811 das Waisenhaus gebaut. Für dieses Haus benötigte man ein Gebäude für die Lagerung des Brennholzes. Der Sentiverwalter Rusconi liess dazu eine Zeichnung und einen Kostenvoranschlag ausarbeiten, der jedoch zu hoch ausfiel. Deshalb erteilte er dem Schreinermeister Josef Hunkeler den Auftrag zu prüfen, ob der Jakobusspital umgebaut werden könnte, um darin Brennholz zu lagern. Der Jakobusspital wurde somit 1814 nicht mehr benützt.[564]

1852 wurde der «gewätete theil» (Verbindungstrakt in Blockbauweise) zwischen dem alten Jakobusspital und dem winkelförmigen Anbau (Abbildung 48) abgerissen, weil er das Waisenhaus verunstalte. Der Bauverwalter Segesser musste jedoch dafür besorgt sein, dass der verbleibende Teil des Jakobusspitals einen «anständigen Anstrich» erhalte.[565]

561 StA, B2/B9, Auf dem Plan sind die beiden Pilgerzimmer versehentlich mit Nr. 26 statt mit Nr. 28 bezeichnet.
562 REINLE 1954, S. 67–71.
563 StA, F3/A1, Bd. 215–216; K 566, Plan im Massstab 1:400 (historischer Kataster).
564 StALU, SA 1831 (14. September 1814).
565 StALU, SA 1831 (2. Dezember 1852).

Abbildung 49: Verwaltungsgebäude der Ortsbürgergemeinde Luzern (ehemaliger Anbau des Jakobusspitals), 1973 abgebrochen.

Später bezeichnete man den winkelförmigen Anbau des Jakobusspitals als «Wyberchöfi» (Frauengefängnis).[566] Im «Revidierten Grundbuch der Gemeinde Luzern» vom 6. Juli 1889 wird das Gebäude als «Weiberhaus» bezeichnet.[567] 1892 plante man den Umbau des Hauses zum Verwaltungsgebäude der Ortsbürgergemeinde.[568] Dieser wurde 1894 ausgeführt[569] (Abbildung 49). Dieses Verwaltungsgebäude wurde 1973 abgebrochen. Im Dachgeschoss gab es mit Schiebern versehene Öffnungen, durch welche den weiblichen Gefangenen das Essen gereicht wurde. Die Wände waren mit Sprüchen beschriftet wie etwa: «Was wissen die Nonnen schon von Liebe?»[570] Dort, wo der Jakobusspital stand, wurden ein Autobahnanschluss und ein Parkhaus gebaut und damit die letzten Spuren des Jakobusspitals für immer vernichtet.

2.2.2. Die Organisation des Jakobusspitals

Die Organisation des Jakobusspitals ist in der «Ordnung Sanct Jacobs spittals» festgelegt. Bei der Zusammenkunft der Almosnerherren am 3. Januar 1591 erklärte Stadtschreiber Renward Cysat, dass er vor kurzem den Auftrag erhalten habe, eine neue Ordnung für den Jakobusspital auszuarbeiten, und zwar aufgrund der «sehr alten»

[566] LUZERNER TAGBLATT, 29. Mai 1973, Nr. 124.
[567] StA, B3.43/B7.11, fol. 60.
[568] StA, E9/D8.1–2.
[569] StA, B3.43/B7.11, fol. 60.
[570] LUZERNER TAGBLATT, 29. Mai 1973, Nr. 124.

Ordnung von 1514. Letztere ist jedoch nicht auffindbar. In der neuen Ordnung sollten die Regeln zusammengefasst werden, die bis dahin gegolten haben, mit den notwendigen Verbesserungen und Ergänzungen und in klarer Formulierung. Diese neue Ordnung sollte dann von den gnädigen Herren beschlossen werden.[571] Von dieser Ordnung sind drei Fassungen vorhanden: Der erste Entwurf stammt von Stadtschreiber Renward Cysat und ist auf den 11. Juli 1590 datiert. Dieser Entwurf wurde auf dem gleichen Blatt durch Cysat und die Almosnerherren stark überarbeitet und dann auf den 12. Januar 1591 nachdatiert.[572] Die Räte der Stadt hiessen diesen Entwurf am 12. Januar gut. Die endgültige Fassung wurde in «Der statt Lucern almůsen ordnung» übertragen.[573] Sodann existiert noch eine spätere, nicht datierte Abschrift mit vielen Abweichungen.[574] Wir halten uns an die definitive Fassung in der Almosenordnung der Stadt Luzern. Diese Ordnung legt die Organisation des Spitals fest und umschreibt die Rechte und Pflichten der Leitung, der Bediensteten und der Pilger.

Der Herr des Jakobusspitals
Theoretisch war die Jakobusbruderschaft Herrin des Spitals. Sie verwaltete das Vermögen und bezahlte die Betriebskosten. In Wirklichkeit aber hatte der Rat von Luzern das Sagen. So wurde die Ordnung des Spitals durch den Stadtschreiber Renward Cysat festgelegt, zusammen mit den Almosnerherren der Stadt. Der Rat genehmigte sie. Er belegte von sich aus Räume im Jakobusspital, befahl eigenmächtig finanzielle Transaktionen, setzte die Pfleger (Verwalter) des Spitals ein und entliess sie. Ferner übertrug er später die Verwaltung des Vermögens dem Pfleger einer andern Bruderschaft.

Der Pfleger
Der Pfleger der Jakobusbruderschaft war der Leiter des Spitals. Er setzte den Lohn und die Entschädigungen des Hausknechts fest. Der Jakobusspital bezog die Verpflegung der Pilger vom Hauptspital. Deshalb musste der Pfleger alle Fronfasten[575] mit dem Keller (Verwalter) des Hauptspitals über die bezogenen Mengen abrechnen. Er hatte die Ausweise der Pilger zu überprüfen und entschied über ihre Beherbergung oder Wegweisung. Sofern ihre Ausweise älter als ein Jahr waren, durften sie nicht im Spital beherbergt werden. Schwere Verfehlungen der Pilger musste er der Obrigkeit melden. Für seine Arbeit erhielt er 15 Gulden im Jahr.[576]

Die Liste der bekannten Pfleger des Jakobusspitals von 1493–1766 finden sich im Anhang 2. Der Stadtschreiber Renward Cysat schreibt (nach 1610), dass die Pflege des Jakobusspitals vom Pfleger des Sentispitals für Aussätzige ausgeübt werde.[577] Vergleicht man aber die Liste der Pfleger des Jakobusspitals mit der Liste der Pfleger

[571] StALU, COD 5145, fol. 249r.
[572] StALU, SA 1831 (12. Januar 1591).
[573] StALU, COD 5145, fol. 212v–214v. Die Originalfassung und die neuhochdeutsche Fassung finden sich im Anhang 1.
[574] StALU, SA 1831 (Ordnung Sanct Jacobs spittals, nicht datiert).
[575] Die Quatemberfasten (Fronfasten) sind dreitägige Fasten, welche das kirchliche Jahr in vier Jahreszeiten teilen. Sie fallen auf den ersten Mittwoch, Freitag und Samstag nach Invocavit (erster Fastensonntag), Pfingsten, Kreuzerhöhung (14. September) und Lucia (13. Dezember).
[576] StALU, COD KH 270, fol. 59r.
[577] CYSAT 1969–1977, 1, T. 1, S. 224.

des Sentispitals[578], so zeigt sich, dass lediglich zwei Pfleger gleichzeitig das Amt des Sentipflegers und des Pflegers des Jakobusspitals versahen, nämlich Hans Glestig (1543–1565) und Wilhelm Balthasar (1615–1620). Sonst wurden diese beiden Ämter immer von zwei verschiedenen Personen betreut.

Die Pfleger bewahrten das Bargeld und die Wertschriften zu Hause auf. So kam es, dass nach dem Ableben des Pflegers Johann An der Allmend im Jahre 1687 die Erben das Vermögen des Jakobusspitals nicht herausgeben wollten. An der Allmend war auch noch Pfleger der Bruderschaft «Unser Lieben Frauen End» gewesen. Es brauchte mehrere Aufforderungen der gnädigen Herren, bis die Erben mit dem Vermögen herausrückten.[579] Die Verwaltung des Vermögens übernahm am 10. Mai 1687 zunächst Balthasar Kündig.[580] Diese wurde aber schon nach zwei Wochen, wegen «erheblichen ursachen», auf Alexander Pfyffer übertragen. Der Ratsrichter musste die Erben auffordern, Vorschläge zu machen, wie die Ausstände in der Rechnung beglichen werden könnten.[581] Am 10. September 1689 konnte der Pfleger des Jakobusspitals endlich bestätigen, dass er von den Erben von Johann An der Allmend den Betrag von 13'242 Gulden 20 Schilling erhalten habe.[582]

Der Hausknecht
Der Hausknecht wurde auch «Spitalknecht» genannt. Von 1660 an bezeichnete man ihn auch als «Hausmeister». Diese schönere Namengebung bedeutete aber keine finanzielle Besserstellung.[583] 1687 wird er wieder als «Spitalknecht» bezeichnet. Sein Name wird meistens nicht genannt. Im Jahre 1687 versah Cristof Iwyler diese Aufgabe.[584]

Der Hausknecht diente der Bruderschaft St. Jakobus, indem er die «wandelnden brüdern und schwöstern» beherbergte und verpflegte. Er sollte seine Arbeit mit treuem Fleiss ehrlich verrichten und dies auch nötigenfalls beschwören. Vor allem musste er Nutzen und Ehre des Spitals fördern und Schäden abwenden. Ursprünglich erhielt der Hausknecht täglich, wie die Pilger bei ihrer Abreise aus der Stadt, ein Spendbrot. Dieses wurde ihm jedoch 1590 von den Almosnerherren abgesprochen. Statt dessen erhielt er eine Entschädigung von zwei Gulden pro Jahr für das entgangene Spendbrot.[585] Für seine Arbeit erhielt er insgesamt «einen bescheidnlichen lon oder bestallung» von 34 Gulden im Jahr.[586] Der Lohn des Hausknechts gab öfter Anlass zu Diskussionen. 1682 bezog der Hausknecht neben seinem Gehalt auch wieder Brot und «mǔs» für sich selbst. Dieses wollte ihm der Pfleger jedoch verweigern. Der Hausknecht beschwerte sich deshalb bei den gnädigen Herren. Er müsse den durchreisenden Pilgern Feuer und Licht auf eigene Kosten geben. Die gnädigen Herren beschlossen, dem Hausknecht neben dem Lohn von 34 Gulden noch weitere 25 Gulden auszuzahlen.[587] Aber bereits 1687 wurde ihm diese zusätzliche Entschädigung von

578   LÜTOLF 1860, S. 216–217.
579   StALU, RP 80, pag. 441, 442 und 456.
580   StALU, RP 80, pag. 442.
581   StALU, RP 80, pag. 456.
582   StALU, COD KH 270, fol. 58v.
583   StALU, SA 1834, fol. 2v.
584   StALU, SA 1836, fol. 3r. StALU, COD KH 270, fol. 59r.
585   StALU, COD 5145, fol. 135v.
586   StALU, SA 1834, fol. 2v.
587   StALU, SA 1834, fol. 1r, und SA 1835, fol. 8v.

Schultheiss und Rat wieder gestrichen. Als Begründung wurde angeführt, dass der Hausknecht das Haus und den Garten nutzen könne. Dazu erhalte er 8 Gulden 20 Schilling alle Fronfasten. Damit solle er sich zufriedengeben.[588] Auch die Frau des Hausknechts, die vermutlich im Jakobusspital mithalf, erhielt jährlich einen Gulden als «mäskram», also einen Betrag, um am Markt etwas zu kaufen.[589] Der Hausknecht erhielt manchmal weitere Zulagen. So bewilligten die Almosnerherren am 23. August 1591 dem Hausknecht Michel Karrer einen Beitrag von drei Gulden für eine «badenfahrt».[590] Auch wegen seiner Krankheit erhielt der Hausknecht 1710, 1713 und 1714 bescheidene Zuschüsse.[591] Weil im Jahre 1719 ein Hagelwetter über seinen Garten hereingebrochen war, gab man ihm einen Zuschuss von einem Gulden und 10 Schilling.[592] Von 1720 an, als die Pest vor den Grenzen der Eidgenossenschaft wütete, sind keine Zahlungen mehr an den Hausknecht vermerkt.[593] Dagegen erscheint von 1723 an ein Trinkgeld für den Brudermeister in der Rechnung. Dieser war im Heilig-Geist-Spital bedienstet und dürfte nun nebenamtlich auch den Jakobusspital betreut haben.[594] Die letzte Entschädigung für den Brudermeister ist 1765 erwähnt.[595]

Der Hausknecht musste darüber wachen, dass dem Haus, den Räumen oder dem Hausrat kein Schaden zugefügt wurde. Besondere Vorkommnisse, zum Nutzen oder Schaden des Spitals, hatte er dem Pfleger, schwere Verfehlungen der Obrigkeit zu melden. Er sollte dem Pfleger gegenüber gehorsam, treu und dienstbereit sein, wie dies sein Eid und seine Ehre von ihm verlangten . Er nahm den Pilgern die Ausweise ab und brachte sie dem Pfleger zur Überprüfung. Brüdern, Schwestern, Jungen und Alten, die zum heiligen Jakobus pilgerten, die um Gottes willen und in der Ehre des heiligen Jakobus um Herberge baten, musste er «herberg, spys und uffenthalt» geben. Am Morgen und am Abend holte er im Stadtspital Brot und «mûs» für die Pilger oder liess es holen. Die Bezugsmenge wurde registriert. Dazu hatte der Keller (Ökonom) des Hauptspitals und der Hausknecht des Jakobusspitals jeder ein «beylen»[596]. Ein «beylen» oder «cherbholz» (Kerbholz) war ein meist viereckiger oder runder Stab, der in zwei Hälften gespalten wurde. Die eine Hälfte blieb beim Spitalkeller, die andere beim Hausknecht. Auf den beiden zusammengefügten Stäbchen wurde die Bezugsmenge eingekerbt und konnte somit gegenseitig kontrolliert werden.

Während der kalten Jahreszeit musste der Hausknecht das Haus heizen. Pilgern, welche ihr Essen in den Spital brachten, hatte er Licht und Feuer zu geben. Solche, die nur Herberge begehrten, musste er ebenfalls aufnehmen. Männer und Frauen brachte er in getrennten Räumen unter, damit sie «nitt zusamen kommen mögent». Auch wachte er darüber, dass sich die Pilger auszogen, bevor sie sich ins Bett legten.

Der Hausknecht sorgte vor allem für Ordnung im Spital. Gottlose, verruchte Leute und mutwillige Landfahrer musste er wegweisen. Er sollte unzüchtige Handlungen, Bubenstreiche, Mutwilligkeiten oder andere ärgerliche und «ungrathne»

[588] StALU, RP 80, pag. 564–565.
[589] StALU, COD KH 270, fol. 59r.
[590] StALU, COD 5175, fol. 101r.
[591] StALU, SA 1839 (1710). StALU, SA 1840 (1713–1714).
[592] StALU, SA 1841 (1719).
[593] StALU, SA 1841 (1720).
[594] StALU, SA 1841 (1723).
[595] StALU, SA 1849 (1765).
[596] SI 1881–1987, 4, Sp. 1161–1164. SI 1881–1987, 2, Sp. 1253–1254. Vgl. STALDER 1994, S. 47.

Sachen verhindern. Pilger, die zu viel gegessen oder getrunken hatten, die betrunken in den Spital kamen, die fluchten, schwörten, Gott lästerten, schimpften, haderten und aufbegehrten, musste er dem Pfleger melden, damit dieser die notwendigen Vorkehren treffen konnte. Das gleiche galt für solche, die mit «leichtfertigen» Worten und Gebärden sich mutwillig und ärgerlich verhielten, oder solche, die gegen ihn ungehorsam und streitsüchtig waren, die vor oder nach dem Essen nicht beten wollten oder seiner Aufforderung zu schlafen nicht nachkamen. In der Nacht, wenn der Zugang zur Stadt verwehrt war, sollte er die Mitglieder der Jakobusbruderschaft oder, wenn diese nicht erreichbar waren, andere Bürger zu Hilfe rufen, um die Störenfriede zur Ruhe zu bringen. Solches Gesindel musste er aus dem Spital verweisen und ihm mitteilen, dass es da künftig nichts mehr zu suchen hätte. Schwere Verfehlungen wie Gotteslästerung musste er den gnädigen Herren melden. Leute, die am Haus, am Hausrat und Geschirr Schaden angerichtet hatten, musste er so lange zurückhalten, bis der Schaden ersetzt war. Grössere Schäden hatte er den gnädigen Herren zu melden.

Scheinpilger, die nur im Land umherstrichen und bettelten und die Wallfahrt zum heiligen Jakobus als Deckmantel nahmen, die aber nicht dahin ziehen wollten, die mit ihrem Faulenzen den «biderben» (anständigen) Leuten zur Last fielen, obwohl sie arbeiten konnten, alle diese durfte der Spitalknecht nicht in den Spital lassen, sondern musste sie sofort fortweisen und sie am Betteln hindern.

2.2.3. Die Gebäude und Einrichtungen

Vom Jakobusspital sind im Gegensatz zum Heilig-Geist-Spital keine Inventare vorhanden, die etwas über die Grösse dieses Spitals aussagen könnten. Dagegen lässt sich für einige Zeitabschnitte die Zahl der Beherbergungen ermitteln, welche Hinweise auf die Grösse des Spitals gibt.

Die Gebäude
Zwischen 1675 und 1688 wurde beim Jakobusspital ein winkelförmiger Anbau erstellt. Die Rechnungen wurden jedoch nicht nach Altbau und Neubau getrennt geführt. Deshalb ist es kaum möglich, die ausgeführten Arbeiten dem einen oder andern Gebäude zuzuordnen. Dies erschwert die Aussagen über den Jakobusspital. Wie aus der Darstellung von Martin Martini (Abbildung 46) von 1597 hervorgeht, dürfte der ursprüngliche Jakobusspital ein gewetteter Blockbau gewesen sein. Dagegen deutet der Stich von David Herrliberger von 1758 (Abbildung 47) eher auf einen Fachwerkbau hin, ebenso die Darstellung von Franz Xaver Schumacher aus dem Jahre 1792 (Abbildung 48). Der winkelförmige Anbau (Abbildung 49), der 1973 abgebrochen wurde, war mit Sicherheit ein Fachwerkbau. Für den Umstand, dass der alte Jakobusspital kein Fachwerkbau war, spricht der Umstand, dass die Aussenwände des Spitals 1663 verkleidet wurden. In der Rechnung von 1663 sind «randen schindlen» aufgeführt.[597] Diese Art von Schindeln wurden zur Verkleidung der Aussenwände verwendet.[598] Diese Schindelung wurde am Altbau des Jakobusspitals ausgeführt. Zu diesem Zeitpunkt stand der winkelförmige Anbau noch nicht.

[597] StALU, SA 1834 (1663).
[598] SI 1881–1987, 6, Sp. 1028.

Abbildung 50: Haus auf dem Fischmarkt Luzern mit «schwärschindeln» oder «schorschindeln» gedeckt. Daneben ein Haus mit Ziegelbedachung. Diebold Schilling Chronik, fol. 261v (528).

Das Dach des ursprünglichen Baues wurde mit «schorschindeln» gedeckt. Schorschindeln sind gespaltete Schindeln, im Gegensatz zu den gesägten.[599] In den Rechnungen sind neben den Schindeln keine Nägel aufgeführt. Diese Schindeln wurden deshalb nicht genagelt, sondern durch «schwärsteine»[600] oder «beschwersteine»[601] befestigt (Abbildung 50). Die etwa 2,5 Fuss (ca. 70 Zentimeter) langen Schindeln wurden damals per Elle gekauft.[602] Man legte die Schindeln auf einer Grundfläche von gleicher Breite wie die Schindellänge aus und schichtete dann die Schindeln bis auf die Höhe einer Elle aufeinander (Grafik 1).[603] Die Schindeln wurden jeweils in Mengen von 10–20 Ellen gekauft. Dies entspricht einem Prisma von ca. 70×70 Zentimeter und einer Höhe von 6 bis 12 Meter. Die Kosten für zehn Ellen betrug 6 Gulden 30 Schilling, was etwa einem Fünftel des Jahreseinkommens des Hausknechtes entsprach.[604] Der Dachdecker musste das Dach häufig ausbessern und reinigen.[605]

Die ersten hundert Dachziegel sind 1676 erwähnt, als der winkelförmige Anbau zum Jakobusspital erstellt wurde.[606] Gleichzeitig wurden aber auch noch Schorschindeln zugekauft. 1687 wurden nochmals dreihundert Dachziegel von Meister Jörg

---

[599] GRIMM 1854–1954, 9, Sp. 1574.
[600] SI 1881–1987, 8, Sp. 923.
[601] STALDER 1994, S. 565.
[602] Eine Elle in Luzern entsprach 62,82 Zentimetern, ein Fuss 28,42 Zentimetern; vgl. DUBLER 1975, S. 60.
[603] SI 1881–1987, 8, S. 919.
[604] StALU, SA 1834 (1660).
[605] StALU, SA 1834 (1668 und, 1671).
[606] StALU, SA 1835 (1676).

Grafik 1: Berechnung der Liefermenge von Schorschindeln (in Ellen)

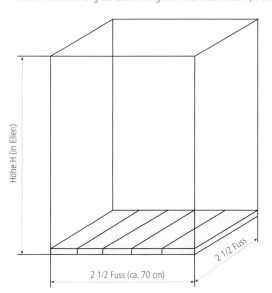

Rosenwyer, Ziegler (Ziegelbrenner) im Hof, bezogen.[607] In der Nähe des Chorherrenstifts im Hof dürfte sich deshalb eine Lehmgrube mit Ziegelbrennerei befunden haben.

Die Fenster im Jakobusspital waren verglast und mussten vom Glaser häufig repariert oder neu verglast werden. Der Tischmacher (Schreiner) fertigte die Fensterrahmen an und versah sie mit den notwendigen Beschlägen.[608] 1665 liess man die Fenster in der Stube des Hausmeisters neu machen zum Preis von 15 Gulden.[609] Von 1660 bis 1675 führte der Glaser Arbeiten im Wert von über 24 Gulden aus.[610] Als am 30. Juli 1701 der Pulverturm (oder Heuturm) in die Luft flog, entstand ein grosser Schaden an den Fenstern des Jakobusspitals. Der Glaser verrechnete für die Scheiben, das Blei und das Heften den grossen Betrag von mehr als 16 Gulden, also etwa den halben Jahresverdienst des Hausknechts.[611] Da Blei zum Befestigen der Scheiben verwendet wurde, muss es sich um Butzenscheiben gehandelt haben.

Die Türen wurden mit Schloss und Riegel verschlossen. So wurden 1687 Meisterschlosser Thormann für zwei Riegel und Schlösser 30 Schilling bezahlt.[612]

Der Garten des Jakobusspitals war, wie aus den Darstellungen hervorgeht, eingezäunt. 1660 wurde die Umzäunung für 6 Gulden 25 Schilling erneuert.[613] 1668 erfolgte eine weitere Erneuerung, wobei für Pfosten aus Eiche, Nägel und Macherlohn

[607] StALU, SA 1836 (1687).
[608] StALU, SA 1834 (1660).
[609] StALU, SA 1834 (1665).
[610] StALU, SA 1834 (1660, 1662, 1667, 1669, 1670, 1671, 1672 und 1673). SA 1835 (1675).
[611] StALU, SA 1838 (1701).
[612] StALU, SA 1836 (1687).
[613] StALU, SA 1834 (1660).

7 Gulden 24 Schilling verrechnet wurden.[614] 1672 wurde nochmals an der Gartenumzäunung gearbeitet. Holzbretter für die Gartenwand kosteten 4 Gulden 20 Schilling.[615] Im Jahre 1673 wurden nochmals eichene Pfosten für drei Gulden angeschafft. Ein Teil des Gartens war mit einer Mauer eingefriedet, die 1673 von einem Maurer ausgebessert wurde.[616] Diese ist auf den Darstellungen von Martin Martini von 1597 (Abbildung 46), David Herrliberger von 1758 (Abbildung 47) und Franz Xaver Schumacher von 1792 (Abbildung 48) zu sehen.

1665 wurde ein Bildstock aufgestellt. Das Behauen des Steines, das Bemalen, die Schlosserarbeit und das Kupfer kosteten 22 Gulden 10 Schilling.[617] Dieser Bildstock ist auf der Ansicht von Schumacher von 1792 deutlich dargestellt (Abbildung 48). 1687 wurde der Bildhauer Fluder beauftragt, eine Jakobusfigur zu reinigen und zu erneuern.[618] Diese dürfte im Bildstock vor dem Jakobusspital aufgestellt gewesen sein.

Die Räumlichkeiten
Für die Pilger waren mindestens zwei Schlafkammern vorhanden, da Männer und Frauen in getrennten Räumen untergebracht werden mussten.[619] Sodann waren im Jakobusspital eine «untere» und eine «obere» Stube vorhanden, wo sich die Pilger aufhalten und verpflegen konnten. Die obere Stube hatte eine Feuerstelle (Abbildung 51). Hier konnten die Pilger die mitgebrachten Speisen wärmen.[620] In diesem Raum dürfte sich auch der Schüttstein befunden haben, an dem 1686 das Ablaufrohr ersetzt wurde.[621] Der Hausknecht oder Hausmeister bewohnte mindestens zwei Räume, denn 1665 wird erwähnt, dass man die Fenster «in des hausmeisterß stuben kammer» ganz neu machen lassen musste.[622] Die der Hexerei verdächtigten Frauen, die zwischen 1573 und 1654 im Jakobusspital gefangengehalten wurden, dürften mindestens einen Raum belegt haben. Daneben wurden, wie erwähnt, einige Kammern für «unsinnige lütt» eingerichtet.[623] Für die Schellenwerker gab es ebenfalls besondere Räume.

Die Möbel
Wie erwähnt, fehlen Inventarlisten vom Jakobusspital. Deshalb kann über die Einrichtungen nichts ausgesagt werden. Es scheint, dass nur sehr wenige Möbel im Jakobusspital vorhanden waren. 1661 liess man eine neue Bank für die Pilgerstube fertigen.[624] 1687 wurden für einen neuen Kasten mit Schloss 3 Gulden 10 Schilling bezahlt.[625]

---

[614] StALU, SA 1834 (1668).
[615] StALU, SA 1834 (1672).
[616] StALU, SA 1834 (1673).
[617] StALU, SA 1834 (1665).
[618] StALU, SA 1836 (1687).
[619] StALU, COD 5145, fol. 213v–214r.
[620] StALU, SA 4650 (1660).
[621] StALU, SA 1835 (1686).
[622] StALU, SA 1834 (1665).
[623] CYSAT 1969–1977, 1, T. 2, S. 1075.
[624] StALU, SA 1834 (1661).
[625] StALU, SA 1836 (1687).

Abbildung 51: Spätmittelalterliche Feuerstelle. Holzschnitt eines Druckes von Peter Wagner, Nürnberg, um 1490.

Die Betten
Im Pilgerlied «Wer das elent bawen wel» (Wer in die Fremde ziehen will) heisst es über die Beherbergung der Pilger in der Schweiz: «sie legen uns wol und decken uns warm.»[626] Wie ein solches «geliger» (Bett) ausgesehen haben mag, zeigt ein Bild aus der Chronik des Luzerner Diebold Schilling aus dem Jahre 1513 (Abbildung 52). Auf diesem Bild ist ein Bett dargestellt, und zudem wird gezeigt, wie der in der Nähe von Ettiswil lebende Landsknecht Hans Spiess seine Gattin erwürgt.[627] Das Bettgestell ist aus Holz. Anstelle des heutigen Lattenrostes sind Schnüre, Seile oder Riemen kreuzweise gespannt. Darauf werden die Bettsäcke gelegt. Diese füllte man mit Stroh, welches nicht sehr häufig gewechselt wurde, sofern man den Angaben in den Rechnungen vertrauen kann.[628]

Die Betten wurden mit «bettziehen» (Bettbezüge) und «lilachen» (Leintücher) bezogen. Dafür wurden dieselben Stoffe verwendet. Diese wurden in grösseren Mengen eingekauft. 1665 waren es beispielsweise 184 Ellen, was 115 Metern oder etwa 60 Leintüchern entspricht. Neben dem Stoff wurden auch der Macherlohn und der benötigte Faden verrechnet.[629] Die Bettbezüge und die Leintücher wurden häufig er-

[626] HERBERS/PLÖTZ 1996, S. 156.
[627] SCHMID 1981, S. 330, fol. 215v (436).
[628] StALU, SA 1834 (1661).
[629] StALU, SA 1834 (1665).

Abbildung 52: Darstellung eines Bettes. Diebold Schilling Chronik, fol. 215v (436).

neuert. Man kaufte 1672 zum Beispiel 100 Ellen[630] und 1675 nochmals 75 Ellen[631] Tuch für Leintücher. Aus diesem Stoffverbrauch kann jedoch nicht auf die Zahl der vorhandenen Betten geschlossen werden. Zwischen 1665 und 1738, also in einem Zeitraum von 73 Jahren, wurden 570 Meter Leintuchstoff eingekauft, was etwa 280 Leintüchern entspricht. Pro Jahr wurden etwa vier Leintücher verbraucht.[632] Jährlich sind vier Gulden in den Rechnungen aufgeführt «von den betten zue bestrichen».[633] Von 1699 an erhöhte sich dieser Betrag auf fünf Gulden.[634] Dabei wurden die Leintücher mit einer Mischung aus Wachs, Harz und feinem Mehl bestrichen oder gestärkt und dadurch schmutzabstossend ausgerüstet.[635] Das Bestreichen der Tücher wurde jeweils im Heilig-Geist-Spital ausgeführt.[636]

Die Bettdecken und Kissen wurden aus Kölsch[637], einem gestreiften oder gewürfelten groben Baumwoll- oder Leinenstoff[638], oder aus «kuderschürlet» her-

[630] StALU, SA 1834 (1672).
[631] StALU, SA 1835 (1675).
[632] StALU, SA 1834 (1665 und 1672), SA 1835 (1675 und 1680), SA 1837 (1698), SA 1838 (1702), SA 1840 (1714 und 1718), SA 1843 (1731), SA 1844 (1738).
[633] StALU, SA 1834 (1660).
[634] StALU, SA 1837 (1699).
[635] SI 1881–1987, 11, Sp. 1988. SI 1881–1987, 2, Sp. 270.
[636] StALU, SA 1839 (1708).
[637] StALU, SA 1837 (1692).
[638] SI 1881–1987, 3, Sp. 246.

gestellt[639], wobei «chuder» der Abgang von gehecheltem Flachs[640] und «schürlet» oder «schürletz» eine Stoffbezeichnung ist.[641] Die Stoffe für die Kissen und Federdecken wurden ellenweise eingekauft. Um bei den locker gewobenen Stoffen das Austreten der Schäfte der Hühner- oder Gänsefedern oder das Eindringen von Staub in die Kissen oder Federdecken zu verhindern, wurden die Stoffe mit «licki» bestrichen. Dies ist eine Mischung aus Wachs, feinem Mehl (Stärke), venezianischem Terpentin oder «lorsch», einem Harz der Lärchenrinde.[642] So wurde beispielsweise 1692 erwähnt: «umb lorsch und lickerlon 2 Gulden 11 Schilling.»[643]

Der Hausrat
Gegessen und getrunken wurde im Jakobusspital aus irdenem Geschirr. Dieses wurde jeweils vom Hafner hergestellt oder geliefert, wenn er die Öfen oder Feuerstellen ausbesserte.[644] Auch ein Wäschezuber wurde angeschafft, was darauf hindeutet, dass die Pilger im Jakobusspital ihre Kleider waschen konnten.[645]

Die Heizung
Im Haus waren mindestens zwei Öfen und zwei Feuerstellen vorhanden.[646] Diese wurden, in grösseren Zeitabständen von etwa sechs Jahren, vom Hafner ausgebessert.[647] Vor allem wurden die Öfen regelmässig vom Hafner ausgekleidet, oder es wurde auch mal eine Ofentüre ersetzt.[648] Der Kaminfeger reinigte regelmässig die Kamine zum Preis von etwa einem Gulden.[649]

Die Beleuchtung
Beleuchtet wurde der Jakobusspital mit Kerzen. Diese wurden 1687 von Franz Probstalter bezogen. Aber auch Öl wurde verwendet, welches Meister Rochi Schindler lieferte.[650]

2.2.4. Die Finanzierung des Jakobusspitals

Die Stiftung
Für den Bau und die Finanzierung des Jakobusspitals wurde eine Stiftung errichtet. Dies geht aus dem Protokoll der Verhandlungen der Almosnerherren vom 7. Juli 1590 hervor. Danach sollte man die «brüdern» (Jakobusbrüder, Jakobuspilger) so halten, wie es in den alten Stiftungen und Ordnungen festgelegt sei. Diese Stiftungsurkunden sind

[639] StALU, SA 1837 (1692).
[640] SI 1881–1987, 3, Sp. 151.
[641] SI 1881–1987, 8, Sp. 1264.
[642] SI 1881–1987, 3, Sp. 1249 und 1387 (Lörtsch).
[643] StALU, SA 1837 (1692).
[644] StALU, SA 1834 (1660), SA 1835 (1674 und 1677).
[645] StALU, SA 4651 (1665).
[646] StALU, SA 1834 (1660).
[647] StALU, SA 1834 (1666).
[648] StALU, SA 1835 (1678).
[649] StALU, SA 1834 (1660).
[650] StALU, SA 1836 (1687).

jedoch nicht auffindbar.⁶⁵¹ Die Stiftung dürfte kurz vor dem Bau des Jakobusspitals, also zwischen 1417 und 1471, errichtet worden sein. Am 16. Februar 1590 wurden die Pfleger der Bruderschaften von Luzern ins Rathaus bestellt, wo sie die Vermögen und Einkommen der Bruderschaften bekanntgeben mussten. Dabei wurde festgehalten, dass neben den Zinsen der Gülten auch das hinzukomme, was die Brüder und Schwestern beisteuerten oder was an Vergabungen anfalle.⁶⁵² Auch dies weist auf Stiftungen hin. Vergabungen an den Jakobusspital waren jedoch eher selten. Eine solche Schenkung machte Rudolf Sydler. Dieser war Inhaber eines «lypding» (ein auf Lebenszeit zur Nutzniessung ausbedungenes Gut).⁶⁵³ Nun klagte Bernhard Scherrer am 15. April 1497 vor Rat und Hundert, dass Sydler das Gut vermindere. Dieser bestätigte, dass er einige Gülten von Unterwalden verkauft habe, weil ihm das Einziehen der Zinsen Mühe bereitet habe. Mit einem Teil des Betrages habe er ein «lypding» gemacht, und einen Teil habe er der Kapelle von Hergiswil, der Kirche von Buochs, dem Sentispital, der Bruderschaft Unserer Lieben Frau im Hof und dem Jakobusspital gegeben.⁶⁵⁴

Bei der erwähnten Vorladung vom 16. Februar 1590 übergab der Pfleger der Jakobusbruderschaft die schriftlichen Dokumente seiner Bruderschaft dem Hauptpfleger aller Bruderschaften, Ludwig Schürpf.⁶⁵⁵ Am 7. Juli 1590 traten die Almosnerherren erneut zusammen. Dabei stellten sie fest, dass die Jakobusbruderschaft über das grösste Einkommen aller Bruderschaften verfüge. Dieses werde jedoch fast ganz dem allgemeinen Almosenwesen zugeführt. Dabei wurde festgehalten, dass die gnädigen Herren und Räte die Abmachungen der Almosnerherren mit dem Pfleger des Jakobusspitals und mit andern Bruderschaften bereits am 13. Juli 1590 bestätigt und unterstützt hätten. Mit einer Ordnung für Jakobusbrüder und Pilger würden die Bürger weniger belästigt werden.⁶⁵⁶ Der Stiftungszweck wurde am 12. Januar 1591 in der Ordnung des Jakobusspitals dahin festgelegt, dass der Spital allen dienen soll, die nach Santiago de Compostela pilgerten.⁶⁵⁷

Das Vermögen
Das Vermögen, vorwiegend in Gülten angelegt, betrug 1590 etwa 10'000 Gulden. Daneben hatte der Spital auch noch Besitzungen. So besass es die Mühle des Jakobusspitals und dazu noch Anteile an der Mühle von Klaus Sager. Diese Anteile kaufte Sager am 27. Februar 1523 vom Pfleger des Jakobusspitals, Jakob Knehr, für 50 Gulden zurück. Sager wurde die Option offengelassen, auch noch die andere Mühle zu erwerben. Die Mühle des Jakobusspitals stand in der Fluhmühle, Gemeinde Littau.⁶⁵⁸

Das Vermögen wurde gut verwaltet. Das Geld der Schuldner, die ihre Gülten oder Schuldscheine zurückkauften, legte man in der Regel sofort wieder in neuen Gülten an.⁶⁵⁹ Als 1687 Alexander Pfyffer, Pfleger des Jakobusspitals, die gnädigen

---

⁶⁵¹ StALU, COD 5145, fol. 135v.
⁶⁵² StALU, COD 5145, fol. 55v.
⁶⁵³ GRIMM 1854–1954, 6, Sp. 592 und 600.
⁶⁵⁴ StALU, RP 8, pag. 67.
⁶⁵⁵ StALU, COD 5145, fol. 55v.
⁶⁵⁶ StALU, COD 5145, fol. 135v.
⁶⁵⁷ StALU, COD 5145, fol. 212v–214v.
⁶⁵⁸ StALU, RP 12, fol. 11v. DUBLER 1978, S. 183–184.
⁶⁵⁹ StALU, SA 1834 (1660).

Herren dahin orientierte, dass die Ausgaben des Jakobusspitals die Einnahmen um 43 Gulden überstiegen, wurde er angewiesen, die Barschaft von 2000 Gulden zinstragend anzulegen und mit dem Ertrag die täglichen Ausgaben zu begleichen. So könne er den Ausgabenüberschuss abtragen.[660] Ab und zu gingen auch Vermögenswerte verloren. Es heisst beispielsweise, dass an der Gant (Zwangsversteigerung) von Lindhard Lampart in Fischbach zehn Gulden verlorengegangen seien.[661] Manchmal ging man recht barmherzig mit den Schuldnern um. So erliess der Pfleger dem Schuldner Hans Meyer 1710 wegen Hagelschlags und Regengusses zwei Gulden.[662] Besonders von 1721 an begannen sich die Nachlässe an Zinszahlungen wegen Hagelschlags und Regengusses zu häufen.[663]

Das Vermögen wuchs nur sehr langsam, weil die grossen Abgaben an das allgemeine Almosenwesen einen raschen Vermögenszuwachs verhinderten. Das Vermögen betrug um 1660, bei einem Ertrag von 588 Gulden, etwa 12'000 Gulden.[664] 1695 war es auf 13'468 Gulden angewachsen.[665] Im Jahre 1766, bei der Übergabe der Rechnung an den Heilig-Geist-Spital, wurde ein Vermögen von 14'288 Gulden erreicht.[666] Das Vermögen des Jakobusspitals war regional breit gestreut, das heisst, die Gülten wurden in den verschiedensten Orten in und um Luzern angelegt. Der prozentuale Anteil der verschiedenen Orte betrug im Jahre 1615: Luzern 20,0; Weggis 13,0; Rothenburg 7,5; Kriens 7,5; Sempach 4,0. Die restlichen 48 Prozent der Gülten verteilten sich auf 23 Gemeinden. Das Vermögen umfasste 67 Gülten, die einen Zinsertrag von 633 Gulden lieferten. Das Kapital betrug somit etwa 12'660 Gulden.[667] 1620 besass der Jakobusspital noch 56 Gülten, welche einen Ertrag von 482 Gulden lieferten.[668] Zwischen 1641 und 1651 wurde die Rechnung des Jakobusspitals vom Pfleger der Bruderschaft Unserer Lieben Frau, Landvogt Balthasar Feer, geführt. Die Ausgaben wurden nur pauschal erwähnt und nicht zwischen den beiden Bruderschaften aufgeteilt.[669]

Die Ausgaben

Eine verhältnismässig grosse Ausgabe waren die wöchentlichen Almosen, die für die Armenpflege der Stadt verwendet wurden. Bereits 1592 ist eine solche Abgabe erwähnt, deren Höhe ist jedoch nicht bekannt. Auch ist nirgends belegt, seit wann diese Abgabe erhoben wurde.[670] Später betrug diese wöchentlich acht Gulden, also 416 Gulden im Jahr. Im Vergleich dazu nahm der Jakobusspital im Jahre 1661 an Zinsen 588 Gulden ein.[671] Von 1699 an wurde diese Abgabe dem «böspfenniger» (mit der

---

[660] StALU, RP 80, pag. 565.
[661] StALU, SA 1841 (1722).
[662] StALU, SA 1839 (1710).
[663] StALU, SA 1841 (1721).
[664] StALU, SA 1834 (1660).
[665] StALU, COD KH 270, fol. 63r.
[666] StALU, COD 3460 (1766).
[667] StALU, COD KH 315 (1615).
[668] StALU, SA 1832 (1620).
[669] StALU, SA 1833.
[670] StALU, SA 4519 (1592).
[671] StALU, SA 1834 (1661).

Erhebung des Böspfennigs, der Tranksteuer, betrauter Beamter) bezahlt.[672] Etwa 70 Prozent der Einnahmen aus dem Fonds des Jakobusspitals gingen somit an die städtische Armenpflege.

Es wurde also nur ein kleiner Teil des Kapitalertrages gemäss dem Stiftungszweck verwendet. Auf Geheiss der gnädigen Herren wurden auch grössere Beträge an Klöster überwiesen. Mehrfach erhielten die armen Klosterfrauen von Alsbach, wie erwähnt, über 50 Gulden.[673] 1661 gingen 20 Gulden an die Kapuziner im Entlebuch.[674] Bedeutend höher fiel ins Gewicht, dass 1728 die gnädigen Herren befahlen, aus der Kasse des Jakobusspitals 1500 Gulden an den Bau des neuen Schulhauses zu bezahlen[675], oder im Jahre 1748 den Betrag von 1000 Gulden an die Kirche der Jesuiten.[676] Ab und zu wurde aus der Kasse des Jakobusspitals auch ein Almosen direkt ausgerichtet. So erhielt 1701 die Witwe von Jakob Beinger ein Almosen von 3 Gulden 17 Schilling.[677]

Zu diesen Ausgaben kamen solche, welche dem Stiftungszweck entsprachen. Dazu einige Beispiele aus dem Zeitraum zwischen 1660 und 1687: Die Verpflegung für die Pilger wurde vom Heilig-Geist-Spital bezogen und diesem bezahlt. Der Hausknecht erhielt 34 Gulden, und der Pfleger liess sich mit 15 Gulden im Jahr entschädigen. Der Küster der St.-Peters-Kirche erhielt jährlich fünf Gulden, weil vermutlich die Gottesdienste der Bruderschaft in dieser Kirche gehalten wurden. Dazu kamen noch Ausgaben für den Unterhalt des Jakobusspitals und dessen Einrichtungen. So mussten Dächer repariert, Öfen und Feuerstellen ausgestrichen, Kamine gereinigt, Fenster geflickt, Schlösser ersetzt, Strohsäcke neu gefüllt und neuer Stoff für die Bettwäsche angeschafft werden.[678] Man gab fremden Pilgern, «so kheine patenten gehabt»[679], in wenigen Fällen 10 oder 20 Schilling.[680] Vereinzelt kaufte man auch «medicin» für kranke Pilger, die vom Stadtspital in den Jakobusspital verlegt wurden.[681] Die Rechnung des Pflegers wurde jeweils von den Stadtrechnern und den Vertretern des Kleinen und Grossen Rates abgenommen.[682] Auch die gnädigen Herren liessen sich für die Prüfung der Rechnung mit 15 Gulden 30 Schilling entschädigen.[683] In der Rechnung von 1691 ist eine Vermögenssteuer von über drei Gulden erwähnt, welche vom Jakobusspital bezahlt werden musste.[684] Nach und nach wurde so die Schatulle des Jakobusspitals zu einem Selbstbedienungsladen. Nur noch der kleinste Teil des Ertrages wurde für den Stiftungszweck verwendet.

---

[672] StALU, SA 1837 (1699).
[673] StALU, SA 4651 (1676).
[674] StALU, SA 4651 (1661).
[675] StALU, SA 1842 (1728).
[676] StALU, SA 1846 (1748).
[677] StALU, SA 1838 (1701).
[678] StALU, SA 4651 (1660–1687).
[679] Landesherrlicher Brief, Pilgerausweis; vgl. GRIMM 1854–1954, 7, Sp. 1501–1502.
[680] StALU, SA 1834 (1665 und 1668).
[681] StALU, SA 4651 (1686).
[682] StALU, COD KH 270, fol. 58v.
[683] StALU, SA 1834 (1660).
[684] StALU, SA 1837 (1691).

2.2.5. Die Beherbergung der Pilger

Die «Ordnung Sanct Jacobs spittal» vom 12. Januar 1591 regelte nicht nur die Aufgaben der Betreiber, sondern auch die Beherbergung der Pilger.[685] Dazu kommen noch einzelne andere Vorschriften, die nachträglich zu dieser Ordnung erlassen wurden. Die Pilger mussten sich bei den Torwarten melden. Von diesen wurden sie zum Jakobusspital gewiesen. Da hatten sie dem Hausknecht ihre «schyn und brieff» (Pilgerausweise) abzugeben. Da dieser vermutlich nicht lesen konnte, brachte er die Ausweise dem Pfleger, der darüber entschied, ob die Pilger Herberge im Jakobusspital erhielten oder nicht.

Wer beherbergt wurde
Im Jakobusspital sollten alle Brüder und Schwestern beherbergt und verpflegt werden, die zum lieben Heiligen und Patron seiner Bruderschaft pilgern, zur Ehre Gottes und seines heiligen Apostels, für sich selbst oder für andere Menschen, zur Erbauung und Besserung des Lebens und zum Heil und Trost der Seelen. Brüder und Schwestern, die zur Ehre Gottes und des heiligen Jakobus auf dem Pilgerweg waren, in frommer Absicht und löblichem christlichem Vorhaben zum Spital kamen und um Gottes willen und in der Ehre Sankt Jakobus', des heiligen Apostels, um Herberge baten, denen gewährte man Unterkunft und Verpflegung. Dabei spielte es keine Rolle, ob jemand die Pilgerschaft für sich oder andere vollbrachte. Voraussetzung war jedoch, dass man einen Pilgerausweis besass. Diese Ausweise scheinen eine wichtige Rolle gespielt zu haben. An der Tagsatzung zu Baden am 5. April 1612 wies Solothurn darauf hin, dass Pilgerausweise leichtfertig ausgestellt und somit auch missbraucht würden.[686] Sogar noch im Jahre 1687 wurde festgehalten, dass nur diejenigen Jakobusbrüder in den Spital aufgenommen werden durften, die ihre authentischen (echten) Pilgerausweise vorlegen konnten.[687] Aber auch ehrliche katholische Pilger, die nach andern Wallfahrtsorten pilgerten, sollten wie die Jakobuspilger behandelt werden. Es wurden Junge und Alte, Arme und Bedürftige beherbergt. Dieser Spital war für Pilger bestimmt, die bedürftig, ehrbar und fromm waren und kein Ärgernis erregten.

Wer nicht beherbergt wurde
Pilger, deren Ausweise älter als ein Jahr waren, mussten abgewiesen werden. Gleich erging es jenen Leuten, welche unter dem Schein der Pilgerschaft im Land umherstrichen, bettelten, die Spitäler aufsuchten und die Wallfahrt nach St. Jakob als Deckmantel nahmen, welche aber nie dort waren und auch nicht die Absicht hatten, dahin zu pilgern, die den «biderben» (anständigen) Leuten mit ihrem Faulenzen zur Last fielen, die wohl arbeiten konnten, aber nicht wollten. Im Büchlein von Jost Amman und Hans Sachs, in der «Eygentlichen Beschreibung aller Ständ» (Abbildung 53) aus dem Jahre 1568, ist diese Sorte Pilger eindrücklich dargestellt und beschrieben.[688] Diese Scheinpilger sollte man gar nicht in den Spital aufnehmen und nachher auch nicht betteln lassen. Sofern sie dieser Aufforderung nicht nachkamen, sollte man sie

---

685 StALU, COD 5145, fol. 212v–214v; vgl. Anhang 1.
686 KRÜTLI/KAISER 1872, S. 1007.
687 StALU, RP 80, pag. 565.
688 AMMAN/SACHS, ohne Datum, S. 10.

Die Jacobs Brüder.

Abbildung 53: «Die Jacobs Brüder» von Jost Amman und Hans Sachs, 1568.

Wir Jacobs brüder mit grossem hauffen
Im Land sind hin vnd her gelauffen/
Von Sanct Jacob/Ach vnd gen Rom
Singen vnd bettlen one schom/
Gleich anderen presthafften armen/
Offt thut vns der Bettel Stab erwarmen
In Händen/alsdenn wir es treibn
Vnser lebtag faul Bettler bleibn.

gefangennehmen, verhören und nötigenfalls gegen sie handeln. Dabei dürfte es nicht einfach gewesen sein, die echten Pilger von den Scheinpilgern zu unterscheiden. Nicht in den Spital aufgenommen wurden auch die Krämer, Handels- und Gewerbetreibenden. Gleich erging es den Landstreichern, denn dieser Spital wurde, wie es heisst, nicht für gottlose und verruchte Leute und mutwillige Landstreicher gestiftet.

Wer aus dem Spital ausgewiesen wurde
Aus dem Spital ausgewiesen wurden ungeratene Pilger, die Völlerei betrieben, zu viel assen oder tranken von dem, was sie in den Spital mitbrachten, solche, die betrunken in den Spital kamen, die fluchten, Gott lästerten, Schimpfworte gebrauchten, stritten und aufbegehrten, gegen wen es auch wäre, die mit unzüchtigen, leichtfertigen Worten und Gebärden mutwillig und ärgerlich stritten. Ausgewiesen wurden auch solche, die nicht schlafen gingen, nicht weiterzogen oder vor oder nach dem Essen nicht beten wollten, wenn der Hausknecht dies befahl. Alle diese Leute musste man vom Spital wegweisen und ihnen erklären, dass sie künftig im Jakobusspital nichts mehr zu

suchen hätten. Bei grösseren Vergehen wie Unzucht, Übermut und Gotteslästerung musste der betreffende Pilger der Obrigkeit gemeldet werden.

Wer festgehalten werden musste
Hatte ein Pilger am Haus, an Hausrat, Geschirr oder andern Dingen Schaden angerichtet, so musste er so lange im Spital festgehalten werden, bis der angerichtete Schaden behoben war. Bei grösseren, mutwillig angerichteten Schäden mussten die Pilger den gnädigen Herren gemeldet werden.

Besondere Vorschriften für Pilger
Im Zusammenhang mit der Feuerordnung wurde um 1471 die auch für den Jakobusspital geltende Weisung erlassen, dass man nachts in den beiden Spitälern (Jakobus- und Heilig-Geist-Spital) wie auch «am obern und nidern grunde» die Fremden nicht auf die Strasse lassen dürfe, es sei denn, der Schultheiss habe dies aus wichtigen Gründen bewilligt.[689] Um 1591 dürften einige Jakobuspilger in der Stadt herumgezogen sein, das Jakobuslied gesungen und damit gebettelt haben. Die gnädigen Herren und Räte erklärten am 28. März 1591, dass den umherstreichenden Jakobusbrüdern das Singen auf dem Gebiet der Stadt nicht erlaubt sei. Damit hatte man auch dem Betteln der Jakobusbrüder einen Riegel geschoben.[690]

2.2.6. Die Verpflegung der Pilger

Im Pilgerlied «Wer das elent bawen wel» heisst es weiter von den Schweizern, dass sie die Pilger willkommen heissen und ihnen ihre Speise geben.[691] Worin diese Speise bestanden hat, gibt uns die «Ordnung Sanct Jacobs spittals» von 1591 bekannt. Danach erhielt jeder Pilger am Abend und am folgenden Morgen «můs und jedes mals ein brott», das der Hausknecht des Jakobusspitals vom Heilig-Geist-Spital bezog.[692] Beim Luzerner Stadtschreiber Renward Cysat (1545–1614) wird der Begriff «můs und brot verdienen» synonym gebraucht für «den Lebensunterhalt verdienen», ähnlich wie wir heute vom «Brot verdienen» sprechen.[693] «Můs und brot» war deshalb zu dieser Zeit für viele die wichtigste Hauptnahrung. «Můs» war ein Getreidebrei, ein Mus, zum Beispiel aus Hafer und Gerste. Dies zeigt auch der Speisezettel für Waisenkinder in Luzern aus dem Jahre 1753. Die Kinder erhielten nur an drei Tagen der Woche Fleisch, an den übrigen Tagen nur Brot und Mus. Die Herstellung von Mus wurde wie folgt umschrieben: Das Gersten- oder Kernenmus solle mit guter Milch und einer «schweitze» (geröstete Zwiebeln) gekocht werden.[694] Wer mehr wollte als Mus und Brot und über das nötige Geld verfügte, kaufte sich ein besseres Essen und konnte dieses im Jakobusspital wärmen, wo er Feuer und Licht erhielt.[695]

---

[689] WEBER 1916, S. 37.
[690] StALU, COD 5145, fol. 253v und 264v.
[691] «[...] sie haißen uns got welkum sein, und geben uns ire speise», zit. in HERBERS/PLÖTZ 1996, S. 156.
[692] StALU, COD 5145, fol. 213r.
[693] BRANDSTETTER 1909, S. 29.
[694] StALU, SA 0195, fol. 1v–2r.
[695] StALU, COD 5145, fol. 213v.

Abbildung 54: Luzerner Weggen.

Das Gewicht der Spitalbrote musste mindestens 16 Lot (ca. 235 Gramm) betragen.[696] Diese Brote bezog der Jakobusspital, wie erwähnt, vom Heilig-Geist-Spital. Der Pfleger des Jakobusspitals vergütete diese dem Hauptspital. In der Rechnung erscheint der Preis für «paar brod».[697] Es wurden also vom Hauptspital Doppelbrote bezogen mit einem Gewicht von 32 Lot (ca. 470 Gramm).[698] Dies entspricht etwa einem heutigen «Pfünderli», das immer noch als «Luzerner Weggen» verkauft wird (Abbildung 54). Diese Brotmenge scheint damals durchaus üblich gewesen zu sein, wurde doch 1527 in Konstanz für die Armenverpflegung 482 Gramm Brot pro Tag errechnet.[699] Das Brot scheint nicht immer von bester Qualität gewesen zu sein. Am 3. Mai 1591 behandelten die Almosnerherren eine Klage über das Brot, das vom Heilig-Geist-Spital an den Jakobusspital geliefert wurde. Die Herren versprachen, sich zu informieren und dann mit «ernst» zu handeln.[700]

Von 1675 an wird die Verpflegung für die Pilger nicht mehr als «můs und brot», sondern «umb broth» erwähnt.[701] Dabei dürfte es sich um eine abgekürzte Schreibweise handeln. Etwas später wurden die Bezahlungen an den Hauptspital nicht mehr detailliert angegeben. Der Preis eines Brotes betrug 1701 drei Schilling.[702] Bis 1717 stieg er auf vier Schilling.[703]

Nicht alle Fremden, die sich in der Stadt aufhielten, wurden mit «můs und brot» verpflegt. Ein Erlass von 1694 hält fest, wie die durchziehenden Priester im Heilig-Geist-Spital verpflegt wurden: Priester, die da einkehrten, sollten gut beherbergt werden. Als Verpflegung erhielten sie ein Pfund Fleisch mit Suppe, zwei kleine Mutschli (Brote) und ein halbes Mass Landwein, dies zweimal am Tag. An Fasttagen gab man ihnen ein Pfund Käse. Einem Bruder (ein nicht geweihtes Ordensmitglied) billigte man nur die Hälfte zu.[704]

[696] StALU, COD 2535, fol. 43v.
[697] StALU, SA 1836 (1687–1691), bes. 1688.
[698] DUBLER 1975, S. 62.
[699] DIRLMEIER 1978, S. 382.
[700] StALU, COD 5175, fol. 38r.
[701] StALU, SA 1835 (1669–1687), bes. 1674.
[702] StALU, SA 1838 (1701–1707). bes. 1701.
[703] StALU, SA 1840 (1713–1718), bes. 1717.
[704] StALU, SA 2167 (1694).

2.2.7. Die Beherbergungsfrequenzen

Über die Zahl der Pilger, die im Jakobusspital beherbergt wurden, sind keine Aufzeichnungen zu finden. Sie lässt sich aber auf einem Umweg ermitteln. Der Jakobusspital bezog die Verpflegung für die Pilger aus dem Hauptspital. In den Rechnungen des Jakobusspitals sind jeweils die Beträge aufgeführt, die dem Hauptspital für Mus und Brot bezahlt wurden. Ebenso ist der Preis eines Brotes bekannt. Daraus lässt sich die Zahl der abgegebenen Brote ermitteln und somit auch die Zahl der Pilger, weil jedem Pilger pro Tag zweimal ein Brot von mindestens 235 Gramm abgegeben wurde. Diese Daten sind für die Jahre 1660–1765 fast lückenlos vorhanden (Grafik 2).[705] Ob es sich dabei nur um Santiago-Pilger oder um solche gehandelt hat, die nach andern katholischen Orten gepilgert sind, lässt sich nicht ermitteln.

In der Grafik sind die sogenannten «heiligen Jahre» von Santiago de Compostela als schwarze Punkte eingetragen. Ein heiliges Jahr wird gefeiert, wenn das Fest des heiligen Jakobus, der 25. Juli, auf einen Sonntag fällt. Die heiligen Jahre scheinen keinen Einfluss auf die Zahl der in Luzern beherbergten Pilger gehabt zu haben.

Auffallend wenige Beherbergungen waren während der grossen Pestepidemie (1663–1670) zu verzeichnen.[706] Ein markanter Rückgang der Beherbergungen ergab sich 1685 nach der Aufhebung des Edikts von Nantes in Frankreich, das den Hugenotten Kultfreiheit garantiert hatte. Als Folge davon flohen etwa 60'000 Hugenotten in die Eidgenossenschaft[707], was sicher niemand dazu ermuntert hat, den Weg durch Frankreich nach Santiago de Compostela unter die Füsse zu nehmen. Auch während des Spanischen Erbfolgekrieges (1700–1713) wurden in Luzern nur wenige Pilger beherbergt. Die höchste Zahl von Beherbergungen wurde im Jahre 1715 mit etwa 1100 Pilgern erreicht. In diesem Jahr schlossen die Katholischen Orte der Eidgenossenschaft das Ewige Bündnis mit Frankreich.[708] Als kurz darauf, im Jahre 1720, die Grenzen der Eidgenossenschaft wegen der Pestepidemie geschlossen wurden, sank die Zahl der Beherbergungen auf einen Tiefstwert.[709] 1735 wurde der Neubau des Klosters Einsiedeln vollendet. Um diese Zeit stieg die Zahl der Beherbergungen im Jakobusspital an, vielleicht wegen der Pilger, die nach Einsiedeln zogen. Nach dem Österreichischen Erbfolgekrieg (1740–1748)[710] erhöhte sich die Zahl der Übernachtungen in Luzern wieder.

Mit dem Beherbergen der Pilger erbrachte die Stadt, oder vielmehr die Stiftung des Jakobusspitals, eine grosse Leistung. Im 16. Jahrhundert zählte die Stadt Luzern etwa 4000 Einwohner. Sie beherbergte und verpflegte in einem Spitzenjahr über 1100 Pilger. Umgerechnet auf die heutige Zeit, müsste die Stadt Luzern mit ihren knapp 60'000 Einwohnern etwa 16'000 durchreisende Personen kostenlos beherbergen und verpflegen. Das wäre ein Ansinnen, welches heute kaum mehr verstanden würde. Dies zeigt deutlich, welcher Stellenwert den Werken der Barmherzigkeit, insbesondere der Beherbergung und Verpflegung der Fremden, zukam.

---

[705] StALU, SA 1834–1849 (1660–1765).
[706] SCHÜTT 1987, S. 279.
[707] SCHÜTT 1987, S. 282.
[708] SCHÜTT 1987, S. 287–288.
[709] SCHÜTT 1987, S. 290.
[710] SCHÜTT 1987, S. 293, 295 und 296.

Grafik 2
Anzahl Beherbergungen im Jakobusspital Luzern (1660–1765)

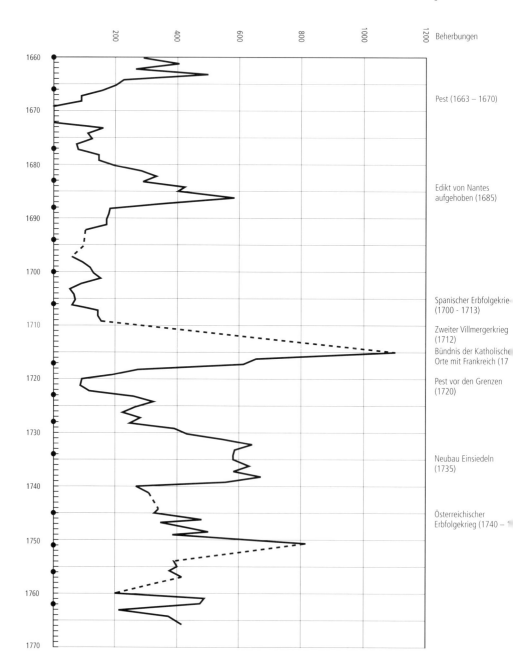

2.2.8. Die andern «Gäste» im Jakobusspital

Der Jakobusspital diente in erster Linie als Herberge für Santiago-Pilger. Es haben aber auch noch andere Gruppen im Jakobusspital «Gastrecht» genossen. Es waren dies Frauen, die man der Hexerei verdächtigte, Gefangene, die man als Schellenwerker bezeichnete, und schliesslich die Waisenkinder. Diese Gruppen wurden im Jakobusspital untergebracht, die Kosten für ihre Verpflegung jedoch nicht dem Jakobusspital belastet.

2.2.9. Die als Hexen oder Diebinnen verdächtigten Frauen

Warum die der Hexerei verdächtigten Frauen im Jakobusspital gefangengehalten wurden, ist nicht leicht zu erklären. Vermutlich war diese Herberge grosszügig geplant worden. Es ist auch möglich, dass viel weniger Pilger durch die Stadt zogen, als man gerechnet hatte, so dass die gnädigen Herren der Stadt fanden, man könne in diesem Haus einige Kammern für liederliche, ungehorsame und aufmüpfige Fremde und Einheimische einrichten.[711] Nicht alle der Hexerei verdächtigten Frauen wurden im Jakobusspital gefangengehalten. Einzelne wurden im «blatterhus» untergebracht.[712] Dieses war von der Stadt gebaut worden. Es wurde von ihr unterhalten und diente zur Prävention und Heilung von Pocken und der «Franzosenkrankheit» (Syphilis). Dieser Spital wurde 1610 vom Obergrund an die Reuss verlegt.[713]

Frauen, die man der «unhuldery» (Hexerei) verdächtigte, wurden gefangengenommen und vom Ratsrichter, mit oder ohne Folter, verhört. Diese Verhöre wurden in den Turmbüchern protokolliert, wo in der Regel auch die Urteile erwähnt sind.[714] Die Beschuldigten hielt man in den Räumen des Jakobusspitals gefangen. Weil die Folterwerkzeuge fehlten, wurden die Folterungen nicht in diesen Räumen, sondern im Wasser-, Frauen-, Haber-, Bürger- und Judenturm durchgeführt.[715] Die Folterarten waren: Daumenschraube, Aufziehen mit oder ohne Gewicht, Folterung auf der Wanne, Strecken auf der Leiter, Klemmen mit der feurigen Zange, Brennen mit Glut und Abhacken der Hände. Die einzige Folter, die einmal im Jakobusspital angewandt wurde, war die Daumenschraube. Die häufigste Folterart war das Aufziehen mit oder ohne Gewicht. Dabei wurden den Frauen die Hände auf dem Rücken zusammengebunden, und dann hob man sie mit einer Seilwinde an. Um die Folter zu verstärken, wurden zusätzlich Gewichte an die Füsse gehängt. Diebold Schilling hat diese Folterart in seiner Chronik dargestellt (Abbildung 55). Diese Abbildung zeigt, wie der Gattenmörder Hans Spiess gefoltert wird.[716] Eine Folterart bestand darin, dass man die Frauen auf die Wanne legte. Sie war einer Futterwanne ähnlich. Die Personen wurden darauf gelegt und der Körper seitlich gedehnt. Diese Folterart wurde besonders bei schwachen Frauen angewandt.[717]

---

711 CYSAT 1969–1977, 1, T. 2, S. 1075.
712 SCHACHER 1947, S. 66.
713 CYSAT 1969–1977, 1, T. 1, S. 224.
714 JÄGGI 1993, S. 38–39.
715 SCHNELLER 1868, S. 352.
716 SCHMID 1981, S. 330, fol. 216r (437).
717 HEINEMANN 1900, bei Abbildung 64. Vgl. auch WOLF 1980, S. 283–286.

Abbildung 55: Folterung von Hans Spiess durch «uffziehen mit oder ohne gewicht». Diebold Schilling Chronik, fol. 216r (437).

Nach den Verhören und den Folterungen wurden einzelne Frauen im Jakobusspital zurückgehalten. Die Gründe, weshalb die Frauen im Spital verbleiben mussten, sind nicht immer klar. Es konnte sich dabei um eine Strafe handeln, die da verbüsst werden musste. Vielleicht war es notwendig, die stark misshandelten Frauen zu pflegen, oder man wollte sie einfach für eine bestimmte Zeit aus dem Verkehr ziehen. So hielt man Frauen, die als Wetterhexen verdächtigt wurden, bis zum Schneiden des Getreides oder bis zum Ende der ganzen Ernte gefangen, damit sie diese nicht durch Unwetter beeinträchtigen konnten.[718]

Die Hexenverfolgung in Luzern wurde in diesem Zeitraum ausschliesslich durch die weltliche Obrigkeit betrieben. Bei keinem der nachfolgenden Fälle war die Kirche beteiligt. Die Hexenprozesse waren deshalb ein rein weltliches Disziplinierungsmittel der gnädigen Herren von Luzern und auch ein erschreckendes Gegenstück dazu, wie die Werke der Barmherzigkeit durch das Beherbergen der Pilger gelebt wurden. Auf die Hintergründe der Hexenverfolgung kann jedoch hier nicht eingegangen werden.[719] Die nachfolgenden Geschichten der armen Frauen, die im Jakobusspital gefangengehalten wurden, sind teilweise etwas ausführlich wiedergegeben, weil sie eine grosse Aussagekraft über die damals herrschende Mentalität haben.

Eva Koler, genannt Sagerin, von Root
Eva Koler wurde am 14. Juli 1573 gefangengenommen, weil sie der Hexerei verdächtigt wurde.[720] Bis zum 2. Dezember 1573 wurde sie insgesamt fünfmal im Judenturm

[718] SCHACHER 1947, S. 67.
[719] Vgl. BURGHARTZ 1983. SCHACHER 1947. SCHNELLER 1868.
[720] StALU, COD 4445, fol. 151v, 152v–153v, 158v, 186r–188r. CYSAT 1969–1977, 1, T. 2, S. 623.

gefoltert und jeweils anschliessend im Jakobusspital gefangengehalten. Bei der Befragung unter Folter am 16. Juli 1573 wurde ihr vorgehalten, dass sie sich einmal habe umbringen wollen. Sie entgegnete, dass ihr Mann, der Effinger, sie ohne Grund ganz übel geschlagen habe. Da sei sie schwermütig geworden und habe gesagt, sie wolle sich umbringen. So würde die Familie sie los sein. Doch habe sie dies nicht ernst gemeint.

Die «Seelenmutter von Küssnacht»[721], die man vor kurzem in Schwyz als Hexe verbrannte, hatte angegeben, dass Eva Koler ihre Gespielin gewesen sei, und zwar die schlimmste von allen. Sie wurde deshalb am 2. Dezember 1573 nochmals zur Folterung in den Judenturm geführt. Dem Hausknecht des Jakobusspitals, Wolfgang Maler, klagte sie, dass man sie töten oder verbrennen wolle. Wenn man sie verbrenne, so würden diejenigen auch sterben, die sie angezeigt hätten, und zwar drei Tage nach ihrem Tod. Der Stadtknecht Christen sagte ihr, dass sie dazu keine Macht habe. Sie aber meinte, dass sie sehr wohl diese Macht ausüben könne. Sie wurde vom Stadtdiener und vom Scharfrichter bewacht. Man gab ihr keinen Schlaftrunk, damit sie nicht einschlafe. Die Diener befragten sie über ihre Beziehung zur «Seelenmutter». Sie sei vor acht oder neun Jahren mit einer Frau ins Bad nach Küssnacht gegangen. Da traf sie die «Seelenmutter» vor ihrem Haus. Ihre Begleiterin habe ihr erklärt, dass dies die Seelenmutter sei. Sie habe dann mit ihr geredet und sie so kennengelernt. Dann bat Eva Koler die Diener, bei den gnädigen Herren dahin zu wirken, dass man ihr gnädig sei und sie ihr Leben, ihre Kinder und Freundschaften geniessen lasse und sie nicht verbrenne. Sie sei eine böse Hexe und könne richtig hexen. Sie hätte eigentlich von Anfang an alles mitteilen sollen. So wäre sie nicht gefoltert worden.

Dann wurde Eva wegen des Kindes von Christen Schiffmann befragt, das erlahmt und übel verhext worden sei. Sie sagte, dass sie an einer «küechleten»[722] in das Haus von Schiffmann gegangen sei. Man habe sie aus Hass und Neid angezeigt. Sie wisse wohl, wie das zugegangen sei, wolle aber nichts weiter dazu sagen. Als sie dann von der «küechleten» heimgehen wollte, traf sie die «Seelenmutter». Sie beide hätten zusammen geredet, und als sie auseinandergehen wollten, sei ein schwarzer Mann zu ihr gekommen und habe mit ihr über das gelähmte Kind geredet. Er habe gesagt, er wolle seinetwegen nach Weggis zum Pfaffen gehen. Was den Hauptmann Jakob Schmid betreffe, so habe sie diesem nichts zugefügt. Aber ihrem vorherigen Ehemann, der bös und grob mit ihr gewesen sei, dem habe sie viel Leid angetan.

Um die neunte Stunde las ihr der Stadtknecht Christen aus der Passion vor. Sie sass dabei auf einem kleinen Stuhl. Dann hörte man ein Geräusch, wie wenn jemand an die Türe klopfen würde. Meister Jakob, der Scharfrichter, ging nachsehen. Er erhielt eine Ohrfeige, so dass er wieder in den Raum zurücksprang und beinahe hinfiel. Nun legte man der Eva Gebetbücher, die Passion und die Evangelienbücher auf ihre Brust. Sie duldete dies aber nicht, rupfte und kratzte und machte seltsame Gebärden. Etwa eine Stunde später starb sie. Man glaubte zunächst, dass sie schlief. Als aber die Diener näher hinschauten, sahen sie, dass ihre Nase brandschwarz war. Am 3. Dezember wurde sie auch noch verbrannt. Ihre Hinterlassenschaft betrug 39 Gulden 12

---

721 CYSAT 1969–1977, 1, T. 2, S. 624–626.
722 Festmahl, an dem der Kuchen die Hauptrolle spielt, zum Beispiel am ersten Sonntag nach einer Taufe.

Schilling, ein Bett und einen Mantel. Davon erhielt der Spital 15 Gulden, Jost Schriber fünf Gulden, und den Rest erhielt der zuständige Landvogt.[723]

Verena Meyer
Verena Meyer wurde am 8. Juli 1587 gefangengenommen. Sie wurde eines Diebstahls beschuldigt, und man warf ihr vor, sie sei eine «unholdin» (Hexe).[724] Die Vorhaltungen des Ratsrichters stritt sie ab. Am 10. Juli 1587 wurde sie gefoltert und nochmals befragt. Der Ratsrichter entschied ohne Begründung, dass sie bis nach der Ernte in den Jakobusspital gesteckt werden solle. Da die Getreideernte um den 25. Juli herum erfolgte, war ihr Aufenthalt im Jakobusspital nur sehr kurz.

Anna Schenk, wohnhaft im Bruch zu Luzern
Am 27. Mai 1589 wurde Anna Schenk wegen Verdachts auf Hexerei gefangen genommen.[725] Sie habe bei Leuten gesessen, über das Wetter geredet, dass sich dieses nach dem Johannestag (24. Juni) richte. Sie habe dies von einem alten Mann gehört, der übers Wetter gesprochen habe, aber nicht in böser Absicht. Dass in ihrem Haus ein Geschrei zu hören gewesen sei, stritt sie ab. Sie habe einen schlimmen Hustenreiz gehabt und gemeint, sie müsse ersticken. Deshalb habe sie laut gehustet. Sie bat die gnädigen Herren um Gnade. Am 2. Juni wurde Anna Schenk nochmals einvernommen. Ob sie dabei gefoltert wurde, ist nicht erwähnt. Darauf wurde sie bis nach der Getreideernte in die «Löwengrube» des Jakobusspitals gesteckt. Anfangs September 1589 wurde Anna Schenk unter Eid aus der Stadt verbannt.

Katharina Stenck von Adligenswil oder Udligenswil
Am 18. Juli 1589 wurde Katharina Stenck in Gefangenschaft der gnädigen Herren genommen, weil sie der Hexerei bezichtigt wurde.[726] An drei Tagen wurde sie gefoltert, nämlich aufgezogen, mit Steinen an den Füssen, auf die Wanne gelegt und auf der Leiter gestreckt. Trotz dieser schweren Folterung hat sie gegenüber dem Ratsrichter nichts zugegeben. Man verwahrte sie in der «Löwengrube» des Jakobusspitals, wo sie bis zum Herbst bleiben musste. Dann wurde sie unter Eid aus der Stadt verbannt.

Barbara Eggli oder Stierman von Villmergen im Freiamt
Am 28. Juni 1591 wurde Barbara Eggli gefangengenommen, weil man sie beschuldigte, eine Hexe zu sein.[727] Als man sie folterte, gestand sie nichts. Am 30. Juni und 3. Juli wurde sie nochmals verhört und gefoltert, und zwar aufgezogen und auf der Leiter gestreckt. Dabei wurde sie mit ihrer Schwägerin konfrontiert. Diese gab an, nachdem man sie zur Wahrheit ermahnt hatte, dass Barbara zweimal in Tüfenbach und im Badhaus bei ihr gewesen sei. Die Mutter von Barbara sei auch dabeigewesen und die beiden hätten zwei Unwetter verursacht. Dafür könne sie einstehen. Barbara sei ihrem Schwager ein ganz schlimmes Weib. Darauf wurde Barbara mit der Mutter ihrer Schwägerin konfrontiert, nochmals gefoltert und gefragt, ob sie nun geständig

[723] CYSAT 1969–1977, 1, T. 2, S. 623.
[724] StALU, COD 4465, fol. 160v.
[725] StALU, COD 4465, fol. 297r und 302r.
[726] StALU, COD 4465, fol. 317r.
[727] StALU, COD 4470, fol. 115r–v.

sei, dass sie in Tüfenbach Unwetter verursacht habe. Sie aber gestand nichts. Am 10. Juli wurde sie nochmals gefoltert und verhört, und sie blieb bei ihrer Aussage, unschuldig zu sein. Deshalb wurde sie in den Jakobusspital verbracht. Wie lange sie dort bleiben musste, ist nicht erwähnt.

Margreth Barger aus Grossdietwil
Am 12. August 1596 kam Margreth Barger in die Gefangenschaft der gnädigen Herren, weil sie eine Hexe sei.[728] Auf die Anschuldigung des Ratsrichters sagte sie, dass sie nichts zu gestehen habe. Sie habe Barbara Brendli, die als Hexe hingerichtet wurde und die sie angezeigt hatte, wohl gekannt, aber nicht gewusst, dass sie eine Hexe sei. Sie sei vor Jahren mit Herrn Joss Acherman von Grossdietwil nach Unterwalden gegangen. Seither sei sie einige Male dahin gekommen, um Zinsen für ihn einzuziehen. Sie habe aber keine enge Beziehung zu Barbara Brendli gehabt. Am andern Tag wurde Margreth Barger nochmals verhört und gefoltert. Sie blieb bei ihrer Aussage, dass sie von nichts wisse. Sie habe immer so gehandelt, wie es von Christenmenschen verlangt werde. Dass den Leuten von Grossdietwil viel Vieh eingegangen sei, treffe nicht zu. Seit die gnädigen Herren «den sommer und sin gesindt»[729] abgeschafft hätten, sei nicht mehr viel Vieh abgegangen. Für die Abgänge in Grossdietwil sei sie unschuldig. Die Brendli habe sie beschuldigt, weil sie diese und ihren Hausrat nicht bei sich habe aufnehmen wollen. Zudem hätte sie einen Priester suchen sollen, bei dem die Barbara hätte bleiben können. Sie habe jedoch diesen Wunsch ausgeschlagen, weil sie sich nicht selber belasten wollte. Margreth Barger erklärte, sie habe redlich und ehrlich mit ihrem Ehemann gelebt, mit dem sie elf Kinder gehabt habe. Wie es sich für eine Frau gehöre, habe sie den Haushalt besorgt. Am 26. August 1596 wurde Margreth Barger nochmals verhört und gefoltert. Sie blieb weiterhin bei ihrer Aussage. Sie trage keine Schuld daran, dass in Grossdietwil viel Vieh und anderes eingegangen sei. Das dürfte eher daran liegen, dass die jungen und alten Bauern mit ihrem gotteslästerlichen Schwören und Toben sich jedem Tag an Gott versündigen würden. Sie hielten auch ihre Eide vor Gott nicht, sodass er ihnen solche Strafen gesandt habe. Margreth Barger musste bis Ende des Sommers im Jakobusspital bleiben.

Verena Vischer von Fischbach, Amt Willisau
Am 19. August 1596 kam Verena Vischer in das Gefängnis der gnädigen Herren, weil sie als Hexe verdächtigt wurde.[730] Sie erklärte, dass der Rösslin von Fischbach auf seinem Gut eine lange Hecke habe, die zu dicht gewachsen sei. Er habe ihr erlaubt, diese Hecke abzuweiden, weil er diese ohnehin ausdünnen müsse. Sie ging deshalb mit ihrer Ziege zur Hecke und liess sie da weiden. Sie selbst habe auch einige Äste abgebrochen und sei dann wieder heimgegangen. Zu dieser Zeit sei einem Knaben ein Unfall zugestossen, jedoch nicht durch sie. Es seien noch viele andere Leute am Knaben vorbeigegangen, denen er nichts gesagt habe. Sie glaube, der Unfall des Knaben sei eine Strafe Gottes über die Sippe der Huber. Zwei ihrer Weiber hätten sie und

---

[728] StALU, COD 4480, fol. 113r–v.
[729] Es dürfte sich um einen Feiertag gehandelt haben, der vom Rat abgeschafft wurde, und zwar um den 1. Mai, den Walpurgistag.
[730] StALU, COD 4480, fol. 115v–116v.

ihre Kinder vor Jahren als Hexen beschuldigt, allerdings ohne Erfolg. Wer sie wiederum beschuldige, eine Hexe zu sein wie diejenigen, die in Unterwalden und Sursee hingerichtet wurden, oder wie die Bürgerin, die hier gefangen sei und mit der sie gemeinsame Sache gemacht haben soll, der tue ihr unrecht. Sie sei aus Feindschaft verklagt worden und auch deshalb, weil man sie vor Jahren gefangengenommen habe. Sie könne gar nicht um schlimme Zeiten beten. Am 20. und 26. August 1596 wurde sie nochmals gefoltert, blieb aber bei ihrer Aussage. Ihr wurden verschiedene Vorhaltungen gemacht, welche den gnädigen Herren aus Willisau zugetragen worden seien. Vor Jahren seien verschiedene Frauen aus Fischbach als Hexen gefangengenommen worden. Damals habe sie gesagt, man werde auch sie einsperren. Sie sagte, dass sie dem Lienhardt Schnyder kein Ungeheuer in sein Haus geschickt habe. Es seien vorher viele andere fromme Leute im besagten Haus gewesen. Sie habe bei der Aufrichte geholfen und kein Ungeheuer im Hause verspürt. Kaspar Huber habe sich beklagt, dass er erlahmt sei, nachdem sie den Hirseacker gejätet habe und sie sich begegnet seien. Dass sie jemanden in Willisau gelähmt oder andere Schäden zugefügt habe, stimme nicht.

Die gnädigen Herren sollten sie wieder nach Fischbach gehen lassen und ihr einen Brief geben, damit sie sich betreffend die Klagen von Lienhardt Schnyder, sie habe Leute und Vieh «versegnet» (Segen als Zauberhandlung), wehren könne. Sie habe lediglich den Sohn des Bannwart mit der Heiligen Dreifaltigkeit, dem Kreuz und dem Leiden Christi versegnet, jedoch mit keinem bösen Wort. Dies habe sie von einer Bettlerin gelernt. Vieh habe sie nie versegnet, auch niemand «weniger krank» gemacht. Ihr geschehe ein Unrecht, denn sie wisse nicht mehr, als einem Christenmenschen zustehe. Verena Vischer musste bis zum Ende des Sommers im Jakobusspital bleiben. Nach der Ernte wurde sie nach Hause entlassen und den Ihrigen übergeben. Diese sollten dafür sorgen, dass es keine Klagen mehr über sie gebe.

Kathrin Portner-Rösslin von Menznau
Am 13. Juli 1605 wurde Kathrin Portner-Rösslin in den Jakobusspital gebracht und vom Ratsrichter einvernommen, wobei sie mit der Daumenschraube gefoltert wurde.[731] Sie war in keinem Anklagepunkt geständig. Sie wisse nichts von einer Gruppe von Landfahrern (Landstreicher). Sie sei acht Tage vor diesen Leuten nach Benzenschwil gekommen. Dort wollte sie den Bauern bei der Ernte helfen und dann ihr Kind gebären. Sie sei mit diesen Landfahrern und ihren Mädchen nie zusammen gewesen, habe weder mit ihnen gegessen noch getrunken, auch nicht gebettelt oder dazu angestiftet. Sie habe sich meistens in Wikon bei ihrer Tante Ottilia Rösslin aufgehalten. In Reiden habe sie auch noch die Tante Maria. Ihre Eltern seien im Welschland. Sie wisse nicht, ob diese noch leben. Ihr Kind, das sie erwarte, sei von einem Bauernsohn namens Hans in Reiden. Sie bitte die gnädigen Herren um Gnade. Am 18. Juli wurde Kathrin nochmals verhört. Man warf ihr vor, dass eine Frau namens Margreth, die kürzlich zu Bremgarten hingerichtet worden war, sich auf sie berufen habe. Davon wollte Kathrin nichts wissen, ihr geschehe ein Unrecht. Den «juppen» (ärmelloser Frauenrock), den sie trage, habe sie auf einem Hof einer Magd für drei Gulden abgekauft. Sie sei dieser noch einen halben Gulden schuldig. Das Geld dazu

[731] StALU, COD 4495, fol. 120v.

habe sie von Bauernsöhnen erhalten. Sie bitte die gnädigen Herren um Gnade. Am 25. Juli 1605 wurde Kathrin nochmals mit der Daumenschraube gefoltert. Sie blieb bei ihrer Aussage.

Anna Schaller von Willisau
Am 2. Juni 1630 wurde Anna Schaller wegen Verdachts der Hexerei verhört und gefoltert.[732] Mit und ohne Folter gestand sie nichts und bat die gnädigen Herren um Gnade. In dem Protokoll sind keine konkreten Anschuldigungen festgehalten. Am 12. Juni 1630 wurde sie nochmals verhört und gefoltert, wobei sie wiederum nichts gestand. Später wiederholte sich die Sache nochmals. Dann wurde sie in den Jakobusspital eingewiesen und dort festgehalten. Die Dauer ihrer Gefangenschaft im Jakobusspital ist nicht erwähnt.

Maria Adel von Warmisbach, Ufhusen, Grafschaft Willisau
Maria Adel wurde wegen Verdachts der Hexerei am 21., 24. und 26. April sowie am 5. und 6. Mai 1636 einvernommen und gefoltert.[733] Sie erzählte, dass sie vor etwa drei Jahren zu Maria Riedweg ging, um einen Hahn für ihre Hühner zu entlehnen. Diese hatte einige Hühner verloren. Sie habe Maria Riedweg gesagt, dass vielleicht der Kuckuck mit der weissen Haube die Hühner genommen haben könnte. Später wurde dann herumgesprochen, dass sie (Maria Adel) der Kuckuck mit der weissen Haube gewesen sei. Sie wurde «an die marter geschlagen», fünfmal leer, zweimal mit dem kleinen und einmal mit dem grossen Stein an den Füssen aufgezogen.

Ferner wurde ihr vorgeworfen, die Milch von Maria Riedweg verhext zu haben. Maria Adel sagte, dass sie diese Milch gar nicht gesehen habe, weil Maria Riedweg diese zugedeckt auf dem Kopf getragen habe. Es habe wohl deshalb keinen «anken» (Butter) gegeben, weil sie die Milch in einem kleinen «spisgedeli» (Milchkännchen) auf die warme Herdplatte gestellt und mit Brot den «nidel» (Rahm) abgeschöpft und mit dem Brot gegessen habe. Sie bat die gnädigen Herren um Gnade.

Am 15. Mai 1636 wurde sie mit ihrem Ehemann Jakob Riedweg und ihrem Stiefsohn Martin Riedweg konfrontiert, welche ihre Klagen und Beschuldigungen vorbrachten, die sie aber bestritt. Sie bestätigte lediglich, dass sie gesagt habe, sie wisse alles, was über sie (Maria Adel) auf dem Feld geredet werde, und zwar deshalb, weil viele Leute ihr dies nachher erzählten. Was das Salz des Wäberhansli betreffe, das sie verhext haben soll, so habe sie dieses im Haus des Wäberhansli gesehen, aber nicht angerührt. Sie bat die gnädigen Herren um Gnade. Am 16. Mai wurde Maria Adel nochmals befragt. Sie habe ihrem Mann bisweilen unrecht getan und ihn «tractiert» (geplagt). Er sei kein intelligenter Mensch. Sie habe die Haushaltung allein führen müssen. Ihr Mann sei liederlich und habe fast nichts besessen, als sie heirateten. Jetzt hätten sie drei Kühe, ein Kalb und ein Ross, und alles sei bezahlt. Er habe nur gerade das getan, was ihm passte, und nicht auf sie gehört, fast nichts gearbeitet und stets die Ausrede gehabt, er müsse für andere arbeiten. Sie habe ihrem Mann einige Male saure Milch gegeben. Sie selbst habe aber auch davon getrunken. Als sie krank war, habe sie sich auch mal eine Suppe gekocht, als der Mann schlafen gegangen war. Sie

[732] StALU, COD 4525, fol. 120r–v.
[733] StALU, COD 4530, fol. 116r–117v.

hätte ihren Mann nicht geheiratet, wenn er nicht versprochen hätte, seine Kinder aus dem Haus zu schicken. Deshalb dulde sie diese nicht im Haus. Sie habe Martin Riedweg in die Mühle gegeben, damit er seine lahme Schwester bei sich im Haus halten könne. Dem Martin habe ihr Mann keine Arbeit gegeben, sondern Fremde beigezogen. Martin sei nun schon zweimal verhört worden. Er ziehe Schelmen, Diebe und Huren an. Maria wurde viermal ohne Gewicht aufgezogen, hat aber nichts zugegeben. Sie bat die gnädigen Herren um Gnade. Marie Adel wurde im Jakobusspital verwahrt. Auf die Fürbitte ihres Bruders hin liess man sie am 17. Oktober 1636 aufgrund eines Gnadenerlasses des Rates frei und schickte sie zu ihrem Mann zurück.

Magdalena Rickenbach, genannt Schwarzlehe, von Büron, in Wolhusen
Am 7. Juli 1637 wurde Margreth Schieger verhört.[734] Dabei widerrief sie Anschuldigungen, die sie früher gegen die vier Frauen Madlen Züntenen, Alis Parbel, Magdalena Rickenbach (Schwarzlehe) und «die alt Bernerin» erhoben hatte. Deshalb wurde sie gefoltert und viermal leer aufgezogen. Darauf bekannte sie, dass sie ihre Anschuldigungen gegen die vier Frauen fälschlicherweise zurückgezogen habe, weil sie diese schonen wollte. Darauf wurde sie mit Madlen Züntenen, Magdalena Rickenbach, Alis Parbel und noch einigen andern Frauen konfrontiert, wobei sie diesen Vorhaltungen machte, die aber von keiner der Frauen bestätigt wurden. Sie bat die gnädigen Herren um Gnade. Ihr wurde vom Hochgericht die rechte Hand abgeschlagen. Sie wurde lebendig verbrannt, zuvor aber viermal mit der glühenden Zange gezwickt.

Magdalena Rickenbach, die Schwarzlehe, wurde wegen Hexerei verklagt, gefangengenommen und am 4., 7., 8. und 9. Juli 1637 gefoltert. Der verstorbene Weibel Manig habe sie öfter als Hexe beschimpft. Warum sie ihn denn nicht verklagt habe? Der Weibel habe allen so gesagt, und wenn man ihm mit einer Klage drohte, habe er nur gelacht und gesagt, dass er es nicht bös meine. Dass sie auf der Burg von Wolhusen gesehen worden sei, wie Margreth Schieger, Madlen Züntenen und Alis Parbel behaupten, stimme nicht. Die hätten sie nur aus Neid und Hass beschuldigt. Magdalena Rickenbach habe auch das Gerücht verbreitet, dass Hans Buchers Sohn mit dem Klumpfuss auf der Bramegg in Unterwalden gefangengenommen worden sei. Sie habe aber diesen nie gesehen. Magdalena wurde nochmals gefoltert, und zwar zweimal leer aufgezogen. Sie aber wollte nichts gestehen. Auch nachdem sie am 10. Juli nochmals verhört und gefoltert wurde, gestand sie nichts, sagte aber, dass sie mit einem Entlebucher ein uneheliches Kind gehabt habe. Weil später Madlen Züntenen und Alis Parbel sie entlasteten, wurde sie bis auf weiteres im Jakobusspital gefangengehalten, wo sie am 23. Juli 1637 aus der Gefangenschaft ohne Strafe entlassen wurde.

Verena Kretz von Boswil
Verena Kretz wurde wegen Verdachts der Hexerei ins Gefängnis von Luzern eingeliefert.[735] Am 26. Oktober 1657 wurde sie erstmals verhört und gefoltert, und zwar fünfmal leer aufgezogen, ohne Gewicht an den Füssen. Sie gestand jedoch nichts. Vom 26. Oktober bis 10. November wurde sie siebenmal gefoltert. Am 13. Novem-

[734] StALU, COD 4530, fol. 82r–83r und 94r.
[735] StALU, COD 4530, fol. 143r–144r.

ber verhörte und folterte man sie erneut. Sie wurde zweimal leer aufgezogen, zweimal wurde sie mit der glühenden Zange gezwickt. Dann legte man sie auf die Wanne und hielt «heilige Bücher» vor sie. Ferner wurde sie mit Maria Brunner konfrontiert. Sie gab zu, auf dem Kirschbaum gewesen zu sein. Wessen man sie in diesem Zusammenhang beschuldigte, geht aus dem Protokoll nicht hervor. Sie bat die gnädigen Herren um Gnade. Am 9. Dezember wurde sie nochmals gefoltert. Am 11. Dezember 1637 überprüften die gnädigen Herren die Anklage gegen Verena Kretz nochmals. Obwohl sie alle Folterungen überstanden habe, könne man sie wegen der Zeugnisse, Anzeigen und der verdächtigen Zeichen nicht freisprechen und auf freiem Fuss setzen. Deshalb wurde beschlossen, dass der Spital ihren kleinen Bauernhof für 50 Gulden zu seinen Handen einziehen soll, und dass sie in einer Kammer des Jakobusspitals verbleiben müsse. Da solle sie gebührend verpflegt werden. Sie starb, wie es heisst, am 24. Juli 1638 eines natürlichen Todes im Jakobusspital. Sie hatte sich also etwa neun Monate da aufgehalten. Vielleicht starb sie an den Folgen der schweren Folterungen.

Maria Ziswiler von Buttisholz
Maria Ziswiler kam wegen Verdachts der Hexerei in die Gefangenschaft der gnädigen Herren und wurde am 4. Juni 1638 verhört und gefoltert.[736] Sie gab zu, dem Marx Tropfen «versegnet» zu haben. Deshalb sei sie verklagt worden. Sie wurde gefoltert, etliche Male ohne Stein, dann aber mit dem kleinen und dem grossen Stein aufgezogen. Am 7. und 8. Juni wurde sie erneut gefoltert. Maria «gestand», dass sich ihr damaliger Meister an ihr verfehlt habe, als sie achtzehn Jahre alt war. Später, als sie verheiratet war, habe er sich nochmals an ihr vergriffen. Darauf wurde sie nochmals gefoltert, etliche Male leer aufgezogen und dann auf die Wanne gelegt. Nachdem vor vierzehn Jahren ihr Mann starb, habe man übel über sie geredet. Sie sei nun eine alte, siebenundachtzigjährige Frau. Sie sei danach in Schwermut verfallen, und der böse Geist sei zu ihr in die Stube gekommen. Es sei ein Herr im vorgerückten Alter gewesen, schwarz gekleidet, der verlangte, dass sie seinem Willen gehorche, dass sie Unwetter mache und etwas in seinem Namen ins Wasser werfe. Dies sei aber kalt und unnatürlich gewesen. Er trieb Mutwillen mit ihr. Letztlich leugnete sie alles. Am 9. und 10. Juni wurde sie nochmals verhört. Sie leugnete wieder alles, wurde nochmals gefoltert, etliche Male leer, zweimal mit dem kleinen Stein und dreimal mit dem grossen Stein aufgezogen. Am 27. Juli 1637 entschieden die gnädigen Herren, dass man sie wegen ihres Willens und der Berichte über sie nicht auf freien Fuss setzen könne. Sie solle aber aus der strengen Gefangenschaft entlassen und in den Jakobusspital gebracht werden, wo sie am 9. August 1638 eines natürlichen Todes starb.

Anna Studer von Niederwil, Gemeinde Ohmstal, Grafschaft Willisau
Anna Studer kam in das Gefängnis der gnädigen Herren, weil bei ihr gestohlene Sachen gefunden wurden.[737] Sie wurde zwischen dem 18. April und dem 13. Juli 1644 sechsmal befragt und gefoltert, mehrfach leer und mit dem kleinen Stein an den Füssen aufgezogen. Sie hatte sich ein ganzes Netz von Personen aufgebaut, die ihr

[736] StALU, COD 4530, fol. 201v und 202r.
[737] StALU, COD 4540, fol. 160v–162v und 164v.

gestohlene Ware lieferten oder vertrieben. Mit in diesem Geschäft waren: Hühnerhans, Pluonibauer, Ohrenschmalz, Schwedt, der junge Benedikt Peter, Rütermann, Michael, Martha-Anna, Maria, Elisabeth, Agatha, die Frau des teuren Schumachers, und das alte Goferli. Die Liste der umgesetzten Waren war lang: Hühner, Gänse, Kälber, Brot, Honig, Muskatnuss, Korn, Mehl, Erbsen, Frauenkleider, Leintücher, Bettanzüge, Garn, Kupfer- und Eisenkessel und silberne Becher. Sie selbst war auch auf den Märkten herumgezogen, um gestohlene Sachen zu verkaufen. Sodann habe sie Unzucht mit einem ledigen Kerl, Kaspar genannt, getrieben, während sie verheiratet war. Sie bat die gnädigen Herren um Gnade. Aufgrund von Berichten und schriftlichen Mitteilungen aus der Grafschaft Willisau wuchs der Verdacht, Anna Studer könnte auch eine Hexe sein. Ein Verhör brachte aber nichts zutage. Am 18. Juli 1644 wurde beschlossen, dass Anna Studer noch drei Wochen lang im Jakobusspital verwahrt werden solle. Ihr Besitz und ihr kleiner Bauernhof wurden zuhanden der gnädigen Herren konfisziert, und sie wurde auf ewige Zeiten aus der Stadt und Landschaft der gnädigen Herren verbannt.

Margret Rinderknecht von Ännigen, Gemeinde Malters
Am 8. Oktober 1652 wurde Margret Rinderknecht, auch Schöchlin genannt, die Frau eines Meyer, etwa 50 Jahre alt, wegen Verdachts der Hexerei gefangengenommen und durch den Ratsrichter Möör und die übrigen Verordneten verhört und gefoltert.[738] Sie gestand nichts. Das Verhör und die Folterung wurden am 9., 10., 11. und 12. Oktober fortgesetzt, ohne dass Margret etwas gestand. Am 14. Oktober wurde sie nochmals verhört, zweimal leer aufgezogen, eine halbe Stunde auf die Wanne gelegt und nachher sechsmal leer aufgezogen. Auch jetzt gestand sie nichts. Weil Margret Rinderknecht die harten Folterungen gut überstanden hatte, beschlossen die gnädigen Herren, dass man sie nicht mehr weiter verhören und foltern solle. Sie wurde in den Jakobusspital verlegt. Sofern sie heimgehen möchte, solle ihr der Weg dazu nicht versperrt sein.

Anna Stadelmann, genannt «Köngenen», von Schüpfheim
Anna Stadelmann, etwa 50 Jahre alt, wurde wegen Verdachts der Hexerei am 10. Dezember 1654 in das Gefängnis der gnädigen Herren eingeliefert, vom Ratsrichter und von andern Verordneten verhört, gefoltert, und zwar achtmal leer aufgezogen.[739] Sie gestand aber nichts. Am 11. Dezember wurde sie nochmals einvernommen, dreimal leer und zweimal mit dem kleinen, an den Füssen befestigten Stein aufgezogen. Sie gestand nur, dass der böse Geist vor zwei Tagen zu ihr gekommen sei, um «das zeichen zu machen». Am 12. Dezember wurde Anna erneut verhört und dreimal leer aufgezogen. Sie hat jedoch nichts zugegeben. Am 14. Dezember wurde sie nochmals verhört, dreimal zwei Stunden auf die Wanne gelegt und viermal mit dem kleinen Stein aufgezogen. Am 15. Dezember wurde sie wiederum verhört, dreimal leer aufgezogen, eine Stunde auf die Wanne gelegt und dreimal mit dem grossen Stein aufgezogen. Sie sagte, dass der böse Geist zu ihr gekommen sei. Sie habe aber nicht mit

---

[738] StALU, COD 4545, fol. 177r.
[739] StALU, COD 4545, fol. 275v–276r.

ihm geredet. Er sei jedoch verschwunden, als sie das Kreuzzeichen gemacht habe. Am andern Tag wurde sie nochmals verhört und ihr eine starke Glut an die Füsse gehalten. Sie leugnete, was sie am Vortag zugegeben hatte. Nachdem diese Frau die höchsten Torturen erlitten hatte und sie, zur Verwunderung der Gnädige Herren, zu keinem Geständnis gebracht werden konnte, beschlossen die gnädigen Herren am 17. Dezember auf weitere Folterungen zu verzichten und sie in den Jakobusspital einzuliefern.

2.2.10. Die Schellenwerker

Wie wir gesehen haben, wurden im Jakobusspital neben den Pilgern auch Frauen untergebracht, die man der Hexerei oder des Diebstahls bezichtigte. Männer, die in diesem Zeitraum im Jakobusspital gefangengehalten wurden, sind keine erwähnt. Der Jakobusspital war damit auch ein Gefängnis für Frauen. Bei jenen Personen, über die sich der Hausknecht beschwerte, dass er für ihre Einquartierung keine zusätzliche Entschädigung erhalte, dürfte es sich deshalb um Frauen gehandelt haben.[740] Die Verwendung des Jakobusspitals als Gefängnis für Männer wurde erst dann aktuell, als man 1728 daran ging, das sogenannte Schellenwerk zu planen.[741] Der Zweck des Schellenwerks wurde wie folgt umschrieben: In das Schellenwerk sollen jene bösen, schlimmen Buben gesteckt und da festgehalten werden, die im Land umherstreichen, nicht arbeiten wollen, den armen Leuten das Brot vor dem Mund abschneiden und das der anständigen Leute stehlen. Diese sollten, je nach Geschehen und Vergehen, bis zu einem Monat zum Schellenwerk verurteilt werden.[742] Diesen Schellenwerkern legte man einen eisernen Ring mit einem langen Schnabel um den Hals. Sehr kräftige Personen wurden immer zu zweit an den Armen zusammengekettet. Die Kette musste so lang sein, dass sich die beiden beim Arbeiten nicht behinderten. Die Armketten wurden aus dem Zeughaus bezogen. Das Essen für die Schellenwerker, Mus und Brot, lieferte der Heilig-Geist-Spital. Mit dem Schellenwerk hoffte man, den Zustrom von fremden Bettlern bremsen zu können und schlimmes Gesindel zu vertreiben. Diese Institution richtete sich nicht nur gegen die bösen Buben, sondern auch gegen junge und alte arbeitsfähige Bettler. Diese wollte man zur Arbeit zwingen. Der Bettelvogt überwachte die Schellenwerker bei der Arbeit. Er beaufsichtigte aber auch die Bettler der Stadt.[743] Die Schellenwerker sollten beispielsweise zum Säubern des Steinbruchs herangezogen werden. Dabei musste der Bettelvogt mit einem vollen Säcklein mit gekennzeichneten Metallstücken unter dem Tor sitzen. Jeder Gefangene erhielt für einen vollen Rückenkorb, den er in den See schüttete, ein solches Zeichen. Am Abend erhielt er dann für jedes Zeichen ein Geldstück, zum Beispiel einen Rappen oder so viel, wie man für richtig befand.

---

[740] StALU, COD 5145, fol. 161v und COD 5175, fol. 104v.
[741] StALU, AKT A1 F06, Sch. 853 (Vorschlag Schellenwerk).
[742] «An das schällenwerck sollen gezwangt und geschmidet werden böße, schadhaffte buoben, so in dem landt umen strichen, nit arbeiten wöllen, den armen leüten das brod vor dem mul abschneyden und biderben leüten das ihrig emdtfrömbden und nach beggegnenschafft und missethat der person kan man einen oder eine 2, 3, 4 oder mehr wochen oder monat dahin condaminieren.»
[743] StALU, COD 2525, fol. 4r und COD 2535, fol. 27r–30r.

Jeden Morgen sollte das arbeitsfähige Gesindel aus dem Heilig-Geist-Spital genommen und zur Arbeit genötigt werden. Dasselbe sollte auch für die arbeitsfähigen Bettler gelten, die in der Stadt und bei der Hofkirche herumsassen. Man hoffte damit zu erreichen, dass diesen die Arbeit schwer erscheine und sie deshalb aus der Stadt wegziehen würden. Wenn man auch auf der Landschaft diese bösen, arbeitsfähigen und verdächtigen Bettler zu den gnädigen Herren in die Stadt bringen würde, könnte sich auch da die Bettlerplage bessern. Dieser Plan vom Schellenwerk entstand, weil die Stadt durch viele Bettler geplagt wurde.

Noch im gleichen Jahr schritt man zur Realisierung des Planes. Im Ratsprotokoll vom 9. August 1728 ist erwähnt, dass die drei Krienser Melcher Mattman, Fridli Maler und Josef Kretz für drei Monate ins Schellenwerk gesteckt wurden. Es muss ein heisser Sommer gewesen sein, denn diesen Sträflingen wurde nach höflicher Bitte erlaubt, den eisernen Schnabel, also den eisernen Ring am Hals, abzulegen, aber nur während der grossen Hitze.[744] Im Sommer war es kein Problem, die Schellenwerker nachts unterzubringen. Dagegen musste für die kalte Jahreszeit ein heizbarer Raum für sie gesucht werden. Der Rat beschloss am 19. Juni 1728, die sogenannte «Löwengrube» des Jakobusspitals zu räumen. Sie sollte zur Behausung und Beherbergung der Schellenwerker tauglich eingerichtet werden. Mit der Durchführung wurde ein Bauherr der Stadt beauftragt.[745] Am 10. September 1728 ging der Rat noch einmal über die Bücher. Man war sich darüber einig, dass der Jakobusspital für die Beherbergung der Schellenwerksleute am besten und tauglichsten sei, wobei auch der Pfleger des Jakobusspitals, Chorherr Beat Franz Balthasar, befragt wurde. Das Holz zum Heizen des Jakobusspitals sollte der grosse Spital liefern, ebenso das für die Lagerstätten benötigte Stroh. Die Ausgaben für das Schellenwerk wollte man aus dem Umgeld (Steuer) bezahlen.[746] Chorherr Balthasar nahm zu diesen Vorschlägen am 1. Oktober 1728 Stellung. Er gab zu bedenken, dass der Jakobusspital ganz aus Holz und demnach feuergefährlich sei. Die gnädigen Herren beschlossen, dass der Stadtbaumeister und ein Almosnerherr regelmässig den Jakobusspital inspizieren sollten. Alles müsse so instand gesetzt werden, dass das Haus möglichst sicher sei. Den Schellenwerkern sollten die Tabakspfeifen, Zunder und Feuerzeug abgenommen werden. Sollte sich jemand erfrechen, im Jakobusspital zu rauchen oder Feuer zu schlagen, seien es nun Frauen oder Männer, sollten diese unbarmherzig mit der Rute ausgepeitscht werden. Die gnädigen Herren beschlossen, dass die Schellenwerker nur über den Winter im Jakobusspital beherbergt werden sollen.[747] Am 1. September 1730 wurden die Almosnerherren aufgefordert, die Räumlichkeiten im Jakobusspital für die Schellenwerker herzurichten, vermutlich weil es auf die kalte Jahreszeit hin ging. Am 13. Januar 1731 beschloss der Rat nochmals, das Schellenwerk im Jakobusspital aufrechtzuerhalten. Dieses solle inspiziert werden. Allfällige Mängel müssten vom Bauherrn behoben werden.[748] Die Beherbergung der Schellenwerker im Jakobusspital ging aber schon 1747 zu Ende.[749] Sie wurden in den Haberturm beim Niedertor verlegt, in das Ge-

[744] StALU, RP 94, fol. 350v.
[745] StALU, RP 94, fol. 328r.
[746] StALU, RP 94, fol. 356v.
[747] StALU, RP 94, fol. 359r.
[748] StALU, RS 1, pag. 442.
[749] StALU, RS 3, pag. 15 und 17.

fängnis für Zigeuner und Hexen.[750] Da wegen eines einzigen Inhaftierten drei Öfen geheizt werden mussten, verlegte man das Schellenwerk, nach dem Staatsprotokoll vom 2. Juni 1747, in den Obern Turm, wo zur Trennung der beiden Geschlechter zwei Kammern eingerichtet wurden.[751]

2.2.11. Die Waisenkinder

Der Rat der Stadt Luzern war überzeugt, dass ein Waisenhaus gebaut werden sollte. Dies war aber für die Stadt ein kostspieliges Unterfangen. Da man nicht über das nötige Geld verfügte, wurden dazu mehrere Anläufe unternommen. Immer wieder tauchte der Vorschlag auf, den Jakobusspital als Waisenhaus zu benutzen. Am 16. Juli 1695 beriefen die gnädigen Herren einen Ehrenausschuss, der sich mit dem Bau eines Waisenhauses befassen sollte.[752] Diese Berufung hatte jedoch keine Folgen. Der nächste Anlauf für die Planung des Waisenhauses erfolgte erst 37 Jahre später. Am 9. Februar 1732 wurde wiederum ein Ehrenausschuss für die Planung des Waisenhauses berufen.[753] Es dauerte aber weitere sieben Jahre, bis der ernannte Ehrenausschuss am 23. Dezember 1739 den Räten das Projekt eines Waisenhauses vorlegte.[754] Der Ehrenausschuss stellte fest, dass der Müssiggang seit einigen Jahren stark zugenommen habe. Der Müssiggang aber gebäre die Armut. Die notwendigen finanziellen Zuschüsse und die Arbeit für das Erziehen der Kinder würden die vorhandenen Möglichkeiten übersteigen, wie dies die täglichen Erfahrungen des Stadtspitals und der Stadtverwaltung zeigten. Dies bringe aber dem Gemeinwesen viel Leid und richte grossen Schaden an. Es sei bekannt, dass viele Eltern ihre Kinder in die Stadt schicken würden, damit sie da um Almosen bettelten. Dadurch halte man die Kinder nicht zur Arbeit, wohl aber zum Müssiggang an. Der Ausschuss vertrat die Ansicht, dass die gnädigen Herren bemüht sein sollten, das Betteln zu verhindern, den Müssiggang abzuschaffen und die Arbeitsamkeit zu fördern. Dazu gäbe es kein besseres Mittel als ein Waisenhaus. Der Ehrenausschuss schlug vor, im geplanten Waisenhaus eine Fabrik einzurichten, wo ein grobes, nicht kostbares Gewebe hergestellt werden sollte.

Alfons Suter von Münster (Beromünster), von Beruf Wollweber, war nach der Ansicht des Ausschusses die geeignetste Person, um diese Fabrik zu realisieren. Es solle zunächst, ohne grosse Unkosten, nur rotes und graues Bauerntuch hergestellt werden. Als Lokalitäten wurden der Jakobusspital und das Haus hinter der «Farb» ins Auge gefasst. Dadurch könnten die Mädchen von den Buben getrennt untergebracht werden, falls die Fabrik einen grösseren Umfang annehmen sollte. Es wurde beschlossen, Alfons Suter zusätzlich zu befragen. Die Planung des Waisenhauses sollte weitergeführt werden, damit man die Waisenkinder bald zur Arbeit anhalten könne und die Stadt von den Aufwendungen für diese Kinder, welche vorher zu Lasten des Stadtspitals gingen, entlastet würde.

---

[750] LIEBENAU 1937, S. 22.
[751] StALU, RS 3, pag. 15 und 17.
[752] StALU, RP 83, pag. 709.
[753] StALU, RS 1, fol. 490.
[754] StALU, RT 1(1), fol. 130–133.

Suter wünschte, dass er alles, was er für die Herstellung und Ausrüstung von Wolltuch benötigte, von der Stadt erhalte, wie Bäder, Streichen, Webstühle, Rahmen und Walke. Er versprach, diese Gegenstände gut zu unterhalten und Defektes zu ersetzen. Suter erklärte sich bereit, 10–14 Kinder zu übernehmen, die ihr zehntes Lebensjahr erreicht hätten, sie zur Arbeit anzuhalten und sie lehren, das Garn zu rüsten. Er verlangte, dass die Kinder während eines halben Jahres Speise und Kleider von den gnädigen Herren erhalten sollten und dass er während dieser Zeit keinen Lohn zahlen müsse. Für jüngere Kinder mit mindestens acht Jahren gelte das gleiche wie für Kinder bis zum zehnten Lebensjahr. Suter versprach, für diese Kinder Leute zu bediensten. Diese würden dafür sorgen, dass man die Kinder gut halte, und zwar unter dem Schutz der gnädigen Herren. Knaben, die für tauglich befunden würden, einen Beruf zu erlernen, sollten während vier Jahren eine Lehre absolvieren können, jedoch ohne Lohn.

Um diese Aufgabe übernehmen zu können, verlangte Suter von der Stadt ein zinsloses Darlehen von 3000 Gulden für zwei oder drei Jahre. Er versprach, alle zwei oder drei Monate Rechnung abzulegen über Ware, Tuch und Geld. Er wollte auch die hergestellten Stoffe sowohl als Ellen- wie auch als Stückware verkaufen dürfen. Dabei sollte den Auswärtigen das Hausieren mit gleicher Ware verboten werden. Dadurch hoffte er, in kurzer Zeit so viel zu verdienen, dass die Kinder «ihr Stücklein Brot» selbst verdienen könnten. Sodann beriet die Ehrenkommission darüber, ob sie diese Fabrik selbst oder durch Suter betreiben solle. Man entschied sich für Suter, weil diese Lösung wirtschaftlicher sei. Suter verlangte einen Vorschuss von 400 Gulden. Er versprach, bis Ostern drei Tücher von unterschiedlicher Art und Farbe anzufertigen. Nach dem Augenschein im Jakobusspital äusserte Alfons Suter den Wunsch, dass die Zwischenwand der beiden untersten Zimmer herausgerissen werden sollte. Dadurch könnten zwei Webstühle in diesem Raum aufgestellt und die Kinder besser überwacht werden. Diese Fabrik werde sicher keine Verluste machen, aber Brot für viele bringen.

Wieweit diese Tuchfabrik drei Jahre lang funktioniert hat und wie viele Waisenkinder beschäftigt wurden, ist nicht bekannt. In dieser Zeitspanne wurden gleichzeitig auch noch zwischen 300 und 600 Pilger im Jakobusspital im Jahr beherbergt. 1742 stand man vor der Entscheidung, diese Weberei entweder selbst weiterzuführen oder zu verkaufen.[755] Die Gründe dazu sind nicht bekannt. Man entschloss sich, einen Käufer zu suchen, und fand ihn 1743 mit Laurenz Brentani.[756] 1751 plante man die Verlegung des Waisenhauses in das Wollenhaus.[757] Die Gründe, die zu diesem Schritt geführt haben, sind nicht bekannt. Ob zu diesem Zeitpunkt überhaupt noch Waisen im Jakobusspital untergebracht waren, ist fraglich. Sicher ist, dass «die armen Kinder» 1755 im Sentispital beherbergt waren und auch dort verpflegt wurden.[758]

Josef Meyer von Schwarzenbach (bei Beromünster) und Johann Müller boten sich 1757 an, die Schüler des Waisenhauses zu unterrichten. Dazu benötigten sie einen Unterrichtsraum. Der Jakobusspital würde sich nach der Meinung der gnädigen Her-

---

[755] StALU, RT 1(1), pag. 195–196.
[756] StALU, RT 1(1), pag. 205–208 und RS 2, pag. 435–436.
[757] StALU, RS 3, pag. 229.
[758] StALU, SA 195, fol. 1r.

ren gut eignen. Man hatte jedoch mit Josef Gilli bereits einen Vertrag über die Miete des Jakobusspitals abgeschlossen. Gilli habe aber den Vertrag in verschiedenen Punkten nicht eingehalten, weshalb er gekündigt wurde.[759] So erfüllte der Jakobusspital seine letzte Aufgabe für die Waisenkinder und wurde zu ihrem Schulraum.

[759] StALU, RS 3, pag. 447.

3. Schluss

Die vorliegende Studie zeigt, dass Luzern ein nicht unbedeutender Etappenort auf dem Weg nach Santiago de Compostela war. Wenn auch die Stadt nicht an den überregionalen Handelswegen zwischen Bodensee und Genfersee lag, zogen doch viele Pilger da durch, wo sie beherbergt und verpflegt wurden. Die Luzerner fühlten sich verpflichtet, die Werke der christlichen Barmherzigkeit an den Pilgern auszuüben, und errichteten für diese die notwendigen Infrastrukturen. Pilger und Stadt beeinflussten sich gegenseitig. Diese Wallfahrt wirkte auf das gesellschaftliche und kirchliche Leben der Stadt. Durchreisende Pilger machten die Stadt mit dem Grab des Apostels Jakobus im fernen Spanien bekannt, der da bald ein volkstümlicher Heiliger wurde. Man weihte Kirchen und Kapellen in seinem Namen, beschaffte sich Reliquien dieses Heiligen und Kunstgegenstände, die an ihn erinnerten. Bruderschaften, die seinen Namen trugen, wurden gegründet. In diesen Kreisen feierte man Jahrgedächtnisse, um sich das jenseitige Heil zu sichern, und förderte weitere Werke der Barmherzigkeit.

Die zahlreichen Pilgergeschichten geben einen guten Einblick in die Mentalität der Stadtbewohner und Pilger. Dabei ist aber zu beachten, dass die meisten Santiago-Pilger ohne Schwierigkeiten durch die Stadt zogen und deshalb in keinem Protokoll aufgeführt sind. Dagegen bestehen über jene wenigen Pilger Notizen, die sich nicht an die geltende Ordnung gehalten haben oder von denen man dies vermutete. Durch diese wird das Bild des üblichen Pilgers jedoch verzeichnet. Eindrücklich ist vor allem der Gegensatz, wie man einerseits die Werke der christlichen Barmherzigkeit an den Pilgern ausgeübt hat und wie man andererseits mit grosser Härte gegen die andern Insassen des Jakobusspitals, gegen die als Hexen verdächtigten Frauen, die Gefangenen und die Waisenkinder, vorgegangen ist.

Auch die Pilger mussten sich der nicht immer leichten Wirklichkeit der Stadt anpassen. Für die Aufnahme von Pilgern galten strengere Bestimmungen als für andere soziale Gruppen. Die gnädigen Herren der Stadt schwankten häufig zwischen der barmherzigen Aufnahme der «richtigen» Pilger und einer harten Ablehnung der Scheinpilger und Bettler, die sich nur die Infrastrukturen zunutze machen wollten. Die Konfrontationen zwischen Katholiken und Reformierten wurden meistens auf den unteren Ebenen ausgetragen, während die gnädigen Herren nicht darauf aus waren, sich gegenseitig die Augen auszustechen.

Die Pilgerberichte geben Hinweise auf die Wege, welche die Pilger eingeschlagen haben. Den «einen, einzigen Jakobusweg» gab es nie. Orte der Einkehr, der Besinnung und der Rast waren Kirchen, Kapellen, Bildstöcke, Wegkreuze und Herbergen, der Schatten eines Baumes, ein Brunnen oder ein Anwohner am Weg, der dem Pilger aufmunternde Worte mit auf den Weg gab. Weitere Animationen brauchte der Pilger nicht. Er wollte schliesslich nur zum Grab des Apostels Jakobus.

Anhang

1. Ordnung des Jakobusspitals Luzern

(StALU, COD 5145, fol. 212v–214v)
Ordnung Sanct Jacobs spittals.
Wie es midt den armen wandlenden pilgern unnd brüdern deß heiligen himmelfürsten und apostels S. Jacobs deß Meherern iro deß selbigen heiligen apostels spittal zů Lucern gehallten werden sol von der loblichen brůderschaffdt S. Jacobs allda.
Anfencklichs allso angesechen und bevolchen ouch im jar deß Herrn 1514, widerumb ernüwerdt unnd in geschrifft verfaßet vollgends abermalen durch die verordneten Allmůsner herrn der stadt Lucern, abermalen eehaffter ursachen halb ernüwerdt, gemeerdt unnd verbeßerdt unnd von unsern gnädigen Herren den Räten der stadt Lucern bestätiget uff frytag nach trium Regum anno 1591.
1 Erstlich soll diß hůß ein ellende herberg oder spidtal heißen und sinen eignen hußknecht haben, der dem selbigen uffwardten und der brůderschaffdt dienen sol mit beherbergen und spysen der armen wandlenden brüdern und schwöschtern, so sich inn die pilgerschaffdt deß lieben heiligen und patronen diser brůderschaffdt umb Godtes und synes heiligen apostels eere, ouch iren selbs und andern nebenmenschen zů ufferbuwung unnd besserung des läbens, heil und trost der seelen ergeben.
Unnd söllchen synen dienst sol er midt thrüwen flyss und warheit verrichten umb einen bescheidenlichen lon oder bestallung, wie dann ein pfläger der brůderschafft dessen mit inen überkommen mag, und so der selbig pfläger nidt embären will, sol er ime ouch harumb schwören solches zů halldten.

Ordnung des Jakobusspitals.
Wie es mit den armen, wandernden Pilgern und Brüdern des heiligen Himmelsfürsten und Apostels Sankt Jakobus des Älteren in dessen Spital von der löblichen Bruderschaft Sankt Jakobs zu Luzern gehalten werden soll.

Ursprünglich so beschlossen und befohlen im Jahre 1514. Danach überarbeitet und schriftlich niedergelegt durch die dazu abgeordneten Almosnerherren der Stadt Luzern, sodann wegen wichtiger Ursachen nochmals überarbeitet, erweitert und verbessert und von unseren gnädigen Herren, den Räten der Stadt Luzern, auf den 12. Januar 1591 bestätigt.

1 Erstens soll dieses Haus Fremdenherberge oder Spital heissen und einen eigenen Hausknecht haben, der diesen betreuen und der Bruderschaft dienen soll: Er soll die armen wandernden Brüder und Schwestern beherbergen und verpflegen, die sich auf die Wallfahrt zum lieben Heiligen und Patron dieser Bruderschaft begeben, zur Ehre Gottes und seines heiligen Apostels, für sich selbst oder für andere Menschen, zur Erbauung und Besserung des Lebens und zum Heil und Trost der Seelen.

Der Hausknecht soll seinen Dienst treu, fleissig und ehrlich verrichten, gegen einen angemessenen Lohn oder eine Besoldung, die der Pfleger der Bruderschaft mit ihm vereinbaren soll.
Sofern der Pfleger nicht darauf verzichten will, soll der Hausknecht schwören, dies alles zu halten.

2 Er sol ouch in allen dingen des spittals nůtz und eere fürdern unnd betrachten, synen schaden zum besten und moglichsten ab wenden und gethrüwlich uffsechen, das, wo dem spittal an tach und gemach, am husplunder ützit abgan oder schad begegnen wöllt, das selbig unverzogenlich, was er nitt wenden kan, dem pfläger für bringen, damit es verbessertt werde, und zů allem gůtt sorg haben, unnd, was ime ouch sonst fürfallt im hůß oder spittal, es sye der hushaltung oder andr sachen halb, das notwendig oder er vernäme, dem spidtal nutz oder schad sin möchte, das soll er jeder zydt unverzogenlich dem pfläger [fürbringen], und dem selbigen gehorsam, thrüw und gewärtig sin, alls in sin eidt und eere wyßen.

3 Wann dann sollche pilgram, brüder oder schwöstern diser wanderschafft, die denn wäg der selbigen in den namen Godtes unnd Sanct Jacobs ouch den selbigen zů eeren unnd dienst bůwen wellent, ouch allein in sollcher gottsäliger meinnung unnd uß christlichem loblichen vorhaben wie vorgehört sich in dise pilger unnd wanderschafft ergeben, zů dem spittal komment und umb Godtes willen ouch in der eere Sanct Jacobs des heiligen apostels umb herberg bidtend (dahin sy dann ouch von den thorwarten under den thoren gewisen werden sollent), denen soll man herberg, spys und uffenthallt geben uff wys unnd mas wie harnach vollget.

4 Namlich soll der husknecht inen, wann sy uff der farth sind, dachin reisend gan S. Jacob oder dannen harkomment, sy thüyent die fart glych für sich selbs, oder sonst uß andacht, oder syge inen von andern und für andre verdingdt und so veer sy ouch ire schyn zů erzeigen haben, sy midt rechtten sachen umbgangent, für ein mal oder

2 Er soll in jeder Beziehung den Nutzen und die Ehre des Spitals fördern, Schaden nach bester Möglichkeit abwenden und getreu darüber wachen, dass er, wenn dem Spital in baulicher Hinsicht oder an der Einrichtung etwas fehlt oder beschädigt wird, sofern er es nicht verhindern kann, dies unverzüglich dem Pfleger mitteilt, damit der Schaden behoben werden kann. Er soll zu allem gut Sorge tragen und alle Vorkommnisse im Haus oder im Spital, welche die Haushaltung oder andere Sachen betreffen (was notwendig sei oder er vernähme, was dem Spital von Nutzen oder Schaden sein könnte), immer unverzüglich dem Pfleger mitteilen und diesem gegenüber auch gehorsam, treu und dienstbereit sein, so wie ihn sein Eid und seine Ehre dazu verpflichten.

3 Wenn solche Pilger, Brüder oder Schwestern auf dieser Wanderschaft sind, die den Weg im Namen Gottes und Sankt Jakob zu Ehren gehen, die sich in frommer Absicht und löblichem christlichem Vorhaben auf diese Pilgerfahrt oder Wanderschaft begeben und die zum Spital kommen und um Gottes Willen und in der Ehre Sankt Jakobs, des heiligen Apostels, um Herberge bitten (dahin sie von den Torwarten unter den Stadttoren gewiesen werden sollen), denen soll man Herberge, Verpflegung und Gastrecht wie folgt geben.

4 Wenn sie auf der Pilgerfahrt nach Sankt Jakob sind oder von daher kommen, ob sie nun die Pilgerfahrt für sich selbst oder aus Andacht oder stellvertretend für andere machen, sofern sie die Pilgerausweise vorweisen können und ehrliche Leute sind, dann soll ihnen der Hausknecht einmal Einkehr, Herberge und Bett in diesem

ynkeer herberg und geliger geben in disem hus oder spittal, und so es zů winters und kallten zytten wäre, heitzen wie es die nottdurfft ervordert.

Er sol inen ouch ir spys, namlich můs und brott, namlich abends und des vollgenden morgens můs und jedes mals ein brott geben. Dasselbig sol er uß dem gemeinen houptspittal in der statt holen oder bschiken, und inen darreichen, und umb dasselbig sollend ein keller im selben gmeinen houptspittal und ein hussknecht in S. Jacobs spittal jeder ein beylen haben, was man bschikkt anbeylen, und dann ein pfläger S. Jacobs brůderschafft sollches alle fronfasten mitt dem spittal keller abrechnen und verglychen, in massen wie der pfläger dasselbig in syner ordnung haben würdt. Damitt aber desto minder betrugs oder gefaar in der sach gebruchtt werden möge, soll der husknecht die schyn und brieff der pilgern und brüdern dem pfläger zů besichtigen bringen, so bald sy an die herberg komment, und wo die selben brieff überjärig wären, die sol man den nächsten abwysen.

Allso ouch soll man flyssig achtung geben uff die so under dem schyn der pilgerschafftt allso im land umbstrychend, dem bättel und den spittälenn nach, S. Jacob zů einem deckmandtel nemment, villicht nie daselbs gsin oder nachnit willens sind dahin ze züchen, sonder allso mitt irem fullentzen biderben lüten überlestig sind, aber wol werckhen mögent, dise sol man gar nitt in spittal, noch auch sy sonst nit betteln lassen, sonder sy strax hinweg wysen. Wollten aber sy dem nit gehorsamen, soll man sy gfenklich ynzühen und examinieren und nach dem man by inen findt, gegen inen handlen.

5 Unnd ob sonst andere catholische pilger dahar käment, die diser herberg umb Godtes willen begärttend und die ir

Spital geben und im Winter oder in den kalten Jahreszeiten heizen, wie es die Notwendigkeit erfordert.

Er soll ihnen auch ihr Essen geben, nämlich Mus und Brot; und zwar am Abend und am folgenden Morgen Mus und jedesmal ein Brot. Er soll dieses im Hauptspital selbst holen oder jemand schicken und den Pilgern darreichen. Der Keller im allgemeinen Hauptspital und der Hausknecht im Jakobusspital sollen beide ein Kerbholz haben, wo man die Bezugsmengen richtig einkerben soll. Darüber soll der Pfleger der Jakobusbruderschaft alle Fronfasten mit dem Spitalkeller abrechnen und zwar so, wie es in der Ordnung der Pfleger steht.

Damit weniger betrogen oder zu betrügen versucht wird, soll der Hausknecht die Scheine und Ausweise der Pilger dem Pfleger vorlegen, sobald sie in die Herberge kommen. Sofern die Ausweise älter als ein Jahr sind, soll man die Pilger sofort wegweisen.

Ebenso soll man besonders auf jene achten, die eine Pilgerschaft vortäuschen, im Lande umherziehen, betteln und die Spitäler aufsuchen; denen der heilige Jakobus als Deckmantel dient, die nie dort gewesen sind und auch nie dahin ziehen wollen; die mit ihrem Faulenzen den ehrbaren Leuten zur Last fallen, obwohl sie arbeiten könnten. Diese soll man gar nicht im Spital aufnehmen, aber auch nicht betteln lassen, sondern sie sofort wegschicken. Sofern sie dem nicht nachkommen, soll man sie gefangennehmen, verhören und nach Bedarf gegen sie vorgehen.

5 Sofern andere katholische Pilger daher kommen, die um Gottes willen Einlass in diese Herberge begehren, ihre

gwarsame zů erzeigen hätten, sy mitt uffrechten sachen umbgangt, die allso sonst zů andern gottsäligen ortten wallfart gethan oder thun wölltend, die sol man auch allso hallten wie S. Jacobs pilger.

6 Allen disen pilgern, die allso mitt uffrechten sachen umb giengent, sol der hußknecht, wo sy selbs spys hättend unnd ze kochen begerdtend, füwr und liecht geben in des spittals kosten, desglychen wo sy oder ettliche nur allein der blossen herberg begerdtend, inen die selbig ouch mittheilen, so veer und all die wyl sy sich erbarlich und gebürlich halltent.

Und in disen herbrigen sollend junge und allte begriffen und verstanden werden, was uff der pilger oder wanderschafft ist, doch so sollend hierinnen ußgeschlossen sin die so krämery, gwün und gwyrb trybent und ir begangenschafft sonst habent, dann diß allein für die armen dürfftigen, so kein andere begangenschäfft habent, verordnet ist.

6a Und die wyl dann diser spittal und diß allmůsen allein für dürfftige und gottsälige Pilger, die sich eerbarlich, gottsälig und one ergernuß hallten und tragen, und nitt für gottlose und verrůchte lütt und můdtwillige landtfarer gestifft.

So sol der hußknecht auch mitt flys versorgen unnd sechen, das kein unzuchtt, bůbery, můttwill oder anderer er[ger]liche und ungerathne sachen dafürgangent. Und damitt solches desto bas verhüt werden möge, sol den mans und wybspersonen jedem syn besonder und abgesöndert geliger geben, allso das sy nitt zůsamen kommen mögent, auch sechen und schaffen, das sy alle sich ußzühent ehe sy sich zů beth legent.

6b Wo dann jemand under disen pilgern, die man zeherberg uffnimpt, es wäre

Ausweise vorzeigen können und anständige Leute sind, aber nach andern Orten eine Wallfahrt getan haben oder tun wollen, diese sollen wie Jakobuspilger gehalten werden.

6 Allen diesen ehrlichen Pilgern soll der Hausknecht, sofern sie ihr Essen mitbringen und selbst kochen möchten, Feuer und Licht auf Kosten des Spitals geben, ebenso, wenn sie nur um Herberge nachsuchen, soll er ihnen dies gewähren, sofern sie sich ehrbar und gebührlich verhalten.

Diese Herberge ist für Junge und Alte vorgesehen, die auf der Pilger- oder Wanderschaft sind. Ausgeschlossen sollen Krämer, Handels- oder Gewerbetreibende sein und alle, die ihr Auskommen haben, denn dieser Spital ist nur für Arme und Bedürftige bestimmt, die keine Einkünfte haben.

6a Denn dieser Spital und dieses Almosen sind ausschliesslich für bedürftige und fromme Pilger, die ehrbar und fromm sind und kein Ärgernis erregen, und nicht für gottlose und verruchte Leute und mutwillige Landstreicher gestiftet worden.

Der Hausknecht soll fleissig dafür besorgt sein und darauf achten, dass sich keine Unzucht, Bubereien, Mutwilligkeiten oder andere ärgerliche und schlimme Sachen ereignen. Um dies zu verhüten, soll den Männern und Frauen eigene, abgetrennte Betten gegeben werden, damit sie nicht zusammenkommen können. Auch soll der Hausknecht darüber wachen und veranlassen, dass sie sich ausziehen, bevor sie sich ins Bett legen.

6b Wenn jemand von diesen Pilgern, die man beherbergt, es sei Frau oder Mann,

wyb oder mann, so ungeraten wäre, das sy sich mitt füllery uberessen und übertrincken, über alle nottdurfftt, von spyß und trank, so sy ußert dem spittal oder anderstwo gsamlet oder koufftt, und haryn gebracht, oder sonst allso trunken und ungeschikt in spittal käment, oder mitt flůchen, schwören oder gottslestern, oder sonst mitt bösen schelltwortten, hadern und bochen, gegen wem es joch wäre, oder aber mitt unzüchtigen, lychtfertigen wortten und gebärden můttwillig und ergerlich anliesse und hiellte, oder aber sich gegen dem husknechtt, wann er sy heißt schlaffen gan oder wandlen, oder vor oder nach dem essen betten und Gott danksagen, oder sonst in andern zimlich billichen sachen ungehorsam und widerspänig oder sonst argwönig erzeigtte, wie das alles sich begebe, es geschehe mitt geberden, wortten oder werckhen, das sol er von stund an dem pfläger kund thůn, damit er durch sich selbs oder andre könne fürsechung thůn und sollich ungebür abschaffen.

Wäre es aber nachtts, daß er nitt möcht in die stadt kommen, oder der pfläger sonst nitt vorhanden wäre, soll er die von der brůderschafft, so er gehaben oder finden möcht, und so der sälben ouch niemandt so bald ze finden wäre, die nächsten nachpuren oder jeden erbaren mann, einen oder meher, nach dem es die not ervordert, uffmanen und zů ghillffen nemmen. Die sollen dann ime hellffen sollche ungerathne lüt stillen und bendigen und ime vor inen zeschirmen.

Die dann unrecht hettend und sich allso übersehen, sol man den nächsten uß dem spittal stossen und hinweg schaffen und sy heissen dafürhin dises spitals müssigen.

Es wäre dann sach, das der fäler und die unzucht oder übermůtt, sonderlich die

in Völlerei zu viel gegessen und getrunken hat (mit Speis und Trank, die er anderswo erbettelt oder gekauft und in den Spital gebracht hat), wenn jemand betrunken oder unschicklich in den Spital kommt oder flucht, schwört und Gott lästert oder sonst mit bösen Schimpfworten hadert und schimpft, gegen wen es auch wäre, oder mit leichtfertigen Worten und Gebärden mutwillig und ärgerlich Leute anpöbelt und sich entsprechend verhält, oder gegen den Hausknecht, wenn dieser sie zu schlafen oder weiter zu ziehen heisst oder vor und nach dem Essen zu beten und Gott zu danken, oder sich in andern selbstverständlichen Dingen ungehorsam, unnachgiebig oder verdächtig verhält; sofern dies alles geschehe mit Gebärden, Worten oder Taten, soll der Hausknecht dies sofort dem Pfleger mitteilen, damit dieser selbst oder durch andere etwas unternehmen und solche Ungebührlichkeiten abschaffen kann.

Wäre es aber nachts, wenn der Pfleger nicht in die Stadt kommen kann, oder sonst nicht anwesend ist, soll der Hausknecht Leute von der Bruderschaft aufbieten, die er treffen oder finden kann. Sofern solche nicht zu finden sind, soll er die nächsten Nachbarn oder jeden ehrbaren Mann aufbieten, einen oder mehrere, die ihm dann helfen sollen, diese ungeratenen Leute zu beruhigen, zu bändigen und sich vor diesen Leuten zu schützen.

Die etwas unrechtes getan haben und sich so vergangen haben soll man sofort aus dem Spital weisen und fortschaffen und ihnen befehlen, diesen Spital künftig zu meiden.

Wäre jedoch das Vergehen, die Unzucht oder der Übermut, besonders aber die

gotslesterung so groß und schwär ergangen ware, das sy du̇chte billich sin, sy der oberkeit ze antwortten, sollen sy das selbig ouch thůn by dem eid den jeder der statt geschworen.

6c Wann ouch jemands, deren so man in disem spittal beherberget, in dem hus oder an dem husplunder und geschier oder sonst anderen dingen ützit verwüstetend, zerbrächent oder verwarlosetend, sol der hussknecht bestes flysses sechen und dieselbigen verwaren und uffhallten mit lib und gůt, damitt der selbig schad durch sy wiederumb abgetragen und verbessert womöglich und so vil gsin kan, ouch ir vermögen ertragen mag. Es möcht aber der schad unnd der můttwill so groß syn oder sonst sich jemand so argwänig baren und erzeigen, das inne by sinem eid důchte, sy verschaffen gefengklich anzenemmen und unsern gnädigen Herren ze überanttworten, dem selben soll er auch nachkomen.

Gotteslästerung so gross und schwer, dass es ihnen richtig erscheint, sie der Obrigkeit zu überantworten, so sollen sie dies auch tun, bei dem Eid, den jeder der Stadt geschworen hat.

6c Wenn jemand, den man im Spital beherbergt, etwas am Haus, Hausrat oder Geschirr oder anderen Dingen zerstört, zerbricht oder zugrundegehen lässt, soll der Hausknecht dafür besorgt sein, dass er verwahrt und aufgehalten wird mit Leib und Gut, damit der betreffende Schaden durch ihn bezahlt oder repariert werde, soweit das mit seinem Geld möglich ist. Wenn aber der Schaden und der Mutwillen so gross sind, oder wenn sich jemand so verdächtig verhält, dass er (beim geleisteten Eid) glaubt, ihn gefangen nehmen zu müssen und den gnädigen Herren zu überantworten, so soll er dies auch tun.

2. Pfleger des Jakobusspitals[1]

1493	Peter Kündig
1500	Peter Zimmermann und Ulrich Ritter
1512	Jakob Am Ort und Jost zur Gilgen
1520	Jakob Knehr
1524	Wilhelm Richard
1543–1565	Hans Glestig
1577	Galli Grunower
1584–1590	Hans An der Allmend
1591	Ludwig Schürpf
1591–1594	Hans Pfyffer
1594–1597	Bernhard Meyer
1609	Leodegar Pfyffer
1615–1620	Wilhelm Balthasar
1620	Hans An der Allmend
1639–1641	Christoph Pfyffer
1641–1660	Balthasar Feer
1667	Jacob An der Allmend
1674–1677	Johann Leopold Bircher
1677–1687	Johann An der Allmend
1687	Hans Balthasar Kündig
1687–1691	Alexander und Franz Lorenz Pfyffer
1691	Bernhard Leopold Bircher
1695–1697	Leopold Locher
1703	Leopold Bircher
1703	Beat Franz Balthasar
1724	Carl Christoph Pfyffer
1766	Felix Balthasar

[1] StALU AKT A1 F9 Sch. 1021 (Pfleger, Jakobusspital). COD KH 270. RP 80.4, pag. 442 und 456. SA 1831. SA 1832. SA 1833. SA 1834. SA 1835. SA 1838. SA 1840. SA 4519. Einzelne Dokumente sind widersprüchlich

3. Quellen und Literatur

3.1. Ungedruckte Quellen

PFARRARCHIV CHAM	Fraternitas S. Jacobi maioris apostoli, 1519
PFARRARCHIV SINS	Jakobusbruderschaft, 1569
StA, B2/B9	Franz Joseph Scherrer, Wahre und eigentliche Abschilterung deß grossen Stadt Spitals zu Luzern 1771, tab. II, pag. 3
StA, B3.43/B7.11, fol. 60	Revidiertes Grundbuch der Gemeinde Luzern vom 6. 7. 1889
StA, E9/D8.1–2	Planung Verwaltungsgebäude der Ortsbürgergemeinde
StA, F3/A1, Bd. 215–216: K 566	Historischer Kataster
StALU, AKT 13/3361	Belästigung von Pilgern in Laupen
StALU, AKT 29/163 A	Gülten Jakobuspfründe
StALU, AKT 29/163 A	Michaelsbruderschaft
StALU, AKT 39/18 B	Vermögen der Kirchen, Kapellen und Bruderschaften im Kanton Luzern
StALU, AKT A1 F6, Sch. 853	Vorschlag Schellenwerk
StALU, AKT A1 F7, Sch. 896	Grosser Spital, 7. 12. 1720
StALU, AKT A1 F9, Sch. 1006	«Fürtrag», ohne Datum; Andere Kundschaft, 25. 1. 1685; Belästigung von Pilgern, 1581; Erste Kundschaft, 17./27. 1. 1685; Feiertage 1601–1763; Feiertage in Nidwalden; Gerichtsverhandlung, 3. 2. 1685; Musegger Umgang; Pilgerbriefe (Gauch 1628, Gupfer 1632, Martin 1627, Pollinger 1626, Schneller 1667, Schnyder, 1632, von Meggen, 1530, Wagner 1616); Urteil, 5. 2. 1685
StALU, AKT A1 F9, Sch. 1021	Ablass, 15. 9. 1673; Pfleger Jakobusspital; Stukkateure, 12. 8. 1750
StALU, AKT A1 F10, Sch. 2147	Langnauer Brücke 1560 und 1594
StALU, COD 2525–2535	Spitalordnung Luzern 1554/1590 und 1554/1590
StALU, COD 3460	Rechnung Grosser Spital 1765–1766
StALU, COD 4435–4590	Turmbücher 1551–1702
StALU, COD 5145	Almosenordnung 1590
StALU, COD 5175	Almosnerbuch 1591–1593
StALU, COD 6865	Rechnungsbuch 1479–1584
StALU, COD 8685	Umgeldrechnung 1507
StALU, COD 9825	Ordnung Baumeisteramt 1545
StALU, FA 29/101	Pfarrarchiv Hochdorf, Buch IV/A/2, 122/1686
StALU, FA 29/127	Pfarrarchiv Luthern, Buch 8
StALU, KB 400	Jahrzeitbuch Pfarrkirche Littau
StALU, KH 270	Bruderschaftsrechnung St. Leodegar 1686–1701
StALU, KH 315	Zinsurbar Jakobusspital 1615–1631
StALU, RP 1–94	Ratsprotokolle, Kleiner Rat
StALU, RS 1–4	Staatsprotokolle
StALU, RT 1	Ratsprotokoll, Grosser Rat
StALU, SA 1	Urkunde, 21. 9. 1387
StALU, SA 2	Urkunde, 29. 9. 1387
StALU, SA 3	Stiftung, 1. 2. 1421
StALU, SA 180	Rechnungsbuch des Sentispitalpflegers 1434–1501
StALU, SA 195	Verpflegung der Waisenkinder 1753
StALU, SA 1831	Abtragung Jakobusspital, 2. 12. 1852; Brennholzlager Jakobusspital, 14. 9. 1814; Spitalordnungen
StALU, SA 1832	Zinsrodel, Jakobusspital 1619–1620

StALU, SA 1833–1849 — Jakobusspital Rechnungen 1641–1765
StALU, SA 2167 — Ordnung der Beherbergung von Priestern, 1694
StALU, SA 4517 — Generalkongregation, 1. 8. 1594
StALU, SA 4519 — Bruderschaftsrechnung 1591–1596
StALU, SA 4650 — Jakobusspital Rechnung 1660–1669
StALU, SA 4651 — Jakobusspital Rechnung 1660–1687
StALU, SA 5011 — Altarbeleuchtung, 29. 1. 1588
StiA Hof, Nr. 330 — Hl. Kreuzbruderschaft 30. 7. 1568

3.2. Gedruckte Quellen

ACTA SANCTORUM quotquot toto orbe coluntur [...] 1–67, Venedig, Antwerpen, Brüssel 1643–1940, Paris, Rom 1863–1870.
AMMAN, JOST; SACHS, HANS, Das Ständebuch, Leipzig, ohne Datum.
BALTHASAR, HANS URS VON, Die grossen Ordensregeln, Einsiedeln 1961.
BEDA VENERABILIS, Opera historica, Martyrologia, J.- P. Migne (Hg.), Patrologiae latinae 94, Turnhout 1968.
BERNOULLI, AUGUST, Die Luzerner Chronik des Melchior Russ, Basel 1872.
BÖLSTERLI, JOSEF, Das Jahrzeitbuch der Pfarrei Geiss, in: Gfr. 22/1867, S. 209–226.
BÖLSTERLI, JOSEF, Visitationsbericht Dekanat Sursee vom 8. November 1632, in: Gfr. 23/1868, S. 43–53.
BRÜLISAUER, JOSEF, Der Heilig-Geist-Spital in Luzern bis 1500, in: Wicki, Hans (Hg.), Luzern 1178–1978, Luzern 1978, S. 151–170.
CYSAT, RENWARD, Collectanea Chronika, Josef Schmid (Hg.) 1–5, Luzern 1969–1977.
DURRER, ROBERT, Bruder Klaus 1–2, Sarnen 1917–1921.
DURRER, ROBERT; HILBER, PAUL (Hg.), Diebold Schilling, Luzerner Bilderchronik 1513, Genf 1932.
ESTERMANN, MELCHIOR, Geschichte der alten Pfarrei Hochdorf, Luzern 1891.
ETTERLIN, PETERMANN, Kronica von der loblichen Eydtgnoschaft, Basel 1507, Faksimiledruck Winterthur 1978.
ETTERLIN, PETERMANN, Kronica von der loblichen Eydtgnoschaft, Eugen Gruber (Hg.), in: QW 3/3, Aarau 1965.
FAESSLER, FRANZ; HUNKELER, LEODEGAR, Die Regeln des heiligen Benedictus, in: Hans Urs von Balthasar (Hg.), Die grossen Ordensregeln, Einsiedeln 1961, S. 173–259.
GAROVI, ANGELO, Die Örtlichkeitsnamen der Stadt Luzern im Mittelalter, Beiträge zur Stadtgeschichte 2, Luzern 1975.
GOETHE, JOHANN WOLFGANG, Aus meinem Leben, Dichtung und Wahrheit, Ernst Merian-Genast (Hg.) 1–12, Basel 1944
GRIMM, JACOB UND WILHELM, Deutsches Wörterbuch 1–16, Leipzig 1854–1954.
GROTEFEND, HERMANN, Taschenbuch der Zeitrechnung des deutschen Mittelalters und der Neuzeit, Hannover 1982.
GUNZINGER, CHRISTOPHORUS, Peregrinatio Compostellana, Wallfarth vnd Weegweiser zu dem ferren S. Jacob in Gallicia, Wien, 1655.
HÄBLER, KONRAD, Das Wallfahrtsbuch des Hermannus Küng von Vach und die Pilgerreisen der Deutschen nach Santiago de Compostela, Strassburg 1899.
HAHN, KARL AUGUST, Das alte Passional, Frankfurt am Main 1845.
HAMPE, THEODOR, Deutsche Pilgerfahrten nach Santiago de Compostela und das Reisetagebuch des Sebald Örtel (1521–22), in: Mitteilungen aus dem Germanischen Nationalmuseum, Nürnberg 1896, S. 61–82.
HENGSTMANN, LUDWIG (Hg.), Pilgerführer nach Santiago de Compostela (1495), von Hermann Küng von Vach, Solingen 1998.
HERBERS, KLAUS, Der Jakobsweg, Tübingen 1986.
HERBERS, KLAUS (Hg.), Libellus Sancti Jacobi, Jakobus-Studien 8, Tübingen 1997.
HERBERS, KLAUS; PLÖTZ, ROBERT (Hg.), Nach Santiago zogen sie, Berichte von Pilgerfahrten ans «Ende der Welt», München 1996.

HERRLIBERGER, DAVID, Neue und vollständige Topographie der Eydgnoßschaft 1–2, Zürich 1754–1758, Facsimile, Basel 1928.
HIERONYMUS, EUSEBIUS, Ausgewählte Schriften, Ludwig Schade (Hg.), Bibliothek der Kirchenväter 1, München 1914.
HONEMANN, VOLKER, Sebastian Ilsung als Spanienreisender und Santiagopilger, in: Klaus Herbers (Hg.), Deutsche Jakobspilger und ihre Berichte, Jakobus-Studien 1, Tübingen 1988, S. 61–95.
JACOBUS DE VORAGINE, Die Legenda aurea, Richard Benz (Hg.), Heidelberg 1979.
KOTHING, MARTIN; KÄLIN, JOH. B., (Hg.), Die Eidgenössischen Abschiede aus dem Zeitraume von 1681–1712, 6/2, Einsiedeln 1882.
KRÜTLI, JOSEPH KARL, (Hg.), Die Eidgenössischen Abschiede aus dem Zeitraume von 1556–1586, 4/2, Bern 1861.
KRÜTLI, JOSEPH KARL; KAISER, JAKOB, (Hg.), Die Eidgenössischen Abschiede aus dem Zeitraume von 1587–1617, 5/1A, Bern 1872.
LANZ, KARL, Correspondenz des Kaisers Karl V. 1, Leipzig 1844.
LUTHER, MARTIN, Kritische Gesamtausgabe 2, Weimar 1884.
LÜTOLF, ALOIS, Sagen Bräuche und Legenden aus den fünf Orten Luzern, Uri, Schwyz, Unterwalden und Zug, Hildesheim 1976 (Nachdruck der Ausgabe Luzern 1862).
MARTINI, MARTIN, Stadtplan von Luzern 1597.
MERIAN, MATTHAEUS, Topographia Helvetiae, Rhaetiae et Valesiae Frankfurt a. M. 1654, Faksimile Basel 1926.
MEINE, KARL-HEINZ (Hg.), Carta Itineraria Evropae von Martin Waldseemüller, Bonn-Bad Godesberg 1971.
MÜLLER, KUNO, Die Luzerner Sagen, Luzern 1942.
NABHOLZ, HANS, Die Zürcher Stadtbücher des 14. und 15. Jahrhunderts 3, Leipzig 1906.
PFEIFFER, FRANZ, Deutsche Mystiker des vierzehnten Jahrhunderts, Hermann von Fritslar, Nicolaus von Strassburg, David von Augsburg 1, Leipzig 1845.
QW, Quellenwerk zur Entstehung der Schweizerischen Eidgenossenschaft, Urkunden, Rödel und Chroniken, Aarau 1933–1975.
RIEDER, KARL, Regesten zur Geschichte der Bischöfe von Konstanz 3, Innsbruck 1913.
RINGHOLZ, ODILO, Itinerarium Einsidlense, in: Anzeiger für Schweizerische Geschichte 4/1900, S. 343–346.
RÖHRICHT, REINHOLD; MEISNER, HEINRICH, Das Reisebuch der Familie Rieter, Bibliothek des Literarischen Vereins Stuttgart 168, Tübingen 1884.
RÜEGER, JOHANN JAKOB, Chronik der Stadt und Landschaft Schaffhausen 1–2, Carl August Bächtold, Georg Wanner (Hg.), Schaffhausen 1884/1892.
RUPPERT, PHILIPP, Die Chroniken der Stadt Konstanz 1–2, Konstanz 1890/1891.
RYFF, ANDREAS, Reisebüchlein, Friedrich Meyer, Elisabeth Landolt (Hg.), Sonderdruck aus: Basler Zeitschrift für Geschichte und Altertumskunde 22/1972.
SCHIB, KARL, Das Buch der Stifter des Klosters Allerheiligen, Aarau 1933/1934.
SCHILLING, DIEBOLD, Die Luzerner Chronik 1513, Facsimile-Ausgabe.
SCHMID, ALFRED A. (Hg.), Die Schweizer Bilderchronik des Luzerners Diebold Schilling 1513, Luzern 1981.
SCHMID, JOSEF (Hg.), Renward Cysat, Collectanea Chronika 1–5, Luzern 1969–1977.
SCHMITT, MARGARETE (Hg.), Der grosse Seelentrost. Ein niederdeutsches Erbauungsbuch des vierzehnten Jahrhunderts, Niederdeutsche Studien 5, Köln 1959.
SCHNELLER, JOSEPH (Hg.), Melker Russen des Jüngeren, Ritters und Gerichtschreibers zu Luzern, Eidgnössische Kronik, in: Der Schweizerische Geschichtforscher 10, Bern 1838.
SCHNELLER, JOSEPH, Codex diplomaticus des Stiftsarchivs Luzern, Urkunden des 15. Jahrhunderts, in: Gfr. 27/1872, S. 103–149.
SCHNELLER, JOSEPH, Urkunden, in: Gfr. 1/1844, S. 161–163.
SCHNELLER, JOSEPH, Urkunden-Regesten des Bürgerspitals zum heiligen Geist in Luzern (1245–1520), in: Gfr. 7/1851, S. 68–116.
SCHNYDER, WERNER, Mittelalterliche Zolltarife aus der Schweiz, in: Zeitschrift für Schweizerische Geschichte 18/1938, S. 129–204.
SEGESSER, ANTON PHILIPP (Hg.), Die Eidgenössischen Abschiede aus dem Zeitraume von 1421–1477, 2, Luzern 1865.

SEGESSER, ANTON PHILIPP (Hg.), Die Eidgenössischen Abschiede aus dem Zeitraume von 1500–1520, 3/2, Luzern 1869.
SI Schweizerisches Idiotikon, Wörterbuch der schweizer-deutschen Sprache 1–14, Frauenfeld, 1881–1987.
STALDER, FRANZ JOSEPH, Schweizerisches Idiotikon, Aarau 1994.
STAUB, BONIFAZ, Hauptmann Heinrich Schönbrunner von Zug und sein Tagebuch (1500–1537), in: Gfr. 18/1862, S. 205–225.
STRICKLER, JOHANN, Actensammlung zur Schweizerischen Reformationsgeschichte in den Jahren 1521–1532, 1–5, Zürich 1878–1884.
STRICKLER, JOHANN (Hg.), Die Eidgenössischen Abschiede aus dem Zeitraum von 1521–1528, 4/1a, Brugg 1873.
STRICKLER, JOHANN (Hg.), Die Eidgenössischen Abschiede aus dem Zeitraum von 1529–1532, 4/1b, Zürich 1876.
STÜCKELBERG, Ernst Alfred., Schweizerische Santiagopilger, in: Schweizerisches Archiv für Volkskunde 8/1904, S. 61–62.
WANNER, KONRAD, Die Rechtsquellen des Kantons Luzern 1.1, Aarau 1998.
WEBER, PETER XAVER, Das älteste Jahrzeitbuch der Barfüsser zu Luzern, in: Gfr. 72/1917, S. 1–67.
WEBER, PETER XAVER, Das älteste Luzerner Bürgerbuch 1357–1479, in: Gfr. 75/1920, S. 17–154.
WEBER, PETER XAVER, Das «Weissbuch» der Stadt Luzern 1421–1488, in: Gfr. 71/1916, S. 1–138.
WELTI, FRIEDRICH EMIL, Die Pilgerfahrt des Hans von Waltheym im Jahre 1474, Bern 1925.
ZAHND, URS MARTIN, Die autobiographischen Aufzeichnungen Ludwig von Diesbachs, Bern 1986.

3.3. Literatur

AERNI, KLAUS; EGLI, HANS-RUDOLF, Zusammenhänge zwischen Verkehrs- und Siedlungsentwicklung in der Schweiz seit dem Mittelalter, Geographica Helvetica 2/1991, S. 71–78.
ANDERES, BERNHARD; HOEGGER, PETER, Die Glasgemälde im Kloster Wettingen, Baden 1988.
BAIER-FUTTERER, ILSE, Die Bildwerke der Romanik und Gotik, Zürich 1936.
BAUM, JULIUS, Die Luzerner Skulpturen bis zum Jahre 1600, Luzern Geschichte und Kultur 3/7, Luzern 1965.
BAUMANN, MAX, Stilli, Von Fährleuten, Schiffern und Fischern im Aargau, Windisch 1996.
BAUMANN, MAX; LÜDIN, OSWALD, Freudenau, Burg und Siedlung an der Aare, Sonderdruck aus Brugger Neujahrsblätter 1975, S. 19–72.
BENZERATH, MICHAEL, Die Kirchenpatrone der alten Diözese Lausanne im Mittelalter, Freiburg i. Ü. 1914.
BERGMANN, UTA, Zwei spätgotische Altarflügel aus der Spitalkapelle in Luzern, in: JHGL 15/1997, S. 53–66.
BICKEL, AUGUST, Willisau, Geschichte von Stadt und Umland bis 1500, LHV 15, 1–2, Luzern 1982.
BLASER, FRITZ, Die Gemeinden des Kantons Luzern, Luzern 1949.
BLUM, JOLANDA, Jakobswege durch die Schweiz, Unterwegs auf Etappen der Pilgerreise nach Santiago de Compostela, Thun 1998.
BODE, WILHELM, Goethes Schweizer Reisen, Leipzig 1922.
BOEHEIM, WENDELIN, Handbuch der Waffenkunde, Leipzig 1890.
BÖLSTERLI, JOSEF, Geschichte der Feiertage im Kanton Luzern, in: Gfr.32/1877, S. 221–256.
BÖLSTERLI, JOSEF, Urkundliche Geschichte der Pfarrei Ruswil, in: Gfr. 26/1871, S. 67–229.
BÖLSTERLI, JOSEF, Urkundliche Geschichte der Pfarrei Sempach, in: Gfr. 15/1859, S. 1–106.
BORST, OTTO, Alltagsleben im Mittelalter, Frankfurt am Main 1983.
BÖSCH, RUEDI, Burgdorf–Huttwil. Auf der mittelalterliche Hauptverbindung von Bern nach Luzern, in: Inventar historischer Verkehrswege der Schweiz (IVS) (Hg.), Wanderungen auf historischen Wegen, Thun 1990, S. 168–179.
BOSCHUNG, MORITZ, Auf Jakobswegen von Schwarzenburg nach Freiburg, Freiburg 1991.
BOSCHUNG, MORITZ; DEWARRAT, JEAN-PIERRE; EGLOFF, EDUARD; PFULG GÉRARD, Chemins de Saint-Jacques en terre fribourgeoise, Repères fribourgeois 4, Fribourg 1993.
BOTTINEAU, YVES, Der Weg der Jakobspilger, Bergisch Gladbach 1987.
BRANDSTETTER, RENWARD, Renward Cysat, Luzern 1909.

BRAUN, BETTINA, Die Eidgenossen, das Reich und das politische System Karls V. Schriften zur Verfassungsgeschichte 53, Berlin 1997.
BRÜLISAUER, JOSEF, Der Heilig-Geist-Spital in Luzern bis 1500, in: Hans Wicki (Hg.), Luzern 1178–1978, Luzern 1978, S. 151–170.
BURGHARTZ, SUSANNA, Hexenverfolgung als Frauenverfolgung? Die Luzerner Prozesse im 15./16. Jahrhundert, Lizentiatsarbeit, Basel 1983.
BÜRKLI, ANTON; SCHWINGRUBER ANTON, Werthensteiner Dorf-Chronik, Ruswil 1983.
BÜTLER, JOSEF, Das Wunder von Ettiswil, Gedenkschrift zur 500 Jahrfeier einer Sühnewallfahrt zum hl. Sakrament 1447–1947, Willisau 1947.
BÜTTNER, HEINRICH, Vom Bodensee und Genfersee zum Gotthardpass, in: Die Alpen in der europäischen Geschichte des Mittelalters, Konstanzer Arbeitskreis für mittelalterliche Geschichte (Hg.), Vorträge und Forschungen 10, Stuttgart 1965, S. 77–110.
CARITAS-VERLAG (Hg.), Ein gutes Stück Weg, Auf dem Jakobsweg von Einsiedeln nach Rüeggisberg, Luzern 1999.
CAUCCI VON SAUCKEN, PAOLO G.; STREIT, WERNER, In ytinere stellarum, Die Wallfahrt nach Santiago de Compostela, Tausend Jahre europäische Tradition, Salzburg 1990.
CAUCCI VON SAUCKEN, PAOLO G., Santiago de Compostela, Augsburg 1996.
DEGEN, HORST, Jakobus in Graubünden: Spurensuche und Mutmassungen, in: Die Kalebasse 14/1994.
DIERAUER, JOHANNES, Geschichte der Schweizerischen Eidgenossenschaft 1–6, Nachdruck, Bern 1967.
DIRLMEIER, ULF, Untersuchungen zu den Einkommensverhältnissen und Lebenshaltungskosten in oberdeutschen Städten des Spätmittelalters, Heidelberg 1978.
DLL, Deutsches Literatur Lexikon 1–15, Bern 1968–1993.
DOERFEL, CHRISTINE, Pfäffikon–Einsiedeln–Schwyz, Teilstück eines Pilgerweges nach Santiago de Compostela, in: Inventar historischer Verkehrswege (IVS) (Hg.), Wanderungen auf historischen Wegen, Thun 1990, S. 130–143.
DOMMANN, HANS, Littau, Der geschichtliche Weg einer bäuerlichen Gemeinschaft im Vorfeld Luzerns, in: Hans Domman; Fritz Glauser (Hg.), Litowo-Littau, Beiträge zur Ortsgeschichte, Littau 1979, S. 9–70.
DUBLER, ANNE-MARIE, Geschichte der Luzerner Wirtschaft, Luzern 1983.
DUBLER, ANNE-MARIE, Handwerk, Gewerbe und Zunft in der Stadt und Landschaft Luzern, LHV 14, Luzern 1982.
DUBLER, ANNE-MARIE, Masse und Gewichte im Staat Luzern und in der alten Eidgenossenschaft, Luzern 1975.
DUBLER, ANNE-MARIE, Müller und Mühlen im alten Staat Luzern, LHV 8, Luzern 1978.
DÜNNINGER, JOSEF, Die Legende des heiligen Leonhard im Prosapassional, in: Helege Gerndt, Georg R. Schroubek (Hg.), Dona Ethnologica, Festschrift für Leopold Kretzenbacher, Südeuropäische Arbeiten 71, München 1973, S. 233–240.
DÜRRENMATT, PETER, Schweizer Geschichte, Zürich 1963.
DURRER, ROBERT, Bruder Klaus, Die ältesten Quellen über den seligen Niklaus von Flüe 1, Sarnen 1917–1921.
EGLI, E., Ein St. Jakobspilger vom Jahr 1531, in: Zwingliana 1, Zürich 1904, S. 175–176.
EGLI, MICHAEL, Pfarrkirche, Kapellen und Wegkreuze der Pfarrei St. Pankratius in Hitzkirch, in: Heimatkunde aus dem Seetal 62/1989, S. 5–39.
ENGELS, ODILO, Die Anfänge des spanischen Jakobusgrabes in kirchenpolitischer Sicht, in: Römische Quartalschrift für christliche Altertumskunde und Kirchengeschichte 75/1980, S. 146–170.
ESTERMANN, MELCHIOR, Geschichte der alten Pfarrei Hochdorf, Luzern 1891.
ESTERMANN, MELCHIOR, Geschichte des löblichen Ruralkapitels Hochdorf, Luzern 1892.
FLÜE, NIKLAUS VON, Der Jacobs-Brüder Jahrzytrodel, in: Gfr. 152/1999, S. 161–190.
FRANZ, ADOLPH, Die Kirchlichen Benediktionen im Mittelalter 2, Freiburg i. Br. 1909.
FRAUENFELDER, REINHARD, Die Patrozinien im Gebiet des Kantons Schaffhausen, Schaffhausen 1928.
FREI, JEAN-MARC, Die Entwicklung des luzernischen Hauptverkehrsnetzes im Zeitalter des Chausseenbaus (1750–1850), Lizentiatsarbeit, Bern 1982.
GAIFFIER, BAUDOUIN DE, Études critiques d'hagiographie et d'iconologie. Subsidia hagiographica 43, Bruxelles 1967, S. 194–232.

GEERING, TRAUGOTT, Handel und Industrie der Stadt Basel, Basel 1886.
Gfr., Der Geschichtsfreund, Mitteilungen des Historischen Vereins der fünf Orte Luzern, Uri, Schwyz, Unterwalden ob und nid dem Wald und Zug 1 ff., Einsiedeln 1844–1893 und Stans 1894 ff.
GLAUSER, FRITZ, Das alte Willisauer Spital, in: Kantonales Kreisspital Wolhusen 1972, Wolhusen 1972, S. 89–95.
GLAUSER, FRITZ, Das Barfüsserkloster Luzern von der Gründung bis 1600, in: Clemens Hegglin und Fritz Glauser (Hg.), Kloster und Pfarrei zu Franziskanern in Luzern, LHV 24/1989, S. 25–91.
GLAUSER, FRITZ, Der Gotthardtransit von 1500 bis 1660, Seine Stellung im Alpentransit, in: Schweizerische Zeitschrift für Geschichte 29/1979, S. 16–52.
GLAUSER, FRITZ, Der internationale Gotthardtransit im Licht des Luzerner Zentnerzolls von 1493–1505, in: Schweizerische Zeitschrift für Geschichte 18/1968, S. 177–245.
GLAUSER, FRITZ, Die Stadt und Fluss zwischen Rhein und Alpen, in: Erich Maschke, Jürgen Sydow (Hg.), Die Stadt am Fluss, Geschichte der Stadt 4, Sigmaringen 1978, S. 62–99.
GLAUSER, FRITZ, Fluss und Siedlung, in: Geographica Helvetica 2/1991, S. 67–70.
GLAUSER, FRITZ, Littau 1178, in: Domman Hans; Glauser Fritz (Hg.), Litowo-Littau, Beiträge zur Ortsgeschichte, Littau 1979, S.71–92.
GLAUSER, FRITZ, Luzern 1291, in: JHGL 9/1991, S. 2–40.
GLAUSER, FRITZ, Über Luzerns Beziehungen zur Ettiswiler Sakramentskapelle 1450–1456, in: Heimatkunde des Wiggertales 32/1974, S. 55–62.
GLAUSER, FRITZ, Verkehr im Raum Luzern–Reuss–Rhein im Spätmittelalter, Verkehrsmittel und Verkehrswege, in: JHGL 5/1987, S. 2–19.
GLAUSER, FRITZ; SIEGRIST, JEAN JACQUES, Die Luzerner Pfarreien und Landvogteien, LHV 7, Luzern 1977.
GÖSSI, ANTON, Die demographischen und genealogischen Quellen in den Pfarrarchiven des Kantons Luzern bis 1875, LHV, Archivinventare Heft 1, Luzern 1976.
GÖSSI, ANTON, Die Pfarrei Rothenburg und ihre Kirchen, Ein Führer durch ihre Geschichte, Emmenbrücke 1996.
GÖSSI ANTON; SCHNYDER HANS, Luzern, in: Helvetia Sacra, Abt. 3, Bd. 1, T. 2, Bern 1986, S. 832–855.
GÖTTLER, WERNER, Die Beherbergung von Pilgern und anderen sozialen Gruppen in Luzern (16./17. Jahrhundert), in: Klaus Herbers (Hg.), Stadt und Pilger, Soziale Gemeinschaften und Heiligenkult, Jakobus-Studien 10, Tübingen 1999, S. 161–199.
GRASS, FRANZ; SCHREIBER, GEORG; JASSMEIER, JOACHIM, Bruderschaft, in: LThK 1958, 2, Sp. 719–721.
GRIBL, ALBRECHT, Die Legende vom Galgen- und Hühnerwunder in Bayern, Eine ikonographische Gegenwartsspur der mittelalterlichen Fernwallfahrt nach Santiago de Compostela, in: Bayerisches Jahrbuch für Volkskunde 1976/77, Volkach vor Würzburg 1978, S. 36–52 und Abb. 60–68.
GRIMM, JACOB und WILHELM, Deutsches Wörterbuch 1–16, Leipzig 1854–1954.
GRUBER, EUGEN, Die Stiftungsheiligen der Diözese Sitten im Mittelalter, Freiburg i. Ü. 1932.
GRÜN ANSELM, Auf dem Wege. Zu einer Theologie des Wanderns, Münsterschwarzach 1983.
GUGGISBERG, FRITZ, Jakobswege, Jakobspilger, Pilgerwege von der Gürbe zur Sense, Schwarzenburg 1995.
HBLS, Historisch-Biographisches Lexikon der Schweiz 1–7 und Supplementband, Neuenburg 1921–1934.
HECKER, CLEMENS, Die Kirchenpatrozinien des Archidiakonates Aargau im Mittelalter, in: Zeitschrift für Schweizerische Kirchengeschichte, Beiheft 2, Freiburg i. Ü. 1946.
HEINEMANN, FRANZ, Der Richter und die Rechtspflege in der deutschen Vergangenheit, Monographien zur deutschen Kulturgeschichte 4, Leipzig 1900.
HELLWIG, GERHARD, Lexikon der Masse und Gewichte, Gütersloh 1982.
HENGGELER, RUDOLF, Die Jahrzeitbücher der fünf Orte, in: Gfr. 93/1938, S. 1–58.
HENGGELER, RUDOLF, Die kirchlichen Bruderschaften und Zünfte der Innerschweiz, Einsiedeln 1955.
HENGGELER, RUDOLF, S. Jacobus Major und die Innerschweiz, in: Spanische Forschungen der Görresgesellschaft, Erste Reihe, Gesammelte Aufsätze zur Kulturgeschichte Spaniens 20, Münster Westfalen 1962, S. 283–294.
HENNIG, JOHN, Ein Schweizer Schicksal in Spanien, in: Zeitschrift für Schweizerische Kirchengeschichte 49/1955.

HERBERS, KLAUS, Der erste deutsche Pilgerführer: Hermann Künig von Vach, in: Klaus Herbers (Hg.), Deutsche Jakobspilger und ihre Berichte, Jakobus-Studien 1, Tübingen 1988, S. 29–49.
HERBERS, KLAUS, Der Jakobuskult des 12. Jahrhunderts und der «Liber Sancti Jacobi», Historische Forschungen 7, Wiesbaden 1984.
HERBERS, KLAUS, Frühe Spuren des Jakobuskultes im alemannischen Raum (9.–11. Jahrhundert), Von Nordspanien zum Bodensee, in: Klaus Herbers, Dieter R. Bauer (Hg.), Der Jakobuskult in Süddeutschland, Jakobus-Studien 7, Tübingen 1995, S. 3–27.
HERBERS, KLAUS; PLÖTZ, ROBERT (Hg.), Nach Santiago zogen sie, Berichte von Pilgerfahrten ans «Ende der Welt», München 1996.
HERGEMÖLLER, BERND-ULRICH; WEIGAND, RUDOLF, Bruderschaft, in: LMA 2, 1983, Sp. 738–741.
HERZOG, B., Chorherr Ludwig Helmlin und seine Jerusalem-Fahrt, in: Gfr. 31/1876, S. 336–360.
HERZOG, GEORGES, Das kulturelle Ruswil, in: Berthe Widmer (Hg.), Ruswil, Geschichte einer Luzerner Landgemeinde, Ruswil 1987, S. 363–419.
HERZOG, GEORGES, Die Kerzenstangen der Bruderschaften und Zünfte im Kanton Luzern, in: JBHL 2/1984, S. 2–75.
HOFFMANN-KRAYER, E.; BÄCHTOLD-STÄUBLI, HANNS (Hg.) Handwörterbuch des deutschen Aberglaubens 1–10, Berlin 1927–1942.
HONEMANN, VOLKER, Hermann Künig, in: VL 5, 1984, Sp. 437–438.
HONEMANN, VOLKER, Sebastian Ilsung, in: VL 4, 1983, Sp. 364–365.
HORAT, HEINZ, Die Kunstdenkmäler des Kantons Luzern 1, Neue Ausgabe, Das Amt Entlebuch, Basel 1987.
HÜFFER, HERMANN J., Sant'Jago, München 1957.
HUNKELER, MARTIN, Geschichte der Gemeinden Menznau (Geiss und Menzberg) und Werthenstein, Sursee 1908.
HURNI, CHARLES, Strassen, öffentlicher Verkehr und Postwesen, in: Berthe Widmer (Hg.), Ruswil, Geschichte einer Luzerner Landgemeinde, Ruswil 1987, S. 345–361.
HUSCHENBETT, DIETRICH, Hans von Waltheym, in: VL 3, 1981, Sp. 460–463.
INSA, Inventar der neueren Schweizer Architektur 1850–1920, 1–10, Bern 1984–1992.
JÄGGI, STEFAN, Alraunenhändler, Schatzgräber und Schatzbeter im alten Staat Luzern des 16.–18. Jahrhunderts, in: Gfr. 146/1993, S. 37–113.
JEDIN, HUBERT, Handbuch der Kirchengeschichte 1–7, Freiburg i. Br. 1985.
JHGL, Jahrbuch der Historischen Gesellschaft Luzern 1/1983 ff.
KIMPEL, SABINE, Jakobus der Ältere (Major), Zebedäus, Bruder des Johannes (Santiago), in: Engelbert Kirschbaum (Hg.), Lexikon der christlichen Ikonographie 7, Freiburg i. Br. 1974, Sp. 23–39.
KIRSCHBAUM, ENGELBERT (Hg.), Lexikon der christlichen Ikonographie 1–8, Freiburg i. Br. 1968–1976.
KÖTTING, BERNHARD, Peregrination Religiosa, Wallfahrten in der Antike und das Pilgerwesen in der alten Kirche, Regensberg 1950.
KRAUSE, GERHARD; STUPPERICH, ROBERT, Bruderschaftern, Schwesterschaften, Kommunitäten, in: TRE 7, 1981, S. 195–208.
KÜNSTLE, KARL, Die Legende der drei Lebenden und der drei Toten und der Totentanz nebst einem Exkurs über die Jakobslegende, Freiburg i. Br. 1908, S. 5–9 und 18–27.
KUPCIK, IVAN, Alte Landkarten, Von der Antike bis zum Ende des 19. Jahrhunderts, Hanau 1980.
KUPCIK, IVAN, Karten der Pilgerstrassen im Bereich der heutigen Schweiz und des angrenzenden Auslandes vom 13. bis zum 16. Jahrhundert, in: Cartographica Helvetica 6/1992, S. 17–28.
KURMANN, JOSEF, Die politische Führungsschicht in Luzern 1450–1500, Luzern 1976.
LASSOTTA, ARNOLD, Pilger- und Fremdenherbergen und ihre Gäste, in: Lenz Kriss-Rettenbeck; Gerda Möhler (Hg.), Wallfahrt kennt keine Grenzen, München 1984, S. 128–142.
LHV Luzerner Historische Veröffentlichungen 1 ff. Luzern 1974 ff.
LIEBENAU, THEODOR VON, Das alte Luzern, Luzern 1937.
LIEBENAU, THEODOR VON, Ritter Melchior Ruß von Luzern, in: Katholische Schweizer-Blätter 12/1870, S. 299–314, 343–356, 384–393.
LIPP, WOLFGANG, Der Weg nach Santiago, Jakobswege in Süddeutschland, Ulm 1991.
LMA, Lexikon des Mittelalters 1 ff., München 1980 ff.
LThK, Lexikon für Theologie und Kirche 1–10, Freiburg i. Br. 1957–1965.

LUSSI, KURT, Merkwürdiges aus Buholz, Willisau 1989.
LUSTENBERGER, OTHMAR, Einsiedeln und «Die Walfart und Straß zu Sant Jacob» des Hermann Künig von Vach, in: Mitteilungen des Historischen Vereins des Kantons Schwyz 91/1999, S. 49–66.
LÜTOLF, ALOIS, Die Leprosen und ihre Verpflegung in Luzern und der Umgegend, ein Beitrag zur Kulturgeschichte, in: Gfr. 16/1860, S. 187–247.
LÜTOLF, ALOIS, Zur Ortsnamenkunde besonders in den fünf Orten, in: Gfr. 20/1864, S. 248–301.
LÜTOLF, KONRAD, Geschichte von Meierskappel, in: Gfr. 56/1901, S. 1–152.
LÜTOLF, KONRAD, Pfarrgeschichte von Root, Root 1908.
LUZERNER TAGBLATT, 29. 5. 1973, Nr. 124, Vom Wyberchöfi zum Wohlfahrtsamt.
MATHIS, HANS PETER, Pilgerwege der Schweiz: Schwabenweg Konstanz-Einsiedeln, Auf dem Pilgerweg nach Santiago de Compostela, Frauenfeld 1993.
MEIER, PIRMIN, Schweiz, Geheimnisvolle Welt im Schatten der Alpen, Magisch Reisen, München 1993.
MEYER-SIDLER, EUGEN, Willisau, Kleiner Geschichts- und Kunstführer, Willisau 1985.
MIECK, ILJA, Zur Wallfahrt nach Santiago de Compostela zwischen 1400 und 1650, in: Spanische Forschungen der Görresgesellschaft, Reihe 1, Gesammelte Aufsätze zur Kulturgeschichte Spaniens 29, Münster 1978, S. 483–533.
MILITZER, KLAUS, Jakobusbruderschaften in Köln, in: Rheinische Vierteljahrs-Blätter 55/1991, S. 84–134.
MING, JOHANN JOSEPH, Der selige Nikolaus von Flüe, sein Leben und Wirken 1–4, Luzern 1861–1878.
MISCHLEWSKI, ADALBERT, Antoniter (Hospitaliter), in: LMA 1, München 1980, Sp. 734–735.
MITTLER, MAX, Pässe Brücken Pilgerpfade, Historische Verkehrswege der Schweiz, Zürich 1988.
MOJON, LUC, Die Antonierkirche, in: Die Kunstdenkmäler des Kantons Bern, Die Kirchen der Stadt Bern 5, Basel 1969, S. 3–28.
MOOS, XAVER VON, Die Kunstdenkmäler des Kantons Luzern 1, Die Ämter Entlebuch und Luzern-Land, Basel 1946.
MORGENTHALER, HANS, Die Geschichte des Burgerspitals der Stadt Bern, Bern 1945.
MÜLLER, ANTON E., Die restaurierte Dorfkapelle St. Jakob in Ermensee, in: Vaterland vom 7. 5. 1983, Nr. 106.
MÜLLER, ISO, Die churrätische Wallfahrt im Mittelalter, Schriften der Schweizerischen Gesellschaft für Volkskunde 34, Basel 1964.
MÜLLER, ISO, Santiagopilger aus der Innerschweiz, in: Innerschweizer Jahrbuch für Heimatkunde 17/18/1954, S. 189–192.
NÜSCHELER, ARNOLD, Die Gotteshäuser der Schweiz, Dekanat Cham, in: Gfr. 40/1885, S. 1–82.
NÜSCHELER, ARNOLD, Die Gotteshäuser der Schweiz, Dekanat Luzern, in: Gfr. 44/1889, S. 1–78.
NÜSCHELER, ARNOLD, Die Gotteshäuser der Schweiz, Heft 2, Archidiakonate, Breisgau, Klettgau, Vor dem Schwarzwald und Thurgau, Zürich 1867.
NÜSCHELER, ARNOLD, Die Gotteshäuser der Schweiz, Heft 3, Archidiakonat Zürichgau, Zürich 1873.
NÜSCHELER, ARNOLD; LÜTOLF, KONRAD, Die Gotteshäuser der Schweiz, Kapitel Hochdorf, in: Gfr. 57/1902, S. 93–128.
NÜSCHELER, ARNOLD; LÜTOLF, KONRAD, Die Gotteshäuser der Schweiz, Dekanat Sursee, in: Gfr. 60/1905, S. 163–231.
NÜSCHELER, ARNOLD; LÜTOLF, KONRAD, Die Gotteshäuser der Schweiz, Dekanat Willisau, in: Gfr. 61/1906, S. 221–267.
OCHSNER, MARTIN, Schwyz und der Verkehr über den St. Gotthard, in: Mitteilungen des Historischen Vereins des Kantons Schwyz 35/1927.
OHLER, NORBERT, Pilgerleben im Mittelalter, Zwischen Andacht und Abenteuer, Freiburg i. Br. 1994.
OHLER, NORBERT, Reisen im Mittelalter, München 1986.
PAULI LUDWIG, Die Alpen in Frühzeit und Mittelalter, Zürich 1980.
PETER, LEO, Die ältesten Wege und Strassen von und nach dem alten Luzern, in: Der Artillerist, Organ des Artillerievereins Luzern 2+3/1968, S. 25–28.
PEYER, HANS CONRAD (Hg.), Gastfreundschaft, Taverne und Gasthaus im Mittelalter, Schriften des Historischen Kollegs, Kolloquien 3, München 1983.

PEYER, HANS CONRAD, Von der Gastfreundschaft zum Gasthaus, Studien zur Gastlichkeit im Mittelalter, Monumenta Germaniae Historica 31, Hannover 1987.
PFAFF, CARL, Die Familie Schilling, in: Alfred A. Schmid (Hg.), Die Schweizer Bilderchronik des Luzerner Diebold Schilling 1513, Luzern 1981, S. 535–540.
PFISTER, RUDOLF, Kirchengeschichte der Schweiz 1–3, Zürich 1964–1985.
PLÖTZ, Robert, der hunlr hinder dem altar saltu nicht vergessen, Zur Motivgeschichte eines Flügelaltars der Kempener Propsteikirche, in: Stefan Frankewitz (Hg.), Epitaph für Gregor Hövelmann, Beiträge zur Geschichte des Niederrheins dem Freund gewidmet, Geldern 1987, S. 119–170.
PLÖTZ, ROBERT, Pilgerfahrt zum heiligen Jakobus, in: Paolo Caucci von Saucken (Hg.), Santiago de Compostela, Augsburg 1996, S. 17–37.
RAHN, J. R., Zur Statistik schweizerischer Kunstdenkmäler, in: Anzeiger für schweizerische Altertumskunde 5, 2/1886, S. 274–276.
REICKE, SIEGFRIED, Das deutsche Spital und sein Recht im Mittelalter 1, Stuttgart 1932.
REINLE, ADOLF, Die Ausstattung deutscher Kirchen im Mittelalter, Darmstadt 1988.
REINLE, ADOLF, Die Kunstdenkmäler des Kantons Luzern 2, Die Stadt Luzern, T. 1, Basel 1953.
REINLE, ADOLF, Die Kunstdenkmäler des Kantons Luzern 3, Die Stadt Luzern, T. 2, Basel 1954.
REINLE, ADOLF, Die Kunstdenkmäler des Kantons Luzern 4, Das Amt Sursee, Basel 1956.
REINLE, ADOLF, Die Kunstdenkmäler des Kantons Luzern 5, Das Amt Willisau, Basel 1959.
REINLE, ADOLF, Die Kunstdenkmäler des Kantons Luzern 6, Das Amt Hochdorf, Basel 1963.
REMLING, LUDWIG, Bruderschaften in Franken, Quellen und Forschungen zur Geschichte des Bistums und Hochstifts Würzburg 35, Würzburg 1986.
RICHARD, JEAN, Lusignan, in: LMA 6/1993, Sp. 17–19.
RINGHOLZ, ODILO, Geschichte des fürstlichen Benediktinerstiftes U.L.F. von Einsiedeln, Einsiedeln 1904.
RINGHOLZ, ODILO, Wallfahrtsgeschichte Unser Lieben Frau von Einsiedeln, Freiburg i. Br. 1896.
RITENKONGREGATION, Der Römische Kalender gemäss Beschluss des Zweiten Vatikanischen Konzils erneuert und von Papst Paul VI. eingeführt, Liturgische Institute Salzburg, Trier und Zürich (Hg.), Nachkonziliare Dokumentation 20, Trier 1969.
RITTMEYER, DORA F., Geschichte der Luzerner Silber- und Goldschmiedekunst, Von den Anfängen bis zur Gegenwart, Luzern Geschichte und Kultur 3/4, Luzern 1941.
ROSENFELD, HELLMUT, Legende, Realien zur Literatur, Abt. E: Poetik, Sammlung Metzler 9, Stuttgart 1972.
SABLONIER, ROGER, Innerschweizer Gesellschaft im 14. Jahrhundert, in: Innerschweiz und frühe Eidgenossenschaft, Historischer Verein der Fünf Orte (Hg.) 2, Olten 1990, S. 11–233.
SCHACHER, JOSEPH, Das Hexenwesen im Kanton Luzern nach den Prozessen von Luzern und Sursee 1400–1675, Luzern 1947.
SCHAUBER, VERA; SCHINDLER, HANNS MICHAEL, Die Heiligen und Namenspatrone im Jahreslauf, Zürich 1985.
SCHIB, KARL, Geschichte der Stadt und Landschaft Schaffhausen, Schaffhausen 1972.
SCHMID, ALFRED A., Kunstführer durch die Schweiz 1–3, Wabern 1971–1982.
SCHMIDT, LEOPOLD, Die Volksverehrung des hl. Jacobus major als Pilgerpatron mit besonderer Berücksichtigung Österreichs, in: Österreichische Zeitschrift für Volkskunde, Neue Serie 31, Gesamtserie 80, 1977, S. 69–99.
SCHNELLER, DANIEL, Unterwegs auf dem Jakobsweg, Wanderführer zu Kirchen, Klöstern und Kapellen in Obwalden, Gesellschaft für Schweizerische Kunstgeschichte (Hg.), Reihe Schweizerische Kunstführer, Bern 1999.
SCHNELLER, JOSEF, Das Hexenwesen im sechszehnten Jahrhundert, in: Gfr. 23/1868, S. 351–370.
SCHNELLER, JOSEF, Die Augustinerinnen zu Obereschenbach und ihre Geschichte, in: Gfr. 10/1854, S. 64–138.
SCHULTE, ALOYS, Geschichte des mittelalterlichen Handels und Verkehrs zwischen Westdeutschland und Italien mit Ausschluss von Venedig 1, Berlin 1966.
SCHUPPLI, BERNHARD, Gottzfart, Auf dem Jakobus-Pilgerweg durch den Thurgau, Ermatingen 1987.
SCHÜTT, CHRISTIAN, Chronik der Schweiz, Zürich 1987.
SCHWEIZER, JÜRG, Die Kunstdenkmäler des Kantons Bern, Landband 1, Die Stadt Burgdorf, Basel 1985.
SCHWEIZER TOURISMUS (Hg.), Auf den Spuren der Jakobspilger, in: Wege zur Schweiz, Zürich o. J., S. 8–11.

SEGESSER, ANTON PHILIPP VON, Rechtsgeschichte der Stadt Luzern 2, Luzern 1852.
SIDLER, FRANZ, Die St. Jakobskapelle mit dem Pimpernuss-Baum auf Bösegg bei Willisau, in: Heimatkunde des Wiggertales 12/1951, S. 25–38.
SPECK, JOSEF, Archäologie im Kanton Luzern 1985, in: JBHL 4/1986, S.92–107.
STEIGER, URS, Alpenquerende Urner Verkehrswege, Zürich 1991.
STEINEGGER HANS, Die Mythen, Schwyz 1987.
STREBEL, IRENE, Heinrich Schönbrunner fait le pèlerinage à Compostelle, in: Ultreïa 17/1996, S. 19–20.
STÜCKELBERG, ERNST ALFRED, Geschichte der Reliquien in der Schweiz, Schriften der Schweizerischen Gesellschaft für Volkskunde 1, Zürich 1902.
STÜCKELBERG, ERNST ALFRED, Geschichte der Reliquien in der Schweiz, Schriften der Schweizerischen Gesellschaft für Volkskunde 5, Basel 1908.
STÜCKELBERG, ERNST ALFRED, Schweizerische Santiagopilger, in: Schweizerisches Archiv für Volkskunde 8/1904, S. 61–62.
SVZ Schweizerische Verkehrszentrale (Hg.), Auf den Spuren der Jakobspilger, per Velo und zu Fuss, Zürich 1987.
SVZ Schweizerische Verkehrszentrale (Hg.), Auf Jakobswegen durch die Schweiz, in: Schweiz Suisse Svizzera 7/1985.
SVZ Schweizerische Verkehrszentrale (Hg.), Pilgerkompass, Auf den Spuren der Jakobspilger, Basel 1993.
SVZ Schweizerische Verkehrszentrale (Hg.), Pilgerorte, Entlang der Jakobswege in der Schweiz, Basel 1993.
TRACHSLER, DIETER, Pilgerwege der Schweiz, Jakobsweg Schwabenweg Konstanz-Einsiedeln unter besonderer Berücksichtigung des Zürcher Oberlandes, Wetzikon 1997.
TREICHLER, HANS PETER, Abenteuer Schweiz, Zürich 1991.
TREMP-UTZ, KATHRIN, Eine spätmittelalterliche Jakobsbruderschaft in Bern, in: Zeitschrift für Schweizerische Kirchengeschichte Heft 1–4/1983, S. 47–93.
TRE Theologische Realenzyklopädie 1 ff., Zürich 1977 ff.
UFFER, LEZA M., Peter Füesslis Jerusalemfahrt 1523 und Brief über den Fall von Rhodos, Mitteilungen der Antiquarischen Gesellschaft in Zürich 50, Heft 3, Zürich 1982.
ULMSCHNEIDER, HELGARD, Sebald Rieter, in: VL 8, 1992, Sp. 73–75.
VAZQUEZ DE PARGA, LUIS; LACARRA, JOSE MARIA; URIA RIU, JUAN, Las peregrinaciones a Santiago de Compostela 1–3, Pamplona 1993 (Nachdruck).
VL Verfasserlexikon, Die deutsche Literatur des Mittelalters, Wolfgang Stammler, Karl Langosch (Hg.) 1 ff., Berlin 1978 ff.
VOLKSWIRTSCHAFTSKAMMER BERNER OBERLAND (Hg.), Auf den Weg gehen, am Weg begegnen, am Weg verweilen, Von Flüeli-Ranft nach Freiburg, Interlaken 1999.
VUIJSJE, HERMAN, Die wundersame Wiedergeburt von Santiago de Compostela, in: Roel Oostra (Hg.), Die grossen Rätsel. Mythen und Mysterien, Köln 1994, S. 84–107.
WEBER, PETER XAVER, Der Kanton Luzern vom eidgenössischen Bund bis zum Ende des 15. Jahrhunderts, in: Geschichte des Kantons Luzern 3, Luzern 1932, S. 625–874.
WEBER, PETER XAVER, Der Luzerner Umgeldrodel von 1397, in: Gfr. 78/1923, S. 285–317.
WEBER, PETER XAVER, Die alten Luzerner Hochwachten, in: Gfr. 73/1918, S. 19–59.
WEBER, PETER XAVER, Die Peterskapelle in Luzern als Gotteshaus und als Rats- und Gemeindehaus, in: Gfr. 98/1945, S. 1–52.
WENDLING, GOTTFRIED, Zur Spiritualität im 17. Jahrhundert: Christoph Gunzingers Pilgerbericht nach Santiago de Compostela aus dem Jahr 1655, in: Klaus Herbers; Robert Plötz, Spiritualität des Pilgers, Jakobus-Studien 5, Tübingen 1993, S. 83–101.
WEY, H., Register zu den Ehe-, Tauf- und Sterbebüchern der Pfarrei Rickenbach von 1610–1875, Luzern 1952.
WIDMER, SIGMUND, Illustrierte Geschichte der Schweiz, Zürich 1973.
WIKENHAUSER, ALFRED; SCHMID, JOSEF, Einleitung in das Neue Testament, Freiburg i. Br. 1973.
WITSCHI, PETER, Wandern auf dem Jakobsweg, Herisau 1998.
WOLF, HANS-JÜRGEN, Hexenwahn und Exorzismus, Kriftel/Ts. 1980.
ZETTINGER, JOSEPH, Die Berichte über Rompilger aus dem Frankenreiche bis zum Jahre 800, Römische Quartalschrift für christliche Alterthumskunde, 11. Supplementheft, Rom 1900.

ZIHLMANN, JOSEF, Der Wahre Jakob, in: Der Hinterländer, Heimatkundliche Beilage des Willisauer Boten 5/1980, S. 29–33.

ZIHLMANN, JOSEF, Namenlandschaft im Quellgebiet der Wigger, Die Hof- und Flurnamen der Gemeinden Willisau-Stadt, Willisau-Land und Hergiswil, Hitzkirch 1984.

4. Abkürzungsverzeichnis

Abt.	Abteilung
Anm.	Anmerkung
B.	Breite
Bd.	Band
bes.	besonders
ca.	circa
d.Ä.	der Ältere
DLL	Deutsches Literatur Lexikon
ff.	folgende
fol.	folio (Blatt)
Gfr.	Der Geschichtsfreund
H.	Höhe
HBLS	Historisch-Biographisches Lexikon der Schweiz
Hg.	Herausgeber
hl.	Heilig
hll.	Heilige
i. Br.	im Breisgau
i. Ü.	im Üchtland
Inv.	Inventar
Jg.	Jahrgang
Jh.	Jahrhundert
JHGL	Jahrbuch der Historischen Gesellschaft Luzern
LHV	Luzerner Historische Veröffentlichungen
lit	littera (Buchstabe)
LMA	Lexikon des Mittelalters
LThK	Lexikon für Theologie und Kirche
m.ü.M.	Meter über Meer
Ms.	Manuskript
n. Chr.	nach Christus
Nr.	Nummer
o. J.	ohne Jahr
pag.	pagina (Seite)
QW	Quellenwerk zur Entstehung der Schweizerischen Eidgenossenschaft
r	recto (Vorderseite)
RP	Ratsprotokolle, Staatsarchiv Luzern
RS	Staatsprotokolle, Staatsarchiv Luzern
RT	Grossratsprotokolle, Staatsarchiv Luzern
S.	Seite
Sch.	Schachtel
sen.	Senior
Sp.	Spalte
StA	Stadtarchiv Luzern
StALU	Staatsarchiv Luzern
StiAHof	Stiftsarchiv Hof, aufbewahrt in StALU
SVZ	Schweizerische Verkehrszentrale
T.	Teil
TRE	Theologische Realenzyklopädie
v	verso (Rückseite)
vgl.	vergleiche
VL	Verfasserlexikon, Die deutsche Literatur des Mittelalters
Z.	Zeile
z.T.	zum Teil
zit.	zitiert
ZSG	Zeitschrift für Schweizerische Geschichte

5. Verzeichnis der Abbildungen, Karten und Grafiken

Umschlag:	Holzfigur, heiliger Jakobus aus Malters um 1500–1550.	
Abbildung 1:	Ausschnitt der Karte von Erhard Etzlaub (1501) von Konstanz bis Genf. Karte nach Süden orientiert.	22
Abbildung 2:	Ausschnitt aus der Carta Itineraria Europae von Martin Waldseemüller, 2. Auflage 1520, mit dem Wegverlauf von Konstanz nach Genf. Karte nach Süden orientiert.	23
Abbildung 3:	Sebald Örtel, nach einer Radierung des Germanischen Museums, Nürnberg, P. 947.	29
Abbildung 4:	Reisebüchlein von 1600 des Andreas Ryff.	31
Abbildung 5:	Durchbohrte Kammuschel in einem Gräberfeld von Hohenrain (9.–12. Jahrhundert).	33
Abbildung 6:	Sebastian Ilsung in «sant Jacobs kirch» zu «Kombostell» und beim Erzbischof. Kolorierte Federzeichnung.	34/35
Abbildung 7:	Friedensverhandlungen in Konstanz 1446. Diebold Schilling Chronik, fol. 52r (105).	36
Abbildung 8:	Notiz im Ratsprotokoll über den Aufenthalt von Sebastian Ilsung in Luzern (StALU, RP 5B.1, fol. 77v).	37
Abbildung 9:	Titelblatt des Pilgerführers von Hermann Künig von Vach, Ausgabe Leipzig 1521.	41
Abbildung 10:	Einsiedeln mit Kloster, Herbergen und dem Pilgerwegen über den Etzel (im Vordergrund) nach Schwyz und Luzern, um 1505, Conrad Wick.	42
Abbildung 11:	Älteste Darstellung der Stadt Luzern. Petermann Etterlin, Kronica von der loblichen Eydtgnoschaft, 1507.	43
Abbildung 12:	Unwetter vom 23. Juni 1473. Der Krienbach überflutet die Stadt Luzern. Im Hintergrund: der Pilatus. Diebold Schilling Chronik, fol. 88r (177).	44
Abbildung 13:	Vergleich der Texte der Pilatussagen von Künig von Vach und Diebold Schilling.	45
Abbildung 14:	Pilatussee, Oberalp, von Herrliberger, 1754–1758, S. 11–12.	46
Abbildung 15:	Ein Blitzschlag zerstört am 31. Mai 1494 einen Teil der Hofbrücke. Diebold Schilling Chronik, fol.166r (335).	47
Abbildung 16:	Steinkreuz auf der Haggenegg, gezeichnet um 1800 von Kommissar Thomas Fassbind, mit der schwer lesbaren Inschrift «uff hagec», darüber ein Steinmetzzeichen.	51
Abbildung 17:	Brücke über die kleine Emme bei Werthenstein. Stich von Matthaeus Merian 1654.	56
Abbildung 18:	Spital für Pilger in Willisau, neben Beinhaus der Kirche A. Stich von Matthaeus Merian 1654.	60
Abbildung 19:	Richtstätte zu Luzern. Diebold Schilling rettet den unschuldig verurteilten Jacob Kesler. Diebold Schilling Chronik, fol. 174v (352).	63
Abbildung 20:	Pilgergräber in Harambeltz auf dem Wege nach Santiago.	64
Abbildung 21:	Figurenscheibe des Heinrich Schönbrunner, 1532, Kloster Wettingen, Zürcher oder Luzerner Werkstatt.	67
Abbildung 22:	Geleitbrief für Nikolaus von Meggen, Heinrich Schönbrunner und Martin Geiser vom 29. November 1530.	70
Abbildung 23:	Pilgerschiff von Hans Burkmair, Augsburg 1511.	73
Abbildung 24:	Pilgerbrief für Friedrich Wagner aus Deutschland, 11. Juni 1616.	83
Abbildung 25:	Kapelle St. Jakob auf Bösegg bei Willisau.	95
Abbildung 26:	Kirche St. Jakob an der Senti (3) mit Sentitor, Sentiturm und Siechenhaus (4). Ausschnitt aus der Stadtansicht von Martin Martini, 1597.	97
Abbildung 27:	Peterskapelle (34). Ausschnitt aus der Stadtansicht von Martin Martini, 1597.	100
Abbildung 28:	Inneres der Peterskapelle mit zwei Flügelaltärchen und Sakramentshaus links. Rechts mit Prozessionsfahne, Kruzifix und einem weiteren Flügelaltar. Jakobusaltar in der Mitte verdeckt, 1508. Diebold Schilling Chronik, 1513, fol. 264rA (535).	101

212 JAKOBUS UND DIE STADT

Abbildung 29:	Kapelle St. Jakobus, Ermensee.	104
Abbildung 30:	Jakobuskapelle Weggis neben der Kirche. Lithographie aus dem 19. Jahrhundert.	108
Abbildung 31:	Rodel der Jakobusbruderschaft Hochdorf, 1686.	112
Abbildung 32:	Kerzenstange mit Jakobus, Kirche St. Jakobus, Geiss.	117
Abbildung 33:	Jakobus der Ältere, Relief-Figur auf der Michaelsglocke, 1585, Stiftskirche St. Michael, Beromünster.	126
Abbildung 34:	Jakobus der Ältere, Holzskulptur, H. 98 cm, letztes Drittel 15. Jh., Sammlung Dr. Edmund Müller, Beromünster, Inv. Nr. 1527.	127
Abbildung 35:	Jakobus der Ältere, in rundem Email am Nodus des hochgotischen Stifterkelchs, um 1340–1350, Zisterzienserinnenkloster Eschenbach.	128
Abbildung 36:	Jakobus der Ältere, Statuette der Sakramentsmonstranz, 1612, Pfarrkirche St. Jakobus Geiss.	129
Abbildung 37:	Die Enthauptung Jakobus des Älteren, Altargemälde, 1762, Kapelle St. Jakobus, Seehof, Pfarrei Geiss, Gemeinde Menznau.	130
Abbildung 38:	Jakobus matamoros (Maurentöter) als Schlachtenhelfer, Kompaniefahne Reiden, 18. Jh., Historisches Museum Luzern, HMLU 610.	132
Abbildung 39:	Jakobus der Ältere, Malerei in den Schildbögen des Chores, 1583, mit den [falschen!] deutschen Sätzen des «von ihm mitverfassten Kredos», Kirche St. Martin, Kirchbühl, Sempach.	134
Abbildung 40:	Galgen- und Hühnerwunder in Ermensee.	137
Abbildung 41:	Galgen- und Hühnerwunder auf Bösegg.	138
Abbildung 42:	Chorherrenstift St. Leodegar, Nachfolger des Benediktinerklosters im Hof, Luzern. Ausschnitt aus der Stadtansicht von Martin Martini, 1597.	142
Abbildung 43:	Heiliggeistspital und Spitalkirche. Ausschnitt aus der Stadtansicht von Martin Martini, 1597.	143
Abbildung 44:	Zwei Santiago-Pilger in einem Bett. Ausschnitt aus der Darstellung des Galgen- oder Hühnerwunders in der Kapelle St. Jakobus d. Ä., Ermensee, Luzern, um 1600.	145
Abbildung 45:	Senti, auch Sentivorstadt, Nieder Grund, Minder Stadt, Sankt Jakobsvorstadt oder Vorstadt genannt. Ausschnitt aus der Stadtansicht von Martin Martini, 1597.	146
Abbildung 46:	Jakobusspital Luzern. Ausschnitt aus der Stadtansicht von Martin Martini, 1597.	147
Abbildung 47:	Jakobusspital Luzern. Ausschnitt aus der Stadtansicht von David Herrliberger, 1758.	149
Abbildung 48:	Jakobusspital Luzern, Ausschnitt aus der Stadtansicht von Franz Xaver Schumacher, 1792.	152
Abbildung 49:	Verwaltungsgebäude der Ortsbürgergemeinde Luzern (ehemaliger Anbau des Jakobusspitals), 1973 abgebrochen.	153
Abbildung 50:	Haus auf dem Fischmarkt Luzern mit «schwärschindeln» oder «schorschindeln» gedeckt. Daneben ein Haus mit Ziegelbedachung. Diebold Schilling Chronik, fol. 261v (528).	158
Abbildung 51:	Spätmittelalterliche Feuerstelle. Holzschnitt eines Druckes von Peter Wagner, Nürnberg, um 1490.	161
Abbildung 52:	Darstellung eines Bettes. Diebold Schilling Chronik, fol. 215v (436).	162
Abbildung 53:	«Die Jacobs Brüder» von Jost Amman und Hans Sachs, 1568.	168
Abbildung 54:	Luzerner Weggen.	170
Abbildung 55:	Folterung von Hans Spiess durch «uffziehen mit oder ohne gewicht». Diebold Schilling Chronik, fol. 216r (437).	174
Karte 1:	Die überregionalen Handelswege durch die Schweiz. Verbindungen zwischen dem süddeutschen Raum und den Messestädten Genf und Lyon.	20
Karte 2:	Pilgerwege durch die Schweiz auf Landkarten.	21
Karte 3:	Wegbeschreibungen von Pilgern und Reisenden.	25
Karte 4:	Mögliche Wege, die Künig von Vach von Einsiedeln nach Luzern offen standen.	49
Karte 5:	Mögliche Wegverbindungen von Luzern nach Bern.	52
Karte 6:	Wege von Luzern nach Willisau.	54
Karte 7:	Wege um Werthenstein.	55

VERZEICHNIS

Karte 8:	Reisewege von Nikolaus von Meggen, Heinrich Schönbrunner und Martin Geiser nach Santiago de Compostela.	71
Karte 9:	Jakobuspatrozinien auf dem Gebiet des heutigen Kantons Luzern und das Hauptstrassennetz im alten Staat Luzern.	96
Grafik 1:	Berechnung der Liefermenge von Schorschindeln (in Ellen).	159
Grafik 2:	Anzahl Beherbergungen im Jakobusspital Luzern (1660–1765).	172

6. Abbildungsnachweis

AMMAN/SACHS: Abb. 53.
ANDERES/HOEGGER 1988, S. 104: Abb. 21.
BORST 1983, S. 239: Abb. 51.
BRITISH LIBRARY LONDON, by Permission of the British Library, Ms. Add. 14326, fol. 3v und 4r: Abb. 6.
CAUCCI VON SAUCKEN 1996, S. 351: Abb. 23.
DUBLER 1983, S. 255 (überarbeitet): Karte 9.
ETTERLIN 1978, fol. 4v: Abb. 11.
HÄBLER 1899, S. 60: Abb. 9.
HAMPE 1896, S. 65: Abb. 3.
HERRLIBERGER 1928: Abb. 14, 47.
HISTORISCHES MUSEUM LUZERN: 38.
KANTONSARCHÄOLOGIE LUZERN: Abb. 5.
KORPORATIONSGEMEINDE LUZERN (SCHILLING 1513): Abb. 7, 12, 15, 19, 28, 50, 52, 55.
KUPCIK 1992, S. 20 und Rückseite Umschlag: Abb. 1, 2.
MERIAN 1926: Abb. 17, 18.
MOOS 1946, S. 521: Abb. 30.
ÖFFENTLICHE BIBLIOTHEK DER UNIVERSITÄT BASEL, sig. A λ II 44a: Abb. 4.
SAMMLUNG DR. EDMUND MÜLLER, BEROMÜNSTER: 34.
SCHWEIZERISCHES LANDESMUSEUM, LM-12.094: Umschlag
STAATSARCHIV LUZERN: Abb. 8, 22, 24, 31.
STAATSARCHIV LUZERN (THERES BÜTLER): 35, 36.
STAATSARCHIV LUZERN (MARTINI 1597): Abb. 26, 27, 42, 43, 45, 46.
STAATSARCHIV LUZERN (SCHUMACHER 1792): Abb. 48.
STADTARCHIV LUZERN: Abb. 49.
STEINEGGER 1987: Abb. 16.
STUDER PETER, GROSSHÖCHSTETTEN: Abb. 41.
VERFASSER: Karte 1–8, Abb. 13, 20, 25, 29, 32, 33, 37, 39, 40, 44, 54, Grafik 1–2.
ZENTRALBIBLIOTHEK ZÜRICH, Sammlung Wickiana: Abb. 10.

7. Register

Das Register umfasst Personen und Orte. Auf ein Sachregister wurde verzichtet, weil das Inhaltsverzeichnis ausführlich gehalten ist. Häufig erscheinende Orte, wie Luzern und Santiago de Compostela, wurden in der Regel nicht aufgenommen. Sie sind jedoch dann aufgeführt, wenn wegen dem fehlenden Sachregister nicht auf wichtige Begriffe verwiesen werden konnte.

Aarau AG, Handelsweg 20
– Pilgerweg 27, 29–30
Aarberg BE, Handelsweg 20
– Pilgerweg 30
Aarburg AG, Handelsweg 20
– Pilgerweg 29
Acherman Joss, Grossdietwil 177
Adel Maria, Ufhusen, als Hexe verurteilt 179–180
Ado von Vienne 16
von Alençon Philipp, Kardinallegat 98
Alfons II., König von Asturien 15
von Aliken Heinrich, Magister 62
Alpthal SZ, Pilgerweg 50
Alsbach D, Kloster 166
Am Ort Jakob, eidgenössischer Gesandter 66–68
– – Pfleger 198
Amahía E 15
Americ Picaud, Parthenay F 16
Amlikon an der Thur TG, Pilgerweg 25
Amman Jost, Holzschneider 167–168
An der Allmend Hans, Pfleger 198
– Jacob, Pfleger 198
– Johann, Pfleger 155, 198
Arconciel FR, Jakobuspatrozinium 16
Arth SZ, Pilgerweg 39, 50
Astorga E, Pilgerweg 85
Aubonne VD, Handelsweg 20
Augsburg D, Handelsweg 19
– Pilgerweg 26–27, 34, 36–37
– Reichstage 1530 68
Avenches VD, Pilgerweg 30

Baden AG, Brücke 20
– Handelsweg 20
– Landstrassenkarte 23–24
– Pilgerweg 27, 29
– Tagsatzung, Pilgerausweise 167
– Verkehrsweg 28
Baldegg LU, Kapelle, Jakobuspatrozinium 103
Balthasar Beat Franz, Pfleger 184, 198
– Felix, Pfleger 198
– – Spitalherr 151
– Wilhelm, Pfleger 155–198

Barger Margreth, Grossdietwil, als Hexe verurteilt 177
Basel BS, Galgen- oder Hühnerwunder 136
– Reiseweg 33
Basilius der Grosse 140
Bayonne F, Pilgerweg 89–90
Beatushöhle BE, Wallfahrtsort 53
Beda Venerabilis 15
Beinger Jakob, Witwe von 166
Benedikt von Aniane 141
– von Nursia 140, 142
– XIV., Papst, Fest des Jakobus 123
Benzenschwil AG 178
Berger Hans, Rat, Bremgarten 74
Bern BE, Brücke 20
– Etappenort nach Santiago de Compostela 52
– Handelsweg 20
– Jakobusspital 52, 142
– Landstrassenkarte 23–24
– Pilger aus Luzern belästigt 77–79
– Pilgerherberge 30
– Pilgerweg 27–29, 38
– Verkehrsweg 28
– Weg von Huttwil 59
– Weg von Künig von Vach 61
– Wege von Luzern 51
Beromünster LU, Galluskapelle, Kunstwerk 126
– Sammlung Dr. Edmund Müller, Kunstwerke 127
– Stift, Fest des Jakobus 123
– Stiftsbibliothek, Kunstwerk 126
– Stiftskirche, Jakobusreliquie 122
– – Kunstwerke 126
Bertrandus Nicolaus 136
Bettelvogt, Heilig-Geist-Spital 183
Biberstein Barbara, Wil, im Jakobusspital Luzern LU 77
Biel BE, Reiseweg 30
Bircher Bernhard Leopold, Pfleger 198
– Bernhard Leopold, Ratsrichter 85
– Johann Leopold, Pfleger 198
Bodensee, Handelsweg 19
– Pilgerweg 26
Bösegg LU, Gde. Willisau, Galgen- oder Hühnerwunder 93–94, 136–138

Bösingen FR, Jakobuspatrozinium 16
Böspfenniger 165
Bözberg AG, Reiseweg 33
Breil/Brigels GR, Galgen- oder Hühnerwunder 136
Bremgarten AG, Pilgerweg 30
Brendli Barbara, als Hexe hingerichtet 177
Brennwald Balthasar, Weihbischof 101
Brentani Laurenz, Wollweber 186
Brig VS, Pilgerweg 27
Broyetal, Handelsweg 20
Brugg AG, Brücke 20
– Handelsweg 20
– Landstrassenkarte 24
– Pilgerherberge 30
– Reiseweg 33
Brünigpass OW/BE, Weg nach Bern 51
Brunner Maria 181
Bucher Beat, Santiago-Pilger 85–86
– Jakob, Santiago-Pilger 85–86
Büchler Adam, Ruswil, Santiago-Pilger 87–90
Buchrain LU, Pfarrkirche St. Agatha und Jakobus, Kunstwerke 127
– – Jakobuspatrozinium 103
Budmiger Ulrich, Eschenbach, Santiago-Pilger 65, 111
Büeler Margaret, Stiftung Spital Burgdorf 61
Buholz LU, Armensünderkapelle 57
– Landgerichtskapelle 57
– Weg nach Willisau 53, 57–58
Buochs NW, Kirche 164
Büren an der Aare BE, Handelsweg 20
– Pilgerweg 30
Burgdorf BE, Handelsweg 20
– Landstrassenkarte 23–24
– Pilgerherberge 30, 61
– Pilgerweg 27, 29
– Verkehrsweg 28
– Weg nach Bern 59
– Weg von Künig von Vach 61
Burger Jakob, Mauensee, Jakobusbruder 75
Büron LU, Beinhauskapelle, Jakobuspatrozinium 103

Caravicin Hauptmann 87–88
Cham ZG, Jakobusbruderschaft 114, 119
– Jakobuspatrozinium 16
Christen, Stadtknecht 175
Conthey-Plan VS, Pilgerherberge 30
Coppet VD, Pilgerweg 28
– Reiseweg 30
Cysat Renward, Stadtschreiber 61, 148, 153–154, 169
– – Stadtschreiber, Weg über Wandelen LU 57

Düchner Sebastian, im Jakobusspital Luzern 77
de Coligni François Admiral, Pilger belästigt 79
de Cruce Christoph, Jakobusreliquie 123
de Genua Baptista, eidgenössischer Gesandter 68
de'Medici Giangiacomo, Musso 74
Dierikon LU, Kapelle, Jakobuspatrozinium 103
von Diesbach Ludwig, Landvogt 28, 59
Diessenhofen TG, Spital 32
Dietwil AG, Jakobuspatrozinium 17
Dottikon AG, Pilgerweg 30
Dula Adam, Santiago-Pilger 87–89

Eberhard VI. von Nellenburg, Graf 16
Edikt von Nantes 171
Effinger Jakob, Root, Santiago-Pilger 85
Eggli Barbara, Villmergen, als Hexe verurteilt 176–177
– Mathias, Chorherr 62
Eich LU, Pfarrei, Fest des Jakobus 123
Einsiedeln SZ, Engelweihe 48
– Kloster, Neubau 171
– Pilgerführer 41
– Pilgerherberge 30
– Pilgerspital 144
– Pilgerweg 24–25, 27–28, 30, 39, 80
– Reiseweg 73
– Reliquien 26
– Weg nach Luzern 48–51
Elsinger Magdalena, Breisgau, Santiago-Pilger 80
Emmen LU, Wegkapelle Riffig, Kunstwerk 127
Engelberg OW, Jakobusreliquien 17
Entlebuch LU, Kapuzinerkloster 166
– Sage, Sühnewallfahrt nach Santiago 93
– Santiago-Pilger 40
– Weg nach Bern 53
Erlinger Georg, Landstrassenkarte 22, 24
Ermensee LU, Bildstock, Kunstwerk 128
– Galgen- oder Hühnerwunder 136–137
– Jakobusbruderschaft 111
– Kapelle, Jakobuspatrozinium 104
– – Kunstwerke 127
Eschenbach LU, Beinhauskapelle, Jakobuspatrozinium 104–105
– Jakobusbruderschaft 65, 111, 114–115
– Kirche, Jakobuspatrozinium 104
– Kloster, Kunstwerke 128
– Pfarrkirche, Kunstwerke 128
– Siebenschläferkapelle, Kunstwerk 128
Eschenbach SG, Pilgerweg 30
Escholzmatt LU, Kapelle Michlischwand, Kunstwerk 129
– Pfarrkirche, Jakobuspatrozinium 105
– – Jakobusreliquie 122
– – Kunstwerke 129

Estermann Peter, Rickenbach, Santiago-Pilger 92
Etterlin Petermann, Chronist 41–43, 57
Ettiswil LU, Sakramentskapelle, Jakobuspatrozinium 105
– Sakramentskapelle, Kunstwerk 129
– Wallfahrtsort 58
Etzel SZ, Pilgerherberge 30
– Pilgerweg 25
Etzlaub Erhard, Landstrassenkarte 22–23

Falk Martin, Santiago-Pilger 39–40
Feer Balthasar, Pfleger 165, 198
Fischingen TG, Pilgerweg 25
von Fleckenstein Lorenz Franz, Ratsrichter 85
Florus von Lyon 15
Fluder, Bildhauer 160
von Flüe Nikolaus (Bruder Klaus) 39
Frank Josef, Rickenbach, Santiago-Pilger 92
Frankreich F, Bündnis der Katholischen Orte der Eidgenossenschaft 171
Frantz Conrad, Bischof von Konstanz, Fest des Jakobus 124
Franz I. König von Frankreich 65
– Geleitbrief 69
Frauenfeld TG, Pilgerweg 27
Freiburg FR, Brücke 20
– Handelsweg 20
– Jakobusspital 142
– Landstrassenkarte 23–24
– Pilgerherberge 30
– Pilgerweg 27–29
– Santiago-Pilger aus Luzern 74, 77

Gächlingen SH, Jakobuspatrozinium 17
Gauch Johann, Luzern, Pilgerbrief 84
– Martin, Schwyz, Santiago-Pilger 66, 69, 74
Geiss LU, Herberge für Pilger 59
– Jakobusbruderschaft 111
– Kapelle Seehof, Jakobuspatrozinium 105
– – Kunstwerke 130
– Kirche St. Jakob 57
– Pfarrkirche, Jakobuspatrozinium 105
– – Kunstwerke 129–130
– Pilgerherberge 30
– Weg nach Willisau 53, 57–58
Genf GE, Handelsweg 20
– Jakobusspital 142
– Landstrassenkarte 23–24
– Messestadt 19
– Pilgerherberge 30
– Pilgerweg 27–30
– Reiseweg 30, 73
Genfersee, Handelsweg 19–20
– Pilgerweg 26

Gettnau LU, Kapelle, Jakobuspatrozinium 105
zur Gilgen Jost, Pfleger 198
Gilli Josef, Mieter Jakobusspital 187
Glestig Hans, Pfleger 155–198
Glogkendon Georg, Drucker 23
von Goethe Johann Wolfgang, auf Haggenegg 50
Goldau SZ, Pilgerweg 50
Gramman Kilian, Mergentheim, Santiago-Pilger 82–83
Grandson VD, Reiseweg 30
Granges VS, Jakobuspatrozinium 17
Gregor der Grosse, Papst 42, 46
Gretler Leontius, Rüedikon, Santiago-Pilger 87
von Grissy Markgraf, Jakobusaltar erneuert 102
Grosswangen LU, Pilgerweg 38
Grunower Galli, Pfleger 198
Gunzinger Christoph, Santiago-Pilger 30
Gupfer Balthasar, Rothenburg LU, Pilgerbrief 84
– Hans, Wil SG, im Jakobusspital Luzern LU 77
– Heinrich, Wil SG, im Jakobusspital Luzern LU 77
– Johannes Kaspar, Rothenburg, Pilgerbrief 84
Gutknecht Jobst, Drucker 53

Häderlin Apolonia, Wil, im Jakobusspital Luzern LU 77
Haggenegg SZ, Gasthaus 50
– Kapelle 50
– Pilgerweg 49–50
Halle an der Saale D, Pilgerweg 38
Hanschi Claus, Malters, Santiago-Pilger 65
von Harff Arnold, Santiago-Pilger 53
Has Peter, Santiago-Pilger 40
Hasle LU, Pfarrhaus, Kunstwerk 130
Hausknecht des Jakobusspitals 148, 155–157
Hellbühl LU, Weg nach Willisau LU 54, 58
Hergiswil LU, Kapelle Wissmatt, Jakobuspatrozinium 105
Hergiswil NW, Kapelle 164
Herisau AR, Pilgerweg 30
Herodes Agrippa I. 15
Herrliberger David 149, 157, 160
Herzog Heinrich, Beromünster, Santiago-Pilger 84
Hildisrieden LU, Kapelle Gundelingen, Kunstwerk 130
Hiltprandt Adam, Lauffen am Neckar, Santiago-Pilger 75
Hitzkirch LU, Pfarrkirche, Kunstwerke 131
Hochdorf LU, Jakobusbruderschaft 65, 111, 114–115
– Pfarrkirche, Jakobusreliquie 122
Hohenrain LU, Jakobusbruderschaft 65, 111, 114–115

Hohenrain LU
– Kapelle Ibenmoos, Kunstwerke 131
– Pilgergrab 33–34
Horner Peter, Freiburg FR, Santiago-Pilger 91
Hörnli ZH, Pilgerweg 25
Horw LU, Kapelle Winkel, Kunstwerk 131
Huber Kaspar 178
Hug, Kloster St. Urban, Santiago-Pilger 66
– Sohn des Schultheissen, eidgenössischer Gesandter 68
Hugenotten 171
Hurden SZ, Pilgerweg 25
Hürlimann Johann, Leutpriester, Pfründe Jakobusaltar 101–102
Huttwil BE, Diebstahl durch «Jacobsbrüderin» 81–82
– Weg nach Bern 59
– Weg von Künig von Vach 61
– Weg von Willisau 59
Huwil LU, Gde. Römerswil, Bildstock, Kunstwerk 131

Ilsung Sebastian, Santiago-Pilger 26, 34–38
Immensee SZ, Pilgerweg 50
Innerschweiz, Zürichkrieg 36
Inventar historischer Verkehrswege der Schweiz (IVS) 32, 59
Itinerarium Einsidlense 24
Iwyler Christof, Hausknecht 155

Jakob, Pilger aus Burgund in Luzern verstorben 80
– Scharfrichter 175
Jakobus de Voragine, Pilatussage 45
Jakobusbruderschaften 109–122
– als Geldquelle 110
– Ablässe 116
– Almosen 118
– Auflösung 120–121
– Aufnahme 113–114
– Begräbnis 116–117
– Beiträge ans Almosen 110
– Bezahlung für Dienste 120
– Bussen, Strafen, Abgaben 119
– Einkünfte 109–110
– Gründung 111
– Jahrzeit 114–116
– Organisation 113
– Osterspiele 119–120
– Pfleger 113
– Seelenmesse 114–116
– Spenden 120
– Umgänge 118
– Werke der Barmherzigkeit 118
– Zweck 111–113

Jörgi Balthasar, Nebikon, Santiago-Pilger 76
– Mathis, Nebikon 76
Julian Apostata 140

Kaiserstuhl AG, Brücke 20
– Handelsweg 19–20
– Landstrassenkarte 23–24
– Pilgerherberge 30
– Pilgerweg 29
Kamer Ludwig, Sentipfleger 98
Karl der Grosse 15, 139, 141
Karl Emanuel Herzog von Savoyen 79
Karl V., Kaiser 68
Karrer Michel, Hausknecht 156
Katzenstrick SZ, Pilgerweg 49–50
Keiser Jakob, Santiago-Pilger 85–87, 90
– Jost, Udligenswil, Santiago-Pilger 84
Keller Hans, Santiago-Pilger 87–89
Kesler Jacob, Santiago-Pilger 47
Knehr Jakob, Pfleger 164, 198
Knüsel Markus, Meierskappel, Santiago-Pilger 84
Koblenz AG, Handelsweg 19
Koler Eva, Root, als Hexe verurteilt 174–176
Konstantin der Grosse 139
Konstanz D, Armenverpflegung 170
– Bistum, Fest des Jakobus 123
– Brücke 20
– Friedensschluss 36
– Handelsweg 19
– Landstrassenkarte 23–24
– Pilgerweg 24–29
Kottwil LU, Siebenschläferkapelle, Kunstwerke 131
Krauchthal BE, Verkehrsweg 28
– Weg nach Bern 59
Kretz Josef, Schellenwerker 184
– Kaspar, Leutnant, Kriens 86–91
– Verena, Boswil, als Hexe verurteilt 180–181
Kriens LU, Gülten Jakobusspital 165
Kündig Hans Balthasar, Pfleger 155, 198
– Peter, Pfleger 198
Künig von Vach Hermann, Aufenthalt in Luzern LU 47–48
– – Beherbergung in Luzern 46–47
– – Pilatussage 44–45
– – Pilgerführer von 1520 53
– – Santiago-Pilger 26, 28, 40–61
– – Weg nach Bern 59
– – Weg von Einsiedeln nach Luzern LU 48–51
– – Weg von Luzern nach Bern 61
von Küssenberg Anna, Stifterin 98
Küssnacht SZ, Bad 175
– Pilgerweg 50
– Salzstrasse 51

La Coruña E, Reiseweg 72
La Neuveville BE, Reiseweg 30
La Rochelle F, Reiseweg 72
Lampart Lindhard, Schuldner, Fischbach 165
Landeskomtur der Ballei Franken 81
Landshut D, Pilgerweg 27
Langenthal BE, Pilgerweg 29
Langnau b. Werthenstein LU, Brücke 54–56
Laupen, Gde. Hinwil ZH, Pilgerweg 81
Lausanne VD, Handelsweg 20
 – Landstrassenkarte 23–24
 – Pilgerweg 27–30
 – Reiseweg 30, 73
Lenzburg AG, Landstrassenkarte 23–24
 – Pilgerweg 29–30
 – Verkehrsweg 28
Lichtensteig SG, Pilgerweg 25, 30
von Liechtenstein Axel, Santiago-Pilger 27
Lindau D, Pilgerweg 24, 30
Littau LU, Mühle des Jakobusspitals 164
 – Pfarrkirche, Jakobuspatrozinium 106
 – – Kunstwerk 131
 – Weg nach Willisau 54, 58
Locher Hans Ulrich, Landschreiber im Thurgau 80
 – Leopold, Pfleger 198
Lotstetten D, Pilgerweg 29
Ludwig der Fromme 141
Luthern LU, Jakobusbruderschaft 111, 113–114, 116
 – Pfarrhof, Kunstwerk 131
 – Pfarrkirche, Jakobuspatrozinium 106
 – – Kunstwerke 131
Luzern LU, Barfüsserkloster, Jakobuspatrozinium 103
 – Benediktinerkloster 142
 – Fest des Jakobus 123–124
 – Folterung von Frauen 173–174
 – Franziskanerkirche, Kunstwerke 125
 – Haus zur Gilgen, Kunstwerk 126
 – Heilig-Geist-Spital 143–144, 166
 – – Brot 170
 – – Kapelle, Kunstwerk 125
 – – Kirche 145
 – – Verpflegung der Priester 170
 – – Verpflegung 169, 183
 – Hexenverfolgung 173–174
 – Hofbrücke, Kunstwerk 125
 – Jakobusbruderschaft 109, 111, 148
 – Jakobuspatrozinien 17, 95–109
 – Jakobusspital 142, 164
 – – Ausgaben 165–166
 – – Beherbergung der Pilger 167–169, 171
 – – Beherbergungsfrequenzen 171
 – – Beleuchtung 163
 – – Betten 160–163

 – – Finanzierung 163–166
 – – Gebäude und Einrichtungen 157–163
 – – Gefängnis 173–185
 – – Geschichte 145–153
 – – Gülten 165
 – – Hausrat 163
 – – Heizung 163
 – – Möbel 160
 – – Organisation 153–157
 – – Rauchverbot 184
 – – Räumlichkeiten 160
 – – Schellenwerker 183–185
 – – Schulraum 187
 – – Stiftung 163–164
 – – Tuchfabrik 185–187
 – – Vermögen 164–165
 – – Verpflegung der Pilger 169
 – – Waisenkinder 185–187
 – Jakobusverehrung 94–95
 – Kapelle Weseminwald, Kunstwerk 125
 – Kloster Gerlisberg, Kunstwerke 125
 – Löwengrube 148, 151
 – Pestepidemie 171
 – Peterskapelle, Altarbild 102
 – – Jakobusaltar 102
 – – Jakobuspatrozinium 99
 – – Kunstwerk 125
 – – Küster 166
 – – Pfründe 99–100
 – – Pilgerherberge 30
 – St. Jakob an der Senti, Jakobuspatrozinium 97–99
 – – Pfründe 99
 – Sentikirche, Kunstwerke 125
 – Sentispital 164
 – Spital 32
 – Stiftskirche St. Leodegar, Kunstwerke 124–125
 – Waisenkinder, Verpflegung 169
Lyon F, Messestadt 19
 – Pilgerweg 29
 – Reiseweg 73

Mailand I, Pilgerweg 27
Maler Fridli, Schellenwerker 184
Maler Wolfgang, Hausknecht Jakobusspital 175
Malters LU, unbestimmte Kapelle, Kunstwerk 131
 – Weg nach Willisau LU 53–54
Marbach LU, Pfarrkirche, Jakobuspatrozinium 106
Markdorf D, Pilgerweg 25
Martin Hans, Ratsrichter 62
 – Nikolaus, Holland, Pilgerbrief 83
Martini Martin 147, 149, 157, 160

Mattman Melcher, Schellenwerker 184
Meersburg D, Pilgerweg 25, 28
von Meggen Nikolaus, Luzern 66, 69, 74
– – Jakobusaltar 73
Meldeläufer, Wege 59
Mellingen AG, Brücke 20
– Handelsweg 20
– Landstrassenkarte 23
– Pilgerweg 29
– Santiago-Pilger 78
Melper Christoph, Santiago-Pilger 28
Mels SG, Galgen- oder Hühnerwunder 136
Memmingen D, Pilgerweg 24–26, 35–36
Menznau LU, Pfarrkirche, Jakobuspatrozinium 106
– Pfarrkirche, Kunstwerk 132
Merenschwand AG, Santiago-Pilger 78
Merian Matthaeus 54, 149
Meyer Bernhard, Pfleger 198
– Franz Leonti, Ratsrichter 85
– Hans, Schuldner 165
– Josef, Lehrer, Schwarzenbach 186–187
– Verena, als Hexe verurteilt 176
Mohr J. M., Chorherr, Pfründe 102
Mol Benedikt, Luzern, Schatzgräber in Santiago 92
Mollens VD, Jakobuspatrozinium 17
Montpreveyres VD, Pilgerweg 30
Morges VD, Handelsweg 20
– Pilger belästigt 78
– Pilgerweg 28, 30, 79
Mörikofer Rudolf, Reisebegleiter 81
Moudon VD, Handelsweg 20
– Pilgerweg 28, 30
Müller Johann, Lehrer 186–187
– Johannes, Leutpriester 102
– Peter, Aesch, Santiago-Pilger 84
Münchenbuchsee BE, Spital 32
Muri AG, Jakobusreliquien 17
– Santiago-Pilger 78
Murten FR, Pilgerweg 30
Mütschelli Hans, Sulz, Santiago-Pilger 80

Nantes F, Edikt 171
Neuchâtel NE, Reiseweg 30
Neuenkirch LU, Pfarrkirche, Kunstwerk 132
Nidwalden NW, Fest des Jakobus 123
Niesper Jakob, Santiago-Pilger 85, 87
Nîmes F, Synode von 140
Nördlingen D, Pilgerweg 28
Notker der Stammler, St. Gallen 16
Nürnberg D, Handelsweg 19
– Pilgerweg 27–29
Nuvilly FR, Galgen- oder Hühnerwunder 136
Nyon VD, Handelsweg 20

– Landstrassenkarte 23–24
– Pilgerweg 28–30

Oberstammheim ZH, Pilgerweg 28
Ohmstal LU, Kapelle Einsiedelei, Kunstwerk 132
Olten SO, Pilgerweg 30
Orléans F, Reiseweg 72
Örtel Sebald, Santiago-Pilger 28
Ostergau LU, Weg nach Willisau 53
Österreich A, Erbfolgekrieg 171
– Zürichkrieg 36

Parbel Alis, als Hexe verdächtigt 180
Paris F, Reiseweg 70
Payerne VD, Handelsweg 20
– Pilgerweg 30
Pelayo, Eremit 15
Péry BE, Jakobuspatrozinium 16
Pfäffikon SZ, Pilgerweg 28
Pfleger, Jakobusspital 154–155
Pfyffer Alexander, Pfleger 155, 164, 198
– Carl Christoph, Pfleger 198
– Christoph, Pfleger 198
– Franz Lorenz, Pfleger 198
– Hans, Pfleger 198
– Jost Leonz von Wyher, Bauherr 150
– Leodegar, Pfleger 198
Pilatus Pontius, römischer Prokurator 39, 42, 45
Pilatusberg, Pilatussage 39, 42, 45
Pilatussee, Oberalp 46
Pilger als Soldaten angeworben 66
– als Spione 65
– im Jakobusspital Luzern gepflegt 91
Pilger von Bordeaux 139
Poitiers F, Reiseweg 72–73
Pollinger Johannes, Bayern, Pilgerbrief 83
Portalban-Delley FR, Jakobuspatrozinium 17
Portner-Rösslin Kathrin, Menznau, als Hexe verdächtigt 178–179
Probstalter Franz, Kerzenhersteller 163

Rafzerfeld ZH, Pilgerweg 29
Rain LU, Jakobusbruderschaft 111
– Pfarrkirche, Jakobuspatrozinium 106
– – Kunstwerke 132
– Sage, Licht in der Jakobuskapelle 93
Ramosch GR, Jakobuspatrozinium 17
Rapperswil SG, Pilgerherberge 30
– Pilgerweg 25, 30
Ravensburg D, Pilgerweg 25
Reichenau D, Kloster 16
Reiden LU, Kunstwerk 132

Repphůn Jörg, Begleiter 37–38
Richard Wilhelm, Pfleger 198
Richenthal LU, Pfarrkirche, Kunstwerk 133
Richterswil ZH, Pilgerweg 30
Rickenbach LU, Pfarrkirche, Jakobuspatrozinium 106
– – Kunstwerk 133
Rickenbach Magdalena, Wolhusen, als Hexe verdächtigt 180
Riedweg Jakob 179
– Maria 179
– Martin 179–180
Rieter Sebald der Ältere, Santiago-Pilger 27
Rinderknecht Margret, Malters, als Hexe verdächtigt 182
Ritter Ulrich, Pfleger 198
Roche VD, Jakobuspatrozinium 17
– Jakobusspital 142
– Pilgerherberge 30
Roll Hauptmann, Uri 86–88
Rolle VD, Landstrassenkarte 23–24
– Pilgerweg 28, 30
Römerswil LU, Bildstock Huwil, Jakobuspatrozinium 106
Romont FR, Landstrassenkarte 23–24
– Pilgerweg 27–29
Romoos LU, Pfarrkirche, Kunstwerk 133
Rorschach SG, Pilgerweg 24, 26, 30
Rosenwyer Jörg, Ziegler 158–159
Rösslin Ottilia, Wikon 178
Rossnagel Mauritz, Chorherr, Pfründe Jakobusaltar 102
Rothenburg LU, Gülten Jakobusspital 165
– Kirche Bertiswil, Kunstwerke 133
– Pfarrkirche, Kunstwerke 133
Rothenthurm SZ, Pilgerweg 50
Rüediswil LU, Weg nach Willisau 54, 58
Rusinger Kaspar, Hauptmann 87
Russ der Jüngere Melchior, Chronist 43
Ruswil LU, Bauernhaus Im Moos, Kunstwerk 133
– Kapelle St. Ulrich, Kunstwerk 133
– Pilgergruppe 85, 87
– Weg nach Bern 59
– Weg nach Willisau 54, 57, 58
– Weg von Künig von Vach 61
Rüti bei Büren BE, Galgen- oder Hühnerwunder 136
Rüti ZH, Pilgerweg 25
Rütmatt b. Werthenstein LU, Weg nach Willisau 56
Ryff Andreas, Händler 20, 30, 59

Sachs Hans, Dichter 167–168

Sachseln OW, Jakobusbruderschaft 114
– Wallfahrtsort 53
– Weg nach Bern 51
Sager Klaus, Müller 164
St-Antoine-en-Viennois F, Pilgerweg 35
St-Etienne F, Pilgerweg 87–90
St-Maurice VS, Jakobusspital 142
– Pilgerherberge 30
– Pilgerweg 27
St. Gallen SG, Jakobuspatrozinium 17
– Pilgerweg 24, 30
– Spital 32
St. Ulrich LU, Weg nach Willisau 54, 58
St. Urban LU, Kloster, Jakobuspatrozinium 107
– Kloster, Kunstwerk 134
Santiago de Compostela, Heiliges Jahr 171
Santo Domingo de la Calzada 53
Sattel SZ, Pilgerweg 50
Schachen LU, Weg nach Willisau 54
Schaffhausen SH, Brücke 20
– Handelsweg 19
Schaffhausen SH, Jakobusreliquien 17
– Landstrassenkarte 23–24
– Pilgerweg 29
– Spital 32
Schaller Anna, Willisau, als Hexe verurteilt 179
Schenk Anna, Luzern, als Hexe verurteilt 176
Schieger Margreth, als Hexe verbrannt 180
Schiffmann Christen 175
Schilling Diebold, Chronist 43, 46–48, 57, 61–62, 64, 161, 173
– – Chronist, Pilatussage 44–45
– – Peterskapelle, Jakobusaltar 101
Schindler Rochi, Öllieferant 163
Schlosser Hans, Leutpriester 99
Schmid Jakob, Hauptmann 175
Schmidt Heiny, Meggen, Santiago-Pilger 75
– Ulrich, Santiago-Pilger 38
Schneller Johann, Untermeitingen D, Pilgerbrief 84
Schnyder Anna Maria, Pilgerbrief 84
– Leonard, Pilgerbrief 84
– Lienhardt 178
Schönbrunner Heinrich, Santiago-Pilger 29, 66–69, 74
– – Geleitbrief 69
– – in Augsburg 68
Schönenwerd SO, Pilgerweg 30
Schriber Jost 176
Schuler Klaus, Bilderstürmer 28
Schumacher Franz Xaver 152, 157, 160
Schüpfheim LU, Jakobusbruderschaft 111
– Weg nach Bern 53
Schürpf Ludwig, Pfleger der Bruderschaften 110, 164, 198
Schwendimann Hans und Elisabeth, Stifter 99

Schwyz SZ, Pilgerherberge 30
– Pilgerweg 50
Seelenmutter von Küssnacht 175
Seewen SZ, Pilgerweg 50
Sempach LU, Gülten Jakobusspital 165
   – Kirchbühl, Beinhaus, Kunstwerke 133
   – – Kirche, Kunstwerke 133
   – Schlachtkapelle, Jakobuspatrozinium 107
   – – Kunstwerke 133–134
Sent GR, Jakobuspatrozinium 17
Sforza Franz, Herzog I 27
Sidler, Emmen, Santiago-Pilger 65
Siller Klaus, Mainz, Santiago-Pilger 80
Simplon VS, Pilgerherberge 30
Sins AG, Jakobusbruderschaft 114, 119
Sirnach TG, Pilgerweg 25
Solothurn SO, Handelsweg 20
– Pilgerweg 30
– Reiseweg 30, 70, 73
Spanien E, Erbfolgekrieg 171
Spiess Hans, Landsknecht 161
Stadelmann Anna, Schüpfheim, als Hexe verdächtigt 182–183
Stadtbaumeister von Luzern 147
Stäger Rosina, Lachen, Santiago-Pilger 80
Stäghüsli b. Werthenstein, Weg nach Willisau 56
Steckborn TG, Pilgerweg 29
Stein am Rhein SH, Landstrassenkarte 23–24
– Pilgerweg 29
Steinen SZ, Jakobusbruder gestorben 50
– Pilgerweg 50
Steinerberg SZ, Pilgerweg 50
Stenck Katharina, Adligenswil oder Udligenswil, als Hexe verurteilt 176
Sticher Heinrich, Nunwil, Santiago-Pilger 65, 111
Stilli AG, Fähre, Handelsweg 19
Studer Anna, Ohmstal, als Diebin verurteilt 181–182
Süess Burkhart, Santiago-Pilger 85–87, 89
– Jost, Santiago-Pilger 85
Sursee LU, Beinhauskapelle, Kunstwerk 134
– Kapelle Mariazell, Kunstwerk 134
– obere Beinhauskapelle, Jakobuspatrozinium 107
Suter Alfons, Wollweber, Beromünster 185–186
Sydler Rudolf, Stifter 164

Tafers FR, Galgen- oder Hühnerwunder 136
Tamman Heinrich, Santiago-Pilger 47, 64
Theodomir, Bischof 15
Thorberg BE, Pilgerweg 27
– Weg nach Bern 59
– Weg von Künig von Vach 61
Thormann Meisterschlosser 159

Thun BE, Weg nach Bern 51
Toss Germann, Zug 68
Toulouse F, Pilgerweg 76, 90
Triengen LU, Sage, Gespenst im Walde 92
Trochsler Maria, Pilgerbrief 83
– Theodora, Pilgerbrief 83
Trubschachen BE, Weg nach Bern 53
Tüfenbach ZH, Gde. Hausen a.A. 176

Uffikon LU, Gemeinde, Kunstwerk 135
– Jakobusbruderschaft 111
– Jakobuspatrozinium 16
– Pfarrkirche, Jakobuspatrozinium 107
– – Kunstwerke 134
Ulm D, Pilgerweg 28
Uri UR, Santiago-Pilger in Luzern 65
Urswil LU, Kapelle, Jakobuspatrozinium 107

Vacha an der Werra D, Kloster 40
Versoix GE, Pilgerweg 28
– Reiseweg 30
Villmergen AG, Schlacht 150
Vischer Verena, Fischbach, als Hexe verurteilt 177–178
Visp VS, Pilgerherberge 30
Vögtli Anna 57

Wäberhansli 179
Wädenswil ZH, Pilgerweg 30
Wagner Friedrich, Deutschland, Pilgerbrief 83
Waldmann Hans, Bürgermeister 40
Waldseemüller Martin, Landstrassenkarte 22–23, 26
Walliseller Heinrich, Santiago-Pilger 16
von Waltheym Hans, Pilatussage 45
– – Santiago-Pilger 27, 38–39, 59
Wandelen b. Werthenstein LU, Weg nach Willisau 55–56
Wandeler Karl, Santiago-Pilger 85
– Ludwig, Santiago-Pilger 85–87
Wasman Burgin, Brückenbauer 54
Wattwil SG, Pilgerweg 30
Weber Kläui, Bilderstürmer 28
Weggis LU, Beinhauskapelle, Jakobuspatrozinium 107–108
– Gülten Jakobusspital 165
– Pfarrkirche, Kunstwerk 135
Weingarten D, Pilgerweg 28
Wermelinger Jakob, Ruswil, Santiago-Pilger 84
– Josef, Santiago-Pilger 87–89
Werthenstein LU, Brücke 54–55
– Kapelle Heilig Kreuz, Kunstwerk 135
– Kapelle 54

Werthenstein LU
– Wallfahrtskirche, Kunstwerk 135
  – Weg nach Willisau 53
Wiedlisbach BE, Handelsweg 20
– Reiseweg 30
Wilhelm von Englisberg, Santiago-Pilger 16
Willihof LU, Kapelle Bursthof, Kunstwerk 135
Willisau LU, Bösegg, Galgen- oder Hühnerwunder 137–138
  – Jakobusbruderschaft 111, 121
  – Kapelle Bösegg, Jakobuspatrozinium 108
  – – Kunstwerke 135
  – Markttag 76
  – Pfarrkirche, Kunstwerk 135
  – Pilgerherberge 30
  – Spital für Pilger 60
  – Weg nach Bern 59
  – Weg von Künig von Vach 61
  – Wege von Luzern 53
Winikon LU, Pfarrkirche, Jakobuspatrozinium 109
  – – Kunstwerke 135
Winterthur ZH, Pilgerherberge 30
  – Pilgerweg 27–28
Wirth Hans, Bilderstürmer 28
Wolhusen LU, Burg 180
  – Pfarrkirche, Kunstwerk 135
Wotmann Hans, eidgenössische Truppe 85, 87, 89
Wüest Josef, Santiago-Pilger 85
  – Sebastian, Santiago-Pilger 85
Wyss Hans, Santiago-Pilger 87–89
Wyssenbach Offrion, Pfründe Jakobusaltar 101

Yens VD, Jakobuspatrozinium 16

Zächs Jacob 61–64, siehe auch Kesler Jacob
Zimmermann Peter, Pfleger 198
Ziswiler Maria, Buttisholz LU, als Hexe verurteilt 181
Zofingen AG, Landstrassenkarte 23–24
– Spital 32
Zug ZG, Reiseweg 73
Züntenen Madlen, als Hexe verdächtigt 180
Zürich ZH, Galgen- oder Hühnerwunder 136
  – Jakobusbruderschaft 17
  – Jakobuspatrozinium 17
  – Pilgerherberge 30
  – Pilgerweg 28, 30
  – Zürichkrieg 36
Zurzach AG, Handelsweg 19

LUZERNER HISTORISCHE VERÖFFENTLICHUNGEN

herausgegeben vom Staatsarchiv Luzern bei Schwabe & Co. · Verlag · Basel

Band 1: Silvio Bucher
Bevölkerung und Wirtschaft des Amtes Entlebuch im 18. Jahrhundert. Eine Regionalstudie als Beitrag zur Sozial- und Wirtschaftsgeschichte der Schweiz im Ancien Régime
1974. 308 Seiten. Vergriffen

Band 2: Georges Fäh
Der Kanton Luzern und die Bundesverfassungsrevision von 1874
1974. 154 Seiten. Abbildungen

Band 3: Hans-Rudolf Burri
Die Bevölkerung Luzerns im 18. und frühen 19. Jahrhundert. Demographie und Schichtung einer Schweizer Stadt im Ancien Régime
1975. 216 Seiten

Band 4: Walter Haas
Franz Alois Schumachers 'Isaac'. Eine Volksschauspielparodie aus dem 18. Jahrhundert. Text und Untersuchung
1975. 370 Seiten. Abbildungen

Band 5: Kurt Messmer und Peter Hoppe
Luzerner Patriziat. Sozial- und wirtschaftsgeschichtliche Studien zur Entstehung und Entwicklung im 16. und 17. Jahrhundert
1976. 561 Seiten. Vergriffen

Band 6: Das Schülerverzeichnis des Luzerner Jesuitenkollegiums 1574 bis 1669
Bearbeitet und herausgegeben von Fritz Glauser
1976. 315 Seiten

Band 7: Jean Jacques Siegrist und Fritz Glauser
Die Luzerner Pfarreien und Landvogteien. Ausbildung der Landeshoheit, Verlauf der Landvogteigrenzen, Beschreibung der Pfarreien
1977. 234 Seiten. Vergriffen

Band 8: Anne-Marie Dubler
Müller und Mühlen im alten Staat Luzern. Rechts-, Wirtschafts- und Sozialgeschichte des luzernischen Landmüllergewerbes 14. bis 18. Jahrhundert
1978. 220 Seiten. Abbildungen. Vergriffen

Band 9: Hans Wicki
Bevölkerung und Wirtschaft des Kantons Luzern im 18. Jahrhundert
1979. 666 Seiten. Abbildungen

Band 10: Heinz Horat
Die Baumeister Singer im schweizerischen Baubetrieb des 18. Jahrhunderts
1980. 407 Seiten. Abbildungen

Band 11: Heidi Borner
Zwischen Sonderbund und Kulturkampf. Zur Lage der Besiegten im Bundesstaat von 1848
1981. 272 Seiten

Band 12: Hansruedi Brunner
Luzerns Gesellschaft im Wandel. Die soziale und politische Struktur der Stadtbevölkerung, die Lage in den Fremdenverkehrsberufen und das Armenwesen 1850–1914
1981. 256 Seiten. Abbildungen

Band 13: Martin Körner
Luzerner Staatsfinanzen 1415–1798. Strukturen, Wachstum, Konjunkturen
1981. 504 Seiten. Abbildungen

Band 14: Anne-Marie Dubler
Handwerk, Gewerbe und Zunft in Stadt und Landschaft Luzern
1982. 480 Seiten. Abbildungen

Band 15: August Bickel
Willisau. Geschichte von Stadt und Umland bis 1500
1982. 2 Bände. 687 Seiten. Abbildungen

Band 16: Rudolf Bolzern
Spanien, Mailand und die katholische Eidgenossenschaft. Militärische, wirtschaftliche und politische Beziehungen zur Zeit des Gesandten Alfonso Casati (1594–1621)
1982. 381 Seiten

Band 17: Werner Schüpbach
Die Bevölkerung der Stadt Luzern 1850–1914. Demographie, Wohnverhältnisse, Hygiene und medizinische Versorgung
1983. 323 Seiten. Abbildungen

Band 18: Max Lemmenmeier
Luzerns Landwirtschaft im Umbruch. Wirtschaftlicher, sozialer und politischer Wandel in der Agrarwirtschaft des 19. Jahrhunderts
1983. 463 Seiten. Abbildungen

Band 19: Das Baubuch [der Kirche] von Ruswil 1780–1801
Bearbeitet und herausgegeben von Heinz Horat.
1984. 213 Seiten. Abbildungen

Band 20: Fridolin Kurmann
Das Luzerner Suhrental im 18. Jahrhundert. Bevölkerung, Wirtschaft und Gesellschaft der Landvogteien Büron/Triengen
und Knutwil
1985. 300 Seiten. Abbildungen

Band 21: Peter Eggenberger
Das Stift Beromünster. Ergebnisse der Bauforschung 1975–1983
1986. 298 Seiten. Pläne. Abbildungen

Band 22: Fritz Glauser
Das Schwesternhaus zu St. Anna im Bruch in Luzern 1498–1625. Religiöse, soziale und wirtschaftliche Strukturveränderungen einer Beginengemeinschaft auf dem Weg vom Spätmittelalter zur Katholischen Reform
1987. 129 Seiten. Abbildungen

Band 23: Erika Waser
Die Entlebucher Namenlandschaft. Typologische und siedlungsgeschichtliche Untersuchung anhand der Orts- und Flurnamen des Amtes Entlebuch
1988. 454 Seiten. Abbildungen

Band 24: Clemens Hegglin und Fritz Glauser (Hrsg.)
Kloster und Pfarrei zu Franziskanern in Luzern. Geschichte des Konvents (vor 1260 bis 1838) und der Pfarrei (seit 1845), Baugeschichte der Kirche
1989. 420 Seiten. Abbildungen. Pläne in separatem Schuber

Band 25: Max Huber
Geschichte der politischen Presse im Kanton Luzern 1914–1945
1990. 344 Seiten. Abbildungen

Band 26: Hans Wicki
Staat, Kirche, Religiosität. Der Kanton Luzern zwischen barocker Tradition und Aufklärung
1990. 613 Seiten. Abbildungen

Band 27: Die Protokolle der bischöflichen Visitationen des 18. Jahrhunderts im Kanton Luzern
Bearbeitet und herausgegeben von Anton Gössi und Josef Bannwart(†)
1992. 546 Seiten

Band 28: Uta Bergmann
Jörg Keller. Ein Luzerner Bildschnitzer der Spätgotik
1994. 387 Seiten. 4 farbige und 292 s/w Abbildungen

Band 29: Martin Merki-Vollenwyder
Unruhige Untertanen. Die Rebellion der Luzerner Bauern im Zweiten Villmerger Krieg (1712)
1995. 216 Seiten

Band 30: Andreas Ineichen
Innovative Bauern. Einhegungen, Bewässerung und Waldteilungen im Kanton Luzern im 16. und 17. Jahrhundert
1996. 300 Seiten. Karten

Band 31: Peter Schnider
Fabrikindustrie zwischen Landwirtschaft und Tourismus. Industrialisierung der Agglomeration Luzern zwischen 1850 und 1930
1996. 312 Seiten, Abbildungen und Karten

Band 32: Urban Fink
Die Luzerner Nuntiatur 1586–1873. Zur Behördengeschichte und Quellenkunde der päpstlichen Diplomatie in der Schweiz
1997. 437 Seiten, Abbildungen und Karten

Band 33: Waltraud Hörsch, Josef Bannwart(†)
Luzerner Pfarr- und Weltklerus 1700–1800. Ein biographisches Lexikon
1998. 534 Seiten, Abbildungen

Band 34: Heidi Bossard-Borner
Im Bann der Revolution. Der Kanton Luzern 1798–1831/50
1998. 480 Seiten, farbige Karten und Abbildungen

Band 35: Werner Göttler
Jakobus und die Stadt. Luzern am Weg nach Santiago de Compostela
2001. 227 Seiten, Karten und farbige Abbildungen

in Vorbereitung

Band 36: Paul F. Bütler
Das Unbehagen an der Moderne. Grundzüge katholischer Zeitungslehre der deutschen Schweiz während der Herausforderung des Modernismus um 1900/1914
2001. ca. 800 Seiten, Abbildungen

Bezug über jede Buchhandlung bei Schwabe & Co. AG · Verlag · Basel (www.schwabe.ch)

LHV-ARCHIVINVENTARE

Heft 1: Die demographischen und genealogischen Quellen in den Pfarrarchiven des Kantons Luzern bis 1875
Bearbeitet von Anton Gössi
1976. 180 Seiten. Vergriffen

Heft 2: Das Archiv der oberdeutschen Minoritenprovinz im Staatsarchiv Luzern
Bearbeitet von Anton Gössi
1979. 223 Seiten. Vergriffen

Heft 3: Das Familienarchiv Amrhyn. Akten, Briefe und Urkunden einer Luzerner Patrizierfamilie 16. bis 19. Jahrhundert
Bearbeitet von Josef Brülisauer
1982. 505 Seiten

Heft 4: Das Staatsarchiv Luzern im Überblick. Ein Archivführer
Herausgegeben von Fritz Glauser, Anton Gössi, Stefan Jäggi und Max Huber
1993. 454 Seiten. Abbildungen und Karten

Heft 5: Schweizer Sonderakten im Vatikan. Das Archiv der Kongregation für ausserordentliche kirchliche Angelegenheiten, Abteilung Schweiz 1799–1921
Bearbeitet von Urban Fink und Roger Liggenstorfer
1995. 141 Seiten

Heft 6: Die Pfarrbücher und Zivilstandsregister im Staatsarchiv Luzern. Findbuch zu den Abschriften, Filmen und Originalbänden
Bearbeitet von Anton Gössi unter Mitarbeit von Max Huber
2001. 304 Seiten, Abbildungen und Karte

Bezug über jede Buchhandlung bei Schwabe & Co. AG · Verlag · Basel (www.schwabe.ch)